D1677478

Gisa & Hedda Deilmann

Die wahre Geschichte vom Traumschiff

Gisa & Hedda
Deilmann

Die wahre Geschichte
vom Traumschiff

Aufgezeichnet von
Gisela Groth und Klaus J. Groth

UNiVERSiTAS

Bildnachweis

Folgende Agenturen und Fotografen stellten das Bildmaterial
zur Verfügung:
Wolfgang Langenstrassen (Bild 1), Gary Morgan/Morganphoto
(Bilder 19 – 21, 23, 25 – 27, 29), Klaus J. Groth (Bild 30), privat
(Bilder 2 – 18, 22, 24, 28, 31)

Besuchen Sie uns im Internet unter
www.universitas-verlag.de

Umschlaggestaltung: g@wiescher-design.de
Umschlagmotiv: Wolfgang Langenstrassen/Gary Morgan/Morganphoto
Herstellung und Satz: VerlagsService Dr. Helmut Neuberger
& Karl Schaumann GmbH, Heimstetten
Druck und Bindung: CPI Moravia Books GmbH
Printed in the EU
ISBN 978-3-8004-1503-8

Inhalt

Die Reederinnen

Der Wind bläst scharf und kalt über die Ostsee wie so oft an Tagen im Spätherbst. Die beiden Frauengestalten aus Bronze vor dem Gebäude der Peter Deilmann Reederei blicken starr auf die Neustädter Bucht. Der Reeder liebte diese Skulptur mit dem Namen »Ost und West«, die die Wiedervereinigung symbolisiert. Peter Deilmann sah auch seine beiden Töchter Gisa und Hedda darin.

Am 2. November 2003 ist der Traumschiff-Reeder in einem Londoner Krankenhaus gestorben. Dort hatte er sich Heilung von seiner Krebskrankheit erhofft. Er wurde nur 68 Jahre alt. In einem letzten Telefongespräch mit seinen Töchtern machte er ihnen Mut: »Mir geht es besser, ich komme zu euch nach Hause.« Aber seine Kraft reichte nicht mehr.

Am Morgen nach seinem Tod sehen Gisa und Hedda Deilmann mit verweinten Augen, dass das Apfelbäumchen, das ihr Vater in seinem Garten pflanzte, zarte rosa Blüten trägt. Es blüht, im November! Die Töchter nehmen es als Zeichen, das Lebenswerk ihres Vaters fortzusetzen.

*

Gisa und Hedda Deilmann, 35 Jahre alt, sind in das Büro des Reeders im ersten Stock eingezogen. Angekommen sind sie in der Schaltzentrale der größten Privatreederei Deutschlands aber noch nicht.

Neben Gisas Schreibtisch steht ein Kinderwagen. Ihre zweite Tochter ist erst ein halbes Jahr alt. Die beiden Jüngsten von Hedda malen bunte Schiffe auf Zeichenpapier.

Die Reederinnen, gemeinsam Mütter von sechs Kindern, überlegen und reden sich die Köpfe heiß: Wie soll es weitergehen? Bekommen wir das hin?

Gut gemeinte Ratschläge gibt es genug. Sie sollen die Reederei verkaufen. Sie sollen einen Aufsichtsrat unter ihrem Vorsitz gründen, das Geschäft der Reederei aber einem Manager überlassen. Sie sollen an die Börse gehen, um frisches Geld aufzutreiben.

Gisa und Hedda Deilmann entscheiden sich anders, als die Ratgeber es vorschlagen. Sie werden das Erbe antreten, so wie sie es ihrem Vater versprochen haben. Sie werden die Reederei in seinem Namen fortführen. Es ist ihnen nicht nur Pflicht, es ist auch Trauerbewältigung.

Die Peter Deilmann Reederei gilt zu diesem Zeitpunkt als Aushängeschild der Wirtschaft im Norden. Politiker des Landes schmücken sich mit ihr. Mit rund 100 Mitarbeitern ist sie der größte Arbeitgeber der Region. 1200 Menschen arbeiten auf den Schiffen. Für ein mittelständisches Unternehmen ist das eine respektable Größe. Die ZDF-Traumschiff-Serie hat die Reederei bundesweit bekannt gemacht.

Zehn Flusskreuzfahrer, die Hochseeschiffe »Berlin« und »Deutschland« sowie der Großsegler »Lili Marleen«, tragen die weiße Flagge mit dem roten Drachenkopf der Wikingerboote in die Welt hinaus. Und die Fahne in Schwarz-Rot-Gold ebenfalls. Das Unternehmen lässt seine Schiffe als einzige deutsche Reederei unter deutscher Flagge fahren, nicht mit den Billigfähnchen der Bahamas oder Liberias.

Der Patriot Peter Deilmann konnte sich sein Bekenntnis zu Deutschland leisten. Als Pionier der Kreuzschifffahrt war er den Konkurrenten lange Zeit immer um Seemeilen voraus. Doch die haben aufgeholt. Anfang der 1980er-Jahre fuhr die »Donauprinzessin« mit Heimathafen Neustadt/ Holstein als einziges Kreuzfahrtschiff unter deutscher Flagge auf der Donau. Inzwischen schippern dort über 100 Kreuzfahrer aller Kategorien. Der Fluss ist voll, die luxuriösen Deilmann-Schiffe sind es nicht.

Die Amerikaner mit Sehnsucht nach der Loreley und Walzerseligkeit kommen nicht mehr. Geschockt vom Anschlag auf die Twin Towers bleiben sie zu Hause. Ein heißer Sommer mit Niedrigwasser hat die Flussschiffe aufs Trockene gesetzt. Die Werbung durch das Fernseh-Traumschiff kann diese Ausfälle nicht wettmachen.

Und ein weiterer Flusskreuzfahrer, die »Heidelberg«, ist noch im Bau. Gisa und Hedda Deilmann übernehmen eine Reederei mit schwerer Schlagseite. Die Firma ist fast am Ende. Die Öffentlichkeit weiß nichts davon. Zudem hinterlässt der Reeder persönliche Bankbürgschaften in Millionenhöhe, die die Erbinnen übernehmen sollen.

Je tiefer sie in die Zahlen einsteigen, desto mehr verstehen sie, was der Vater ihnen sagen wollte, als er sie einige Monate vor seinem Tod zu einem Waldspaziergang aufforderte: »Ich möchte etwas Wichtiges mit euch besprechen.«

Es regnet, das Wetter ist so trübe wie die Stimmung des Reeders. Er sagt den beiden Frauen, dass es schlecht steht um das Unternehmen. Er hat schon einen beträchtlichen Teil seines Privatvermögens eingebracht, um die größten finanziellen Löcher zu stopfen. »Ich werde ein Schiff verkaufen müssen, aber ich bezweifle, dass sich die Reederei dadurch noch retten lässt.«

Die Glückssträhne Peter Deilmanns ist gerissen. Zum Ende seines Lebens blieb ihm nur die Erinnerung an die Taufe immer neuer Schiffe. In der Galerie der großen deutschen Unternehmer nach dem Krieg gibt er das einzige Seestück: der Mann mit der bescheidenen Fischermütze, der wie ein Wikinger aus dem Nichts auftauchte und sich ohne einen Pfennig Eigenkapital gegen internationale Kreuzfahrtkonzerne durchsetzte.

Kippen sammeln oder
Onkel Alfreds andere Welt

»Es ist nicht schwer, etwas zu erwerben.
Schwer ist, etwas zu erhalten.«

PETER DEILMANN

Wenn unser Vater Peter Deilmann im Flugzeug nach Singapur, Manila oder Los Angeles saß, dann kam er sich oft wie im Märchen vor. Es war das Märchen eines kleinen Jungen von bescheidener Herkunft, der vom Lehrling in einer Kohlenhandlung zu einem der bedeutendsten Reeder Europas aufstieg. Der durch die Welt jettet und sich wie selbstverständlich mit vielen Prominenten trifft. Irgendwie ist er ja auch einer, aber das kommt ihm nicht in den Sinn. Jeden, der so etwas behauptete, würde er auslachen. Erfolgreich ja, aber prominent? Das nun wirklich nicht.

Im Innersten seines Herzens ist Peter Deilmann Zeit seines Lebens dort geblieben, woher er kam: aus der Torstraße in Lübeck-Travemünde. Dort stehen die Häuschen eng um die Fischerkirche Sankt Lorenz. Die Giebel sind schmal und die Dächer tief heruntergezogen.

Es ist die Welt fleißiger Fischer, Handwerker und Arbeiter, in die Peter Deilmann am 11. Mai 1935 als zweites Kind der Familie geboren wird. Sein Bruder Klaus ist fünf Jahre älter. Fünf Jahre Altersunterschied sind schon ein Grund, später bewundernd auf den älteren Bruder zu blicken.

Der Vater Hugo ist Maschinenschlosser und Löschmeister, die Mutter Anne-Marie, genannt Nanna, ist das Herz der Familie. Nanna ist die Einzige, von der sich der kleine Peter und auch später der große Reeder widerspruchslos etwas sagen lässt. Ihre Tomatensuppe mit Fleischklößchen hat einen geradezu legendären Ruf. Diese Suppe vereint auch in den späteren Jahren einmal in der Woche Kinder und Enkel am Esstisch.

Mit zwei Kindern wird die kleine Wohnung in der Torstraße bald zu eng. Die Eltern ziehen in den bäuerlichen Teil Travemündes. In der Gemarkung Teutendorf errichten sie ein Häuschen auf dem Grundstück der Großeltern. Nur zwei große Steinhäuser stehen einsam auf weiter Flur, als sie dorthin ziehen. Dem Großvater war ein viel attraktiveres Grundstück direkt an der Strandpromenade angeboten worden, aber er hatte sich für diesen ländlichen Platz entschieden, weil er dort einen Angelteich anlegen durfte.

Hier sind die Wiesen weit und die Gärten adrett. Die Blumenstauden werden liebevoll gepflegt, die Beete mit Zwiebeln und Karotten ebenso. Selbstverständlich gehört zu dem Haus ein Stall für Hühner, Kaninchen und ein Schwein.

Für die Versorgung des heimlich gehaltenen Schweins mit Küchenabfällen ist der kleine Peter zuständig. Als es fett genug ist, will ein Freund der Eltern das Tier mittels einer selbst gebastelten elektrischen Anlage lautlos betäuben, niemand von den Nachbarn soll etwas von der Schwarzschlachtung wissen. So etwas ist in der Kriegszeit verboten. Leider hat der Bastelfreund wohl etwas falsch gemacht. Er bekommt den Stromschlag selbst, und die Sau rast quiekend durch die Gärten, bis alle Nachbarn alarmiert sind. Gemeinsam fängt man das Schwein ein und vollendet die Tat. Nur mit Speck und Wurst ist allgemeines Stillschweigen zu sichern. Der kleine Peter trauert um sein Schwein.

Die Teutendorfer Feldmark ist das Hinterzimmer des Ostseebads Travemünde. Aber der Wind weht den frischen Salzgeruch der Ostsee auch hierher, genauso wie zu den hochherrschaftlichen Villen im Kurgebiet.

Was zählt, ist Mut

Ein stilles Kind war unser Vater bestimmt nicht. Noch keine sieben Jahre alt, boxen er und seine Freunde wie ihr Vorbild Max Schmeling. Für den Kampf ziehen sie Handschuhe an, die sie mit Stroh ausstopfen. Der kleine Peter boxt so heftig, dass die Hände an dem Stroh aufscheuern. Er schert sich nicht darum. Als er nach Hause kommt, sieht Mutter Nanna, was passiert ist: Peter hat eine Blutvergiftung. Er muss sofort ins Krankenhaus. Der Junge wird nach Lübeck gebracht. Es ist der 28. März 1942, ein unangenehm kalter Tag, der noch keinen Frühling ahnen lässt. Mutter Nanna kehrt zurück nach Travemünde, sie weiß ihren Peter im Krankenhaus gut aufgehoben. Das werde schon wieder, hatte der Arzt sie beruhigt.

Anne-Marie Deilmann erlebt die schrecklichste Nacht ihres Lebens. In der Nacht zum Palmsonntag erprobt der britische Luftmarschall Arthur Harris (»Bomber-Harris«) erstmals eine neue Form der Kriegführung, die Flächenbombardierung. Für seinen Test hat er Lübeck ausgewählt, weil er erwartet, dass die eng stehenden Häuser der alten Stadt »wie ein Feueranzünder« wirken würden. Er hat sich nicht verkalkuliert. Ausgerechnet in dieser Nacht ist unser Vater in Lübeck. Er wird in den Keller des Krankenhauses gebracht. Von der Blutvergiftung bleibt eine tiefe Narbe am Arm zurück.

Der beschauliche Hafen von Travemünde und das Fahrwasser der Trave ziehen den Jungen magisch an. Er beobachtet, wie die sonnengegerbten Strandfischer ihre Kähne mit gleichmäßigen Ruderschlägen manövrieren, wie die Kutter der Küstenfischer am Morgen heimkehren.

Bei den Jungs in seinem Alter zählt nur der etwas, der die Trave mit ihrer beträchtlichen Strömung durchschwimmen kann. »Deische«, wie seine Freunde ihn nennen, kann es.

Oder der, der es im Winter wagt, sich auf einer Eisscholle die Trave abwärts Richtung Ostsee treiben zu lassen. Das sind die Mutigsten. Unser Vater gehört dazu. Er hat uns immer wieder davon erzählt.

Wasser ist sein Element und allem, was darauf und darin schwimmt, gehört seine Leidenschaft. Er liest den »Seeteufel« von Felix Graf von Luckner mit heißen Ohren, er liest »Die Schleipiraten« oder die Erzählung »Jan Himp und die kleine Brise«, in der Hans Leip die Liebe der Reedertochter Kyrie von der vornehmen Elbchaussee zu dem Bootsverleihersohn Jan schildert. Als einer wie der Sohn des kleinen Bootsverleihers fühlt er sich auch. Das soll anders werden, ganz anders. Für Peter Deilmann ist klar: Er wird Reeder, ein bedeutender Mann. Mindestens so einer wie Felix Graf von Luckner.

Eine der ersten Familien

Bei diesem Wunschtraum eines Jungen spielt sicher auch eine Rolle, dass es einen anderen Zweig der Verwandtschaft gibt. Einen, der wohlhabend ist. Die Hagelsteins gehören zu den ersten Familien der Stadt Lübeck. In Travemünde erst recht. Der Onkel Alfred Hagelstein hatte Schlosser gelernt und seinen Meister als Maschinenbauer gemacht. Bei der Arbeit war ihm ein glühendes Stück Eisen ans Auge geflogen, seitdem hängt das gerötete Lid herab. Immer spricht er Plattdeutsch, niemals Hochdeutsch.

Der Onkel besaß schon eine Reparaturwerkstatt für Automobile, als in Travemünde noch fast keine Autos fuhren. Nun gehört ihm die HATRA-Werft. Schon wie das klingt: HATRA – Hagelstein, Travemünde. Das ist aus einer anderen Welt. Motorboote bauen sie da. Vater Hugo Deilmann arbeitet bei HATRA für den Onkel Alfred.

Der Onkel baut auch Straßenwalzen, diese unheimlich großen Walzen, die alle KENMA heißen. Als unser Vater 13 Jahre alt ist, wird Onkel Alfred in den schleswig-holsteinischen Landtag gewählt. Und später ist er auch noch Senator in Lübeck.

So einer wie der Onkel möchte Peter Deilmann auch mal werden. Im Haus der Eltern wird immer ehrfurchtsvoll von den Hagelsteins gesprochen. Als der Jungunternehmer Peter Deilmann noch Angelfahrten veranstaltet, wird sogar eine Straße nach Alfred Hagelstein benannt. In allerbester Villenlage von Travemünde, gleich beim Golfplatz.

In einem Punkt aber können die Deilmanns mit den Hagelsteins mithalten: Sie haben ein Klavier. Unser Vater hat früh begonnen, Akkordeon zu spielen. Das kann er gut. Er wünscht sich ein Klavier. »Brauchen wir nicht«, knurrt Hugo Deilmann. Aber unsere Großmutter, die in dieser harten Nachkriegszeit eigentlich niemals Geld hat, spart so lange, bis sie ihrem Jungen ein gebrauchtes Klavier kaufen kann. Es ist bestimmt das einzige Klavier in der Teutendorfer Siedlung (inzwischen sind rund um die ersten beiden Häuser viele neue Siedlungshäuser gebaut worden). Für einen Klavierlehrer reicht das Geld dann nicht mehr. Das Spielen bringt sich unser Vater selbst bei.

Ein Schiff wird kommen

Später wird Peter Deilmann häufig gefragt, wie und wann das angefangen habe mit seiner Reederei. Dann schmunzelt er und sagt: »Als ich zehn Jahre alt war, da war ich zum ersten Mal Reeder.« Er freut sich über die verblüfften Gesichter und liefert die Erklärung hinterher.

Sein erstes Schiff finanziert Peter Deilmann mit Zigarettenkippen. Die lassen sich reichlich in Travemünde finden. Die nach dem Zweiten Weltkrieg dort stationierten britischen Soldaten werfen großzügig ihre angerauchten Lucky Strike, Navicut oder Players fort, sie haben eine gut bemessene Tabakration. Zigaretten sind in der Zeit nach 1945 eine hoch gehandelte Währung. Und Zigarettenkippen sind gewissermaßen das Kleingeld.

Peter Deilmann und seine Freunde sammeln die filterlosen Kippen, bröseln den Tabak aus dem Papier. Wenn man genug Tabak hat, kann man den gegen alle möglichen Dinge bei so einem darbenden deutschen Raucher eintauschen.

Eine Hand voll zerbröselten Kippentabak tauscht unser Vater gegen einen schussbereiten 6-mm-Revolver. Der sei ihm so zugewachsen, sagt er. Nach den waffenstarrenden Kriegsjahren kommt so manches in die Hand neugieriger Jungen, was nicht dorthin gehört.

Glücklicherweise findet Peter Deilmann den geöffneten Schwimmkörper eines Wasserflugzeugs viel interessanter. Der stammt von einem jener Wasserflugzeuge, die bis zum Kriegsende auf der Lübecker Halbinsel Priwall von der »Erprobungsstelle der Luftwaffe/See« getestet wurden. Die Engländer hatten den Rüstungsbetrieb bombardiert, nun liegt da allerlei Schrott rum. Unser Vater tauscht den Revolver gegen den Schwimmkörper.

Den stattet der Junge mit einem Segel aus, nennt das Wasserfahrzeug »Störtebeker« und geht auf große Fahrt. Bis in den Hafen von Niendorf schafft er es. Immerhin, das sind sechs Kilometer. Nun besitzt Peter Deilmann ein Schiff, »und wer ein Schiff besitzt, der ist ein Reeder, oder?«.

Unter den Brücken von Paris

Auf der Trave mit »Störtebeker« zu segeln, ist selbstverständlich viel schöner als zur Schule zu gehen. Dennoch ist
Peter Deilmann ein recht ordentlicher Schüler. Nach vier
Jahren auf der Volksschule möchte er aufs Gymnasium
wechseln, wie einige Jungen aus seiner Klasse.

Vater Hugo Deilmann sieht seinen Sohn verständnislos
an: »Gymnasium? Was willst du denn da? So was braucht
unsereins nicht. Lerne was Ordentliches, damit kommst
du besser durchs Leben als mit dem Kram vom Gymnasium.«

Damit ist das letzte Wort in dieser Angelegenheit gesprochen. Den Besuch der Mittelschule kann Peter seinem
Vater abtrotzen. Realschule, das klingt für Hugo Deilmann
reell, damit wird der Junge etwas anfangen können, wenn
er den Abschluss schafft. Ob das gelingt, da ist sich Hugo
Deilmann allerdings nicht so sicher.

Er schafft den Abschluss. Anfang der 1950er-Jahre liegt
die deutsche Wirtschaft noch am Boden, vor den Arbeits-
ämtern stehen die Arbeitslosen Schlange. In Schleswig-
Holstein ist es besonders schlimm. In Lübeck hat sich
durch die Flüchtlinge die Zahl der Einwohner verdoppelt.

Da sind die Eltern Deilmann dankbar, dass Onkel Walter
aus der Linie der Hagelstein Peter eine Lehrstelle beschafft.
Onkel Walter besitzt eine Kohlenhandlung am Fischereiha-
fen. Er fragt bei seinem Lieferanten, dem Kohlenkontor
Lübeck, Zweigniederlassung der Firma Naht, Fiether & Co,
ob der Neffe als Lehrling unterkommen kann. Die Firma
verschifft Koks von der Ruhr nach Skandinavien und versorgt Frachtschiffe mit Treibstoff. Der Neffe kann anfangen.

Das Kohlenkontor beliefert auch Haushalte. Da muss
gelegentlich auch der Lehrling ran. Es ist ein Knochenjob.
Der schmächtige blonde Junge muss die Kohlesäcke,

jeweils einen Zentner schwer, auf einen Lastwagen aufladen, mit zu den Kunden fahren und sie dort in den Keller schleppen. Ausbildung zum Groß- und Außenhandelskaufmann nennt sich das.

Aber Peter Deilmann hält durch und wird belohnt. Wieder sind es die Hagelsteins, die weiterhelfen. Zu einem ganz großen Sprung sogar. Die HATRA-Werft schickt ihn als Volontär nach Paris, wo er als Holzbefrachter arbeitet. Eine Arbeit im Ausland, das ist zu der Zeit ein ungeheures Privileg. Zumal für einen jungen Mann, der nicht ein Wort Französisch spricht. Diese Sprache gehörte nicht zum Lehrplan einer Realschule.

Leichtsinn der Jugend und die Verführung der großen Stadt weit weg von zu Hause, das geht nicht gut. In einer Nacht vertrinkt Peter Deilmann seinen gesamten Monatslohn, der allerdings nicht sehr hoch bemessen ist.

Er schläft in Paris unter den Brücken bei den Clochards. Durchaus nicht immer aus Not. Das ist ein lustiges Leben. Er hat aus Travemünde sein Akkordeon mitgebracht, und dann klingt es unter der Brücke sehr fröhlich hinauf auf die Straße. Leider leidet die Arbeit entschieden unter diesen Ausflügen. Manchmal kommt Peter Deilmann tagelang nichts ins Kontor. Niemand weiß, unter welcher Brücke er gerade steckt.

Es gibt Tage, an denen er nichts zu essen hat. Wer ihn in dieser Zeit erlebt, der gibt nicht viel auf die Zukunft dieses jungen Mannes. Manchmal rappelt er sich auf und schreibt einen Bettelbrief an Tante Luise, die Schwester der Mutter. Unserer Großmutter ist das gar nicht recht. Doch Tante Luise seufzt dann: »Mein Gott, der arme Junge, und so weit weg.« Sie lässt sich erweichen und schickt einen Brief mit etwas Geld.

Als aus der weit verzweigten Verwandtschaft der Hagelsteins ein Onkel nebst Ehefrau ohnehin nach Paris reisen will, bittet Alfred Hagelstein, nach dem Jungen zu sehen. Sie finden ihn erstaunlicherweise. Und sind entsetzt. Besonders die Tante, die als etepetete gilt. Der Junge mit seinem Hang zu den Clochards sieht selbst aus, als lebe er ständig unter der Brücke. Wenn sie zu dritt auf die Straße gehen, besteht die Tante darauf, dass der junge Mann fünf Schritte hinter ihr bleibt, sie schäme sich zu sehr.

Der in Travemünde abgelieferte Bericht fällt katastrophal aus. Alfred Hagelstein schmeißt seinen Neffen raus.

Danach verliert sich für ein halbes Jahr jede Spur Peter Deilmanns. Niemand weiß, wo er steckt. Bei Tante Luise gehen keine Bettelbriefe mehr ein.

An einem verregneten Morgen im Herbst klingelt um fünf Uhr die Türglocke der Deilmanns in der Teutendorfer Siedlung. Nanna Deilmann öffnet. Vor ihr steht eine elende, abgerissene Gestalt. Es dauert einen Augenblick, ehe sie ihren Sohn Peter erkennt.

»Nicht noch einmal«

Peter Deilmann ist kein Senkrechtstarter. So wird er später gerne immer wieder beschrieben, aber von der Wahrheit ist das weit entfernt. Er selbst hat auch niemals verschwiegen, dass er oft hoffnungslos war. Als die 50er-Jahre zu Ende gehen, als das Wirtschaftswunder die Menschen wieder zu etwas Wohlstand kommen lässt, hält er sich mit Gelegenheitsjobs knapp über Wasser. Ab und zu versucht er in Hamburg eine Arbeit im erlernten Beruf aufzunehmen, er kann sogar für kurze Zeit als Befrachter nach London und Basel gehen, aber es dauert nie lange, dann steht er wieder vor der Tür.

Für ein halbes Jahr verkriecht er sich auf einem Bauernhof bei Eutin, auf dem eine Tante lebt.

Noch als 28-Jähriger wohnt er bei seinen Eltern. Eine andere Möglichkeit hat er gar nicht.

Als Arbeitsloser muss er »stempeln gehen«. Im Lübecker Arbeitsamt steht er ein halbes Jahr lang in der Schlange der Arbeitslosen. In dieser Elendsreihe erkennt er: Jede Arbeit ist besser als gar keine. Er schwört sich: »Nicht noch einmal.«

Die Reederei Hans Lehmann in Lübeck bietet ihm einen Job. Aber nicht im erlernten Beruf. Er kommt zur Hofkolonne, muss das Betriebsgelände fegen, Abfalltonnen schleppen.

Diese Arbeit allerdings macht er pünktlich und zuverlässig. Darum bekommt er die Chance, auf die er so lange vergeblich gewartet hat: Er wird Befrachter der Reederei Hans Lehmann. Damit wechselt er vom Hof ins Büro. Nun ist er dafür verantwortlich, dass ein Schiff pünktlich beladen wird. Das verändert sein Leben vollkommen.

»Fallen ist keine Schande«, sagt Peter Deilmann später, »wohl aber das Liegenbleiben.«

Ein Schiff braucht einen Hafen

Sein erstes unternehmerisches Wagnis geht Peter Deilmann noch als Angestellter ein. Der Reederei Hans Lehmann wird eine Fracht angeboten, die sie nicht übernehmen möchte. Die Sache kann gut gehen, möglicherweise aber auch nicht. Die Geschäftsleitung lehnt ab.

Unser Vater aber ist überzeugt, dass mit diesem Auftrag gutes Geld zu verdienen ist. Er fragt, ob er die Fracht auf eigenes Risiko übernehmen darf. Er darf. Von seinem Arbeitgeber Lehmann mietet er ein Küstenmotorschiff (Kümo), erledigt den Auftrag erfolgreich, macht einen ordentlichen Gewinn – und beschließt, künftig mit eigenen Schiffen zu fahren.

Mit drei gammligen Kuttern startet Peter Deilmann als Unternehmer. Fischerboote sind günstig zu kaufen, denn der Fang auf der Ostsee lohnt sich immer weniger, viele Fischer geben auf und suchen sich eine Arbeit an Land.

Aber Peter Deilmann hat eine Idee, wie er auch mit drei alten Kähnen noch Geld verdienen kann. Er macht daraus Angelkutter. Die nennt er »Grömitz«, »Neustädter Scholle« und »Neustädter Grandi«.

Der Umbau ist leicht getan, denn eigentlich kann alles beinahe so bleiben, wie es ist. Die Männer, die zum Angeln auf die Ostsee fahren, mögen es gerne urig.

Nur die Laderäume, in denen einst der Fang transportiert wurde, lässt unser Vater umbauen. Er macht daraus Aufenthaltsräume für seine angelnden Passagiere. Dass es darin noch lange Zeit etwas streng nach Fisch riecht, stört die Angler überhaupt nicht.

Vor allem aber baut er Verkaufstresen in die Aufenthaltsräume ein. Die werden geöffnet, sobald das Schiff außerhalb der Dreimeilenzone ist. Dann gibt es Zigaretten und Schnaps steuerfrei. Allein deshalb lohnt sich so eine Fahrt für manchen Angler schon.

Haben die Fische dann besonders tüchtig gebissen oder hat einer der Männer einen mächtig großen Dorsch am Haken, dann wird gefeiert. Und weil zollfreier Schnaps schön billig ist und besonders gut schmeckt, geht es in den ehemaligen Fischkammern auf dem Angeltörn hoch her. So manches Ohr, so manche Nase macht schmerzhafte Bekanntschaft mit Blinker und Haken, wenn damit allzu wild gefuchtelt wird.

Start als Reeder

Zu der Zeit arbeitet unser Vater als selbstständiger Befrachter in Lübeck. Sein Betrieb besteht aus ihm und einer Schreibkraft.

Die Lübecker Reederei Hans Lehmann sucht einen Käufer für das kleinste Schiff ihrer Flotte, die »Marie Lehmann«, ein Küstenmotorschiff, das auf der Ostsee unterwegs ist, rauf nach Dänemark oder Schweden und zurück. Keine große Sache, aber wenn einer mit nichts anfängt, dann ist bereits ein Kümo ein Hoffnungsträger.

Gemeinsam mit einem Kapitän wagt Peter Deilmann den großen Schritt. Jeder nimmt einen Kredit auf – Deilmann hat immerhin seine Angelkutter als Sicherheit einzubringen –, und dann kaufen sie 1968 die »Marie Lehmann«. Diese so gegründete Partenreederei markiert für Peter Deilmann den Beginn seines Weges als Reeder. Nun ist er nicht länger allein Unternehmer, nun darf er sich Reeder nennen. In diesem Punkt hat er mit 33 Jahren also zur Hagelstein'schen Verwandtschaft aufgeschlossen.

Es muss ein aufregendes Jahr für unseren Vater gewesen sein, denn in diesem Jahr werden wir, seine Zwillingstöchter Gisa und Hedda, geboren. Zwei Töchter und ein eigenes Schiff, das bedeutet viel Wirbel und Veränderung.

Anleger dringend gesucht

Die »Marie Lehmann« gehört nun zwar zu Teilen Peter Deilmann, aber befrachtet wird sie weiterhin von der Hans Lehmann Reederei. Da bleibt dem Jungreeder trotz der Unruhe, für die wir Zwillinge sorgen, ausreichend Zeit, neue Pläne zu entwickeln. Dabei geht es wieder um Schiffe, ganz selbstverständlich.

Anfang 1972 ist der Kauf eines weiteren Frachters abgeschlossen. Zudem erteilt unser Vater den Auftrag für den Bau einer Personen- und Autofähre. Acht Millionen Mark investiert er in dieses Projekt. Der Reeder wechselt mit diesem Vorhaben in eine andere Liga.

Ein Schiff braucht einen Hafen. Den hat unser Vater allerdings nicht, den sucht er noch für seine Fähre, während auf der Werft schon fleißig an ihr geschweißt wird. Hinauf nach Bornholm soll die Fähre fahren, das steht fest. Aber von wo soll sie starten? Die Frage ist nicht beantwortet.

Als Lübecker denkt Peter Deilmann selbstverständlich zuerst an den Hafen seiner Heimatstadt. Der ist groß, dort wird sich sicher ein fester Anleger finden lassen. Doch in Lübeck blitzt er ab. Die Hamburger TT-Linie bedient Bornholm schon längere Zeit von dort aus. Die Verbindungen der Manager ins Lübecker Rathaus sind vorzüglich. Und wer ist schon Peter Deilmann ...?

Auf der Suche nach einem Hafen klappert der Reeder in einem Audi älterer Bauart die Küste ab. In Neustadt/Holstein trifft er auf einen ebenfalls noch jungen Mann.

Hans-Joachim Birkholz hat gerade sein Amt als Bürgermeister angetreten. Unser Vater ist sein erster Besucher mit wirtschaftlichen Ambitionen.

Ein junger Bürgermeister, noch nicht verstrickt in allerlei Rücksichtnahmen und Bedenken, ist schnell mit der Antwort, und deshalb sagt Birkholz: »Klar machen wir das. Aber dafür müssen Sie Ihren Firmensitz in unsere Stadt verlegen.«

Der Bürgermeister weiß nicht, dass diese Firma lediglich aus dem Chef und seiner Sekretärin besteht.

»Jo, dat mok wi«, verspricht Peter Deilmann knapp, tippt an seine dunkelblaue Schiffermütze und verlässt erleichtert das Rathaus.

Zufällig tagt noch am gleichen Tag der Magistrat der Stadt. Der Bürgermeister trägt die Pläne vor, es gibt noch einige Diskussionen, aber dann wird die Sache im Sinne des Reeders beschlossen. So schnell kann es gehen.

Das Datum dieses Tags, 10. April 1972, ist von einiger Bedeutung. Mit seiner Vorliebe für Symbolträchtiges erklärt Peter Deilmann später: »Dies ist die Geburtsstunde der Neustädter Peter Deilmann Reederei.«

Er zieht im gleichen Jahr in ein ehemaliges Abfertigungshaus des Zolls am Hafen von Neustadt. Wer es als Bude bezeichnet, der redet noch nicht einmal abfällig davon.

»Verlegung des Firmensitzes« nennt Peter Deilmann diesen Umzug später.

In Seenot

Die kombinierte Auto- und Passagierfähre tauft unsere Mutter Anke Deilmann am 11. Mai 1973 auf den Namen »Nordlicht«. Es passt so schön, an diesem Tag wird unser

Vater 38 Jahre alt. Es ist nicht die letzte Taufe an einem seiner Geburtstage.

Das Schiff nimmt den Liniendienst zwischen Neustadt und Rönne auf. Allerdings hat diese Linie nur für kurze Zeit Bestand. Sie ist nicht so erfolgreich, wie unser Vater sich das gedacht hat. Bereits drei Jahre später verkauft er die »Nordlicht«. Statt zur Insel Bornholm schippert sie anschließend in der Inselwelt Tahitis.

In der Nacht vom 16. auf den 17. Juni 1972 fegt ein ungewöhnlich schwerer Sturm über die Ostsee. Es ist extrem kalt. Die »Marie Lehmann« kommt aus dem südschwedischen Karlskrona. Ihre Ladung Splitt ist für Lübeck bestimmt. In den Gewässern vor der dänischen Insel Bornholm gerät das Schiff in schwere See. Der Kapitän setzt Notrufe ab. Die »Marie Lehmann« ist nicht zu retten. Sie sinkt.

Die unter der Flagge der Deutschen Demokratischen Republik fahrende MS »Satow« eilt zu Hilfe. Für vier Seeleute, darunter der Kapitän, erreicht sie gerade noch rechtzeitig den Unglücksort. Sie werden von der Besatzung der MS »Satow« aus dem Wasser gefischt. Doch für vier weitere Seeleute kommen die Helfer zu spät.

Der Tod der Männer setzt Peter Deilmann sehr zu. Er ist derjenige, der zu den Angehörigen der ertrunkenen Seeleute gehen muss, um ihnen zu sagen, dass der Ehemann oder Vater ums Leben gekommen ist.

Der Verlust der »Marie Lehmann« trifft ihn schwer. Aber Zweifel, ob sein Weg der richtige ist, kommen ihm in keinem Moment.

Zweifel kann er sich nicht mehr leisten, zu viele Wegmarkierungen sind bereits abgesteckt, zu viele seiner Projekte befinden sich bereits auf der Zielgeraden. Peter Deilmann ist und bleibt Reeder.

Sogar mit Brief und Siegel. Im Jahr des Untergangs der »Marie Lehmann« bestätigt die Industrie- und Handelskammer zu Lübeck die Gründung der Peter Deilmann Reederei mit einer Urkunde.

Seinen ersten Frachter lässt Peter Deilmann »Norden« taufen, und künftig werden alle Frachtschiffe seiner Reederei einen Namen tragen, der mit »Nord ...« beginnt. Elf werden es zwischen 1972 und 1978 sein. Nur einmal gibt es einen Ausrutscher zwischen all den Nordholms und Nordhuks. Frachtschiff Nummer vier heißt »Helga I«. Jede Umschreibung kostet Geld, und das ist immer knapp. Darum darf »Helga I« weiterhin »Helga I« bleiben.

Seine Schiffe fahren im gesamten Norden Europas, beladen mit Massengütern: Splitt, Getreide, Kohle, Holz. Für jedes seiner Schiffe gründet Deilmann eine eigene Gesellschaft. Ständig ist er auf der Suche nach frischem Geld und neuen Anteilseignern.

Auf großer Butterfahrt

Wenn das mit der Fähre auch nicht so toll läuft, wie unser Vater erwartet hat, den ersten Schritt in die Passagierschifffahrt hat er damit getan. In kurzer Folge kauft er zwischen 1974 und 1977 drei ältere Ausflugsschiffe, mit denen er Tagesfahrten Richtung Dänemark macht. In diesem Geschäft kennt er sich bestens aus, mit seinen Angelkuttern hat er erste Erfahrungen mit Kiosken zur See gesammelt.

Spötter bezeichnen die nahezu kostenlosen Fahrten mit solchen Dampfern auch als Butterfahrten. Peter Deilmann ist jetzt Reeder auf Großer Butterfahrt. Er gehört zu den Ersten, die eine Nase für das lukrative Geschäft haben.

250 000 Passagiere tuckern pro Jahr auf seinen Schiffen Richtung Dänemark. Jeder von denen kauft ordentlich ein in Deilmanns schwimmenden Supermärkten. »Hochseetörn mit Einkaufsmöglichkeit« möchten die Veranstalter solcher Fahrten gerne als Begriff durchsetzen, aber die Butterfahrt pappt ihnen an wie ranziges Fett.

Dabei werden die eigentlichen Geschäfte mit ganz anderen Dingen gemacht. Seeluft macht hungrig und durstig. 5000 Liter Bier vom Fass, 12 000 Flaschen Bier, 80 Literflaschen Schnaps, da süffelt sich schon einiges in nur einer einzigen Woche an Bord weg. Gar nicht zu rechnen, was die Leute alles an Land schleppen. Diese prallen Plastiktüten mit Unmengen von Schnaps, Zigaretten, Parfüm und dänischer Butter.

Von den Deilmann-Schiffen gehen die Passagiere mit besonders dicken Tüten. Erfolgreich wird dort auch Plastikspielzeug »Made in China« verkauft. Nonfood auf einem Butterdampfer, darauf muss einer erst mal kommen. Der Reeder strahlt. »Es läuft nicht schlecht«, sagt Peter Deilmann bescheiden. Andere würden an seiner Stelle sagen: Es läuft absolut super.

Aber so ganz richtig nach seinem Geschmack sind diese Tagesausflüge immer noch nicht. Damit kann man Geld machen, aber keine Anerkennung gewinnen. Zwei der drei Schiffe verkauft Peter Deilmann bereits nach drei Jahren wieder. Nur die besonders geräumige »Nordschau« behält er acht Jahre, bis 1984. Dann ist Schluss mit Butter. Da ist Peter Deilmann bereits etabliert in der Hochseepassagierkreuzfahrt.

Es sind zwei Mädchen

Zu einem wie Peter Deilmann hätten Söhne gepasst. Er bekommt zwei Mädchen. Am 31. Januar 1968 erblicken wir, Gisa und Hedda, im Eutiner Krankenhaus das Licht der Welt. Über der Ostsee tobt ein Sturm.

Gisa ist drei Minuten schneller als Hedda. Sie wird nach Hans Albers' Freundin Gisa in Peter Deilmanns Lieblingsfilm genannt: »Große Freiheit Nummer 7«. Den Namen des jüngeren Zwillings hat unsere Mutter Anke ausgesucht. Hedda, nach der Heldin in Ibsens Theaterstück »Hedda Gabler«, das am 31. Januar 1891 in Deutschland uraufgeführt wurde.

Unser Vater ist zwar überglücklich, aber er jammert: »Die beiden sehen ja so zerknittert aus wie zwei alte Männlein.«

Als wir vier Jahre alt sind, trennen sich die Eltern. Wir wachsen in der Teutendorfer Siedlung bei unserer Mutter auf. Anke und Peter Deilmann bleiben einander verbunden. Wir haben nie unter der Trennung unserer Eltern gelitten.

Unser Vater kommt oft abends vorbei, wir machen alle zusammen Ausflüge und zelten. Er erzählt uns Gutenachtgeschichten, singt mit uns und liest vor. Am liebsten hören wir die Fabel von Reineke Fuchs. Unser Vater hat Ähnlichkeit mit dem Fuchs auf dem Bild im Märchenbuch, finden wir. Darum nennen wir ihn »Fuchsi«. Und dabei bleibt es, solange er lebt.

Beim Abendbrot hören wir, was zwischen den Eltern gesprochen wird. Der Reeder steckt oft in Geldnöten, seine kleine Firma steht mehrmals vor dem Aus. Die Familie lebt von dem Lehrergehalt unserer Mutter, der Jungunternehmer eingeschlossen. Aber Fuchsi ist ein Fuchs. Er schafft es immer wieder, einen Kredit zu bekommen. Wenn er von

einer Sache überzeugt ist, dann kann er auch andere überzeugen.

Nur nicht schlappmachen

Unser Vater ist nicht nur von seinen Plänen für neue Schiffe überzeugt, er glaubt fest daran, dass Mädchen genauso
viel können wie Jungen. Morgens um vier müssen wir mit
ihm zum Angeln. Wir lernen, Fische zu schuppen und aus-
zunehmen, ohne »igitt« zu schreien.

Als Zehnjährige durchschwimmen wir den eineinhalb
Kilometer breiten Dieksee. Vater schwimmt nebenher:
»Nicht schlappmachen, Mädchen, ihr schafft es!« Der Ree-
der will nicht, dass wir »Flaschen« werden. Er verlangt viel
von uns. Wir müssen lange Wanderungen und Fahrradtouren
mit ihm machen. Ein »Ich kann nicht mehr« gibt es nicht.
Wir segeln bei Windstärke 10 auf der Ostsee und surfen in der
Sylter Brandung. Unserem Vater liegt vor allem daran, die
Liebe zur See in uns zu wecken. Bei der Travemünder Woche
gewinnt Hedda als 18-Jährige den Surfwettbewerb.

Fuchsi ist stolz auf uns, wenn er es auch nicht zeigt.
Freunden erzählt er. »Die Mädchen haben mein sportliches
Talent und meinen zähen Willen geerbt.« In einem Interview sagt Gisa später auf die Frage, was am wichtigsten für
den Erfolg sei: »Ausdauer«. Hedda sagt: »Talent«.

Ruhe finden wir bei Opa Hugo und Oma Nanna. Die
Großeltern wohnen direkt gegenüber unseres Hauses. Unsere Mutter ist als Realschullehrerin sehr engagiert. Deshalb
kümmert sich unsere Oma viel um uns. Es ist so gemütlich
bei den Großeltern. An dem Tisch unter der Pendelleuchte
machen wir Schularbeiten und essen ihre berühmte Tomatensuppe mit Hackklößchen. Das Sofa, auf dem wir gesessen haben, steht heute in Heddas Wohnzimmer.

Als wir größer werden, nimmt uns Vater mit auf die Werften, wo er seine Schiffe bauen lässt. Mit 15 Jahren dürfen wir unser erstes Schiff taufen, die MS »Donauprinzessin«, die in Passau liegt. Für die Taufe haben wir schulfrei bekommen. Wir sind schrecklich aufgeregt. Die Sektflasche muss fachmännisch aufgehängt sein, damit sie an der Schiffswand zerspringt. Der Schwung allein macht es nicht. Der Inspektor der Reederei steht vorsichtshalber mit einer Reserveflasche hinter uns, aber es klappt gleich beim ersten Mal.

Die Reederei wächst, ein Flussschiff nach dem anderen läuft vom Stapel. Das ist jedes Mal ein Medienereignis in der Zeit der großen Werftenkrise. Lässt sich kein prominenter Taufpate finden oder hat einer kurzfristig abgesagt, müssen wir ran. Wir wissen natürlich, dass sich alle Kameras auf uns, die Zwillingstöchter des Reeders, richten werden, und wir wollen gut aussehen. Aber wir haben nichts Festliches anzuziehen. Wenn wir unseren Vater um Geld bitten, kommt sein Standardspruch: »Die Leute werden auf das neue Schiff schauen und nicht auf eure Kleider.«

Das Geld, das wir von unserer Mutter für die Busfahrt zur Schule bekommen, sparen wir heimlich. Wir fahren jeden Tag die zehn Kilometer von Travemünde bis in den Lübecker Stadtteil Kücknitz mit dem Fahrrad.

Die Zweimarkjobs

In den Ferien jobben wir in der Reederei und als Kabinenstewardessen auf den Schiffen. Der Reeder gibt Anweisung, seine Töchter besonders streng zu behandeln. »Sie sollen lernen, was harte Arbeit bedeutet. Und achten Sie darauf, dass sie nicht mit der Crew anbändeln.«

An ihre erste Fahrt als Kabinenstewardess erinnert sich Gisa genau. Bei Windstärke 9 werden viele Passagiere seekrank, mit den bekannten Folgen. Gisa, die Reederstochter, säubert wie die anderen Stewardessen stinkende Kabinen und Badezimmer. Sie muss den Gästen leid getan haben. Manche machten ihre Betten selbst, um Gisa zu helfen.

Fuchsi zahlt uns Töchtern zwei Mark pro Stunde. Davon kann man keine großen Sprünge machen. Wir brauchen immer Geld: für neue Reitstiefel, für einen Wetsuit, für Schulausflüge. Unsere Mutter findet auch, dass wir mit unserem Taschengeld haushalten müssen. Wir bekommen schließlich schon die teuren Reitstunden bezahlt.

Peter Deilmann kann ein sehr netter Vater sein. In den Sommerferien möchte Hedda zusammen mit ihrer Freundin auf der »Berlin« arbeiten. Das Schiff kreuzt in der Ägäis. Die Mädchen müssen nach Griechenland fliegen. Die Mutter von Heddas Freundin ist ängstlich. So ein weiter Flug erscheint ihr zu gefährlich. Fuchsi setzt seine bekannte Überzeugungskraft ein (»eine ganz sichere Sache«), und die Freundin darf mit. So sicher ist die Sache doch nicht. Auf dem Flug nach Athen muss die Maschine wegen eines technischen Problems notlanden.

»Seemannscool«

Die ersten schicken Kleider genehmigt uns unser Vater, als er zu einer großen Party auf der neuen »Berlin« einlädt. Er fährt mit uns nach Hamburg, natürlich nicht zum Jungfernstieg, wo die teuren Boutiquen sind, sondern zu Peek & Cloppenburg. Aber wir sind glücklich. Gisa wählt ein blaues, Hedda ein rosa Kleid. Das Fest auf der »Berlin« mit Wolfgang Rademann und Stars der ersten Traumschiff-Episode wird eine Enttäuschung. Es sind ja fast nur alte Leute da. Keiner kümmert sich um zwei schüchterne Teenager.

Viel mehr Stimmung herrscht bei unserem 18. Geburtstag. Wir dürfen ihn mit 60 Freunden auf der »Nordbrise« im Neustädter Hafen feiern. Unsere Eltern sitzen in einer Ecke des Bordrestaurants, um Aufsicht zu führen. In unserer Einladung stand als Bekleidungsvorschlag »seemannscool«. Unser Outfit ist entsprechend: Matrosenhemden und Miniröcke. Die werden von unserem Vater mit strafenden Blicken bedacht. »Eure Röcke sind ja kaum länger als eure Hemden.« Alkohol ist verboten. Ein Freund gießt heimlich Sekt in die Fruchtbowle.

Auch ohne Facebook macht es in Neustadt schnell die Runde, dass auf der »Nordbrise« eine tolle Party abgeht. Im Laufe des Abends drängen sich 200 Leute an Bord, die meisten kennen wir gar nicht. Als es unserem Vater zu bunt wird, steigt er auf die Bank und verkündet: »Meine Damen und Herren, wir haben einen Wassereinbruch, das Schiff muss unverzüglich geräumt werden.« Das wirkt. Sämtliche Gäste verlassen fluchtartig das Schiff, und unsere Geburtstagsfeier findet ein jähes Ende.

★

1987 machen wir am Trave-Gymnasium Abitur. In der Abizeitung gibt Gisa als Berufswunsch »Cowgirl in Australien« an, Hedda möchte »Surflehrerin auf Hawaii« werden.

Unser Vater hat andere Pläne. Wir sollen später in seinem Unternehmen arbeiten. Gisa soll Hotelfachfrau lernen, Hedda Reiseverkehrskauffrau. So richtig begeistert sind wir davon nicht. Aber Fuchsi setzt sich durch, wie immer. Cowgirl und Surflehrerin sind keine wirklichen Alternativen.

Wir trennen uns. Gisa beginnt ihre Ausbildung in der Hotelfachschule Altötting, Hedda lernt in Hapag-Lloyd-Reisebüros in Hamburg und Lübeck.

Hinauf ins ewige Eis:
Grönlands Schwarzer Heilbutt

Das Schiff ist nicht mehr ganz frisch. Es war als Postschiff
in Norwegens Fjorden unterwegs und hat in vielen Wintern
gegen das Eis kämpfen müssen. Das sieht man ihm an. Der
Bug weist etliche massive Dellen auf. Aber es wirkt äußerst
robust. Genau so etwas braucht Peter Deilmann für seine
Pläne.

Mit dem Kauf der »Nordbrise« im Jahr 1975 steuert
unser Vater neue Ufer an. Das kleine Schiff kann zwar nur
50 Passagiere aufnehmen, aber es wird sein erstes richtiges
Kreuzfahrtschiff. Darauf konzentriert er sich nun. Er verkauft bis 1978 sämtliche Frachtschiffe.

Wie bei den Butterfahrten leistet Peter Deilmann auch
mit der »Nordbrise« Pionierarbeit. Er will Törns in einen
Hafen der DDR, nach Polen und nach Westgrönland anbieten. Kein anderer macht das zu dieser Zeit.

Das sind ehrgeizige Ziele, keine, die man einfach mal so
ansteuern kann. Aber Peter Deilmann sucht die Herausforderung. »Ich bin einfach nicht der Mensch, der sich in ein-
gefahrenen Gleisen bewegt«, sagt er. Und er kann hartnäckig sein, das hat er in der Vergangenheit häufig genug
bewiesen.

Drei Jahre benötigt Peter Deilmann für seine Verhandlungen mit Ostberlin. Zäh, mit Geschick und etlichen
Zuwendungen – die Genossen haben viele Wünsche wie
Jeans, Kosmetika und »Nyltest«-Hemden – schafft er, was
eigentlich nicht zu schaffen ist: Als Erster bietet unser
Vater Schiffsausflüge mit Übernachtung nach Warnemünde und Rostock an.

Bei einer Reise per Schiff von Neustadt in Schleswig-
Holstein nach Warnemünde im Bezirk Rostock wird zwar

lediglich eine Strecke von 85 Kilometern Luftlinie zurück-
gelegt, aber sie ist zu Zeiten des Kalten Kriegs sehr viel exo-
tischer als ein Karawanenzug nach Timbuktu.

Die Reise ist so ungewöhnlich, dass sich auf der ersten
Fahrt 44 Journalisten und Reisekaufleute an Bord der
»Nordbrise« befinden. Die Deutsche Presseagentur (dpa)
ist vertreten, die Zeitung »Die Welt« ist dabei. Zum ersten
Mal sorgt unser Vater für bundesweites Interesse. Der Welt-
Korrespondent Manfred R. B. zeigt sich beeindruckt: »Der
traut sich was, der Deilmann. Alle Achtung.«

Einen großen Empfang erleben die Besucher in Warnemünde nicht. Es gibt weder Blumen noch Händeschütteln.
Die Genossen zeigen den Ankömmlingen aus dem Westen
die kalte Schulter. Die Abfertigung ist mürrisch und
schleppend, »gennen Se nich warden?«. Die auffällig zahl-
reichen Uniformierten drehen den Besuchern den Rücken
zu. Ein herzliches Willkommen sieht anders aus.

Dennoch, der Anfang ist gemacht. Wieder einmal war
Peter Deilmann als Vorreiter erfolgreich. Dreimal in der
Woche bietet er nun diesen 24-Stunden-Törn in die gesperr-
ten, unbekannten Gewässer vor Mecklenburgs Küste an.

Die Reise kostet 100 Mark und schließt als Landprogramm folgende aufregende Stationen ein: Begleitet von
einem Reiseleiter vom Reisebüro der DDR Stadtrundfahrten in Warnemünde und Rostock, einen Ausflug zum Müns-
ter von Bad Doberan und – als Höhepunkt gewissermaßen
– ein Einkaufsbummel durch die Fußgängerzone »Kröpeli-
ner Straße« in Rostock. Glücklichweise sind die Reisenden
von der bestehenden Umtauschpflicht ausgenommen, sie
müssen sich also nicht krampfhaft überlegen, wofür sie
ihre Zwangsostmark ausgeben könnten. Denn in den Regalen der Geschäfte ist nur eines eindrucksvoll: die Leere.
Das Landprogramm endet mit einem Abendessen im War-
nemünder Nobelhotel »Neptun«, in dem eine ausgezeich-

nete Suppe mit pochiertem Ei von der Wachtel serviert wird. Welt-Korrespondent Manfred R. B. ist beeindruckt: »Also, Wachteleier habe ich hier nicht erwartet.«

Peter Deilmann ist zufrieden: »Die brave, alte ›Nordbrise‹ hat gute Arbeit geleistet.« Aber auf solchen Erfolgen ruht sich der Reeder nicht aus. Er will weiter nach Osten. Der Hafen von Stettin ist sein nächstes Ziel. Und das schafft er auch.

Besuch in Godthåb

Bleibt Ziel Nummer drei, das sich unser Vater für die »Nordbrise« ausgedacht hat: die Westküste Grönlands. Angelfahrten will er dort anbieten, davon versteht er ja etwas. Expeditionsfahrten will er machen, das ist etwas Neues. Und einen Personenverkehr von Ort zu Ort will er einrichten, schließlich gibt es auf Grönland keine Straßen, da bleibt nur der Hubschrauber oder das Schiff.

Die Sache mit dem Personenverkehr hat Peter Deilmann sich zur Absicherung einfallen lassen. Er ist zwar vom Erfolg seiner Expeditions- und Angelfahrten überzeugt, aber bei dem abgelegenen Einsatzgebiet ist dreifach genäht einfach besser. Um sich den Auftrag für den grönländischen Personenverkehr zu angeln, nimmt der Reeder Kontakt zur Königlich Grönländischen Handelsgesellschaft im dänischen Aalborg auf. Die betreibt die Passagen nach Grönland seit 1787. Das ist die richtige Adresse. Peter Deilmann erhält den Zuschlag.

Bei Grönland denkt der Reeder weniger an die bizarre Schönheit der Eisberge, die später die Reisenden entzückt staunen lassen. Peter Deilmanns Sinn steht nach dem Schwarzen Heilbutt. Angeln war immer die Leidenschaft unseres Vaters. Ohne Rute und Blinker geht er niemals auf

Reisen. Er angelt mit zwei Tage altem, stinkendem Tintenfisch auf Hai, er lässt Geschäftstermine sausen, wenn er zufällig an einem vielversprechenden Angelteich vorbeikommt. Angeln hat für ihn immer Vorrang.

Nun also der Schwarze Heilbutt. Peter Deilmann schwärmt: »Das sind herrliche Angelfahrten. Von der ›Nordbrise‹ aus wird Jagd auf den berühmten Schwarzen Heilbutt gemacht.«

Der Reeder fliegt in die grönländische Hauptstadt, die zu der Zeit noch dänisch Godthåb heißt und die heute grönländisch Nuuk genannt wird. Die Grönländer sind zwar gegenüber Fremden verschlossen, aber sie streben zu der Zeit nach weitergehender Autonomie von Dänemark, da sind Kontakte in andere europäische Länder sehr willkommen.

Zudem ist unser Vater Abgesandter der Königlich Grönländischen Handelsgesellschaft. Da findet er bei dem Bürgermeister von Godthåb, Peter Hoegh, offene Türen. Er erwartet die Besucher aus Deutschland in einem kleinen Besprechungszimmer des Rathauses.

Es ist Juli, da sind auch in Grönland die Tage manchmal recht warm. An diesem Tag herrscht, wie wir zu Hause sagen würden, »richtiges Strandwetter«. Da zieht man ein T-Shirt an. Der Bürgermeister empfängt unseren Vater und seine Begleiter in einem Anzug aus Seehundfell. Den trägt er nahezu immer.

Zwar hat Peter Hoegh einen typisch dänischen Namen, aber er ist trotzdem ein waschechter Eskimo. Klein, sehr stämmig, so hoch wie breit, flinke Mandelaugen und langes schwarzes Haar. Er spricht eine unverständliche Mischung aus Grönländisch und Dänisch. Ein Dolmetscher ist immer notwendig.

Unser Vater hat oft davon erzählt, wie ihn der Bürgermeister zu sich nach Hause einlud. Die grönländische

Hauptstadt besteht aus einer Ansammlung sehr bunter hübscher Holzhäuser und einigen sehr grauen, hässlichen Plattenbauten. In solch einem Wohnsilo hat der Bürgermeister eine Zweieinhalbzimmerwohnung.

Im Wohnzimmer stoßen Peter Hoegh und seine Gäste auf Grönland an, auf Deutschland, auf die Freundschaft.

Peter Deilmann verträgt eine Menge. Der Eskimo-Bürgermeister verträgt nicht so viel, lässt sich aber immer ordentlich nachschenken. Die Stärke und Qualität eines Schnapses prüft der Mann, indem er einen Finger in das Schnapsglas taucht und ihn anschließend in die Flamme einer Kerze hält. Wenn es um den Finger bläulich züngelt, ist der Schnaps in Ordnung. Skål.

Zur vorgerückten Stunde findet Peter Hoegh die Sache mit dem Schwarzen Heilbutt sehr überlegenswert. Es kommen ja nicht so viele Deutsche. Sie kommen ja nicht so oft. Das verträgt der Fisch schon.

Bis hierher hat unser Vater uns Mädchen diese Geschichte erzählt. Dass sie weitergegangen ist, verschwieg er lange. Schließlich hatte die Story mit der Zustimmung des Eskimos zu den Angelfahrten ein ordentliches Ende. Erst sehr viel später fügt unser Vater an einem sehr heiteren Abend eine Fortsetzung hinzu.

Als die Sache mit dem Schwarzen Heilbutt klar gewesen sei, habe Peter Hoegh noch einmal ordentlich nachgefüllt: Und nun, wo man sich einig sei, habe er gelallt, wolle er seinem neuen Freund Peter eine Frau schenken. So von Peter zu Peter. Eskimofrauen seien viel heißer, als man denke. Da müsse man aufpassen, dass der Iglu nicht schmelze.

Vorsichtig dankend lehnt Peter Deilmann das großzügige Angebot ab. Er kann eben ein bisschen mehr vertragen.

Die Sommer der »Nordbrise« sind gesichert. Das Schiff wird im Hafen von Godthåb stationiert sein, zu dreitägigen, wöchentlichen oder gelegentlich auch zehntägigen Expeditions- und Angelfahrten auslaufen und, wo es sich anbietet, auch Grönländer als Passagiere aufnehmen. Im Winter kehrt das Schiff dann nach Neustadt zurück.

Ein Eskimo im Casino

Zum Dank lädt Peter Deilmann seinen neuen grönländischen Freund nach Neustadt ein. Der Besuch aus der Arktis geht in unsere Familiengeschichte ein. Bürgermeister Peter Hoegh reist in seinem Anzug aus Seehundfell an.

Unser Vater, durchaus spendabel, wenn es um Geschäftsfreunde geht, will dem Gast, der aus der Kälte kommt, das Spielcasino in Travemünde zeigen. Es ist Hochsommer, das Thermometer zeigt auch abends noch 28 Grad. Im stickigen Spielsaal herrschen Jackett- und Krawattenzwang. Unser Vater weiß das und hat darum Peter Hoegh ein Jackett und eine Krawatte geliehen.

Der Mann vom Eismeer, der mühelos 40 Grad minus erträgt, hält die Hitze im Casino und die ungewohnte Enge seines Outfits nicht aus. Sein Gesicht verfärbt sich knallrot, verzweifelt ringt er nach Luft.

Erschrocken schleppt Peter Deilmann seinen Gast ins Freie, damit ihn nicht der Hitzschlag trifft. Beim anschließenden Essen auf der feinen Terrasse des Casinos legt die gesamte Deilmann-Gesellschaft unter dem lebhaften Protest des Oberkellners Jackett und Krawatte ab.

Die Episode schadet dem herzlichen Verhältnis der beiden Männer nicht. Die Schiffe Deilmanns, die »Nordbrise« und später die »Berlin« und die »Deutschland«, bleiben in Nuuk willkommene Gäste.

Peter Hoegh reist auf Einladung des Reeders mit der »Berlin« nach Sri Lanka und reitet auf einem Elefanten. Das findet er noch aufregender als seinen Casinobesuch.

Mehrfach kommt er mit einer Tanzgruppe zur alljährlichen Trachtenwoche nach Neustadt. Nur, aus der von ihm erhofften Patenschaft zwischen Neustadt und Nuuk wird zu seiner Enttäuschung nichts.

Hier kocht der Kapitän

Kreuzfahrtschiffe können die Westküste Grönlands nur von Anfang Juni bis Ende Juli passieren. Die Fahrt vorbei an kalbenden Gletschern und bizarren Eisbergen gilt als eine der schönsten Routen der Welt. In der staubfreien Luft leuchten die Farben der Blumen, Teppiche aus isländischem Mohn und Weidenröschen, fast überirdisch schön. In den nahrungsreichen Gewässern tummeln sich Buckelwale. Sie fressen sich eine dicke Fettschicht an, bevor sie zum Gebären und Aufziehen ihrer Jungen nach Hawaii schwimmen.

Es sind Naturliebhaber, die an Bord der »Nordbrise« gehen, kernige Typen mit Ferngläsern, Fotoapparaten und Super-8-Filmkameras. Die Kreuzfahrt auf diesem Schiff ist noch Lichtjahre entfernt von dem Komfort der »Deutschland«, von opulenten Frühstückbüfetts, Siebengängemenüs und Showprogramm. In der engen Kajüte wird gegessen, was auf den Tisch kommt. Und das bestimmt der Kapitän. Er ist zugleich der Koch und der Steward. Er serviert Hausmannskost: Rouladen, Schnitzel und viel frischen Heilbutt.

Für uns Mädchen waren diese Grönlandreisen eine furchtbar aufregende Sache. Wir durften nämlich mitfahren in den Ferien – wenn Platz war. Sonst hatten die zahlenden Gäste selbstverständlich Vorrang.

Manchmal kamen wir uns in dieser Reisegesellschaft etwas verloren vor. Diese Grönland-Angler waren teilweise schon recht knurrige Typen. Aber wir hatten trotzdem unseren Spaß. Inzwischen wissen wir, dass es falsch war, den Karabiner des Kapitäns heimlich aus dem Schrank zu holen und auf Eisberge zu schießen. Das ging entschieden zu weit. Es gab ein Riesendonnerwetter. Das Gewehr war an Bord, um sich möglicherweise gegen Eisbären verteidigen zu können.

Ein Schwimmbad voller Hummer

Fünf Jahre lang fährt die »Nordbrise« bis nach Thule hinauf, dem nördlichsten Ort in Grönland. 1979 wird sie verkauft.

Peter Deilmann hat längst neue Pläne. Die kleine »Nordbrise« hat darin keinen Platz mehr. Er will größere und vor allem elegantere Kreuzfahrtschiffe.

Die bei der Lübecker Flender-Werft 1965 vom Stapel gelaufene »Regina Maris« genoss in der Ostsee einen geradezu legendären Ruf. Kein Schiff galt als so modern, so elegant. Viele Jahre fuhr es für die Lübeck-Linie, bis es 1976 verkauft wurde und als »Mercator One« hinter dem Horizont verschwand.

Jetzt liegt es als »Frankfurt 1« im Hafen von Montreal in Kanada. Peter Deilmann erwirbt es für eine zu diesem Zweck gegründete Beteiligungsgesellschaft, die »Schiffahrts m.s. Frankfurt GmbH«, gemanagt von Peter Deilmann, Singapur. Die Welt wird sein Feld.

Die »Frankfurt 1« wird wieder in »Regina Maris« umbenannt und kommt für 12 Millionen Mark verjüngt aus der Werft. Bald prangt das Logo der Peter Deilmann Reederei am Schornstein.

Zur Übernahme seines ersten großen Kreuzfahrtschiffs – so darf man damals ein Schiff für 260 Passagiere nennen – reist Peter Deilmann gemeinsam mit einem Freund, dem

Rechtsanwalt Horst Neusser, nach Halifax, wo das Schiff zur Überfahrt bereitliegt. Die beiden Herren machen sich ein paar vergnügte Tage, denn zu ihrer Überraschung und großen Freude finden sie noch erhebliche Weinvorräte an Bord.

Sie bedauern allerdings, keine der vorzüglichen Halifax-Hummer ins Fluggepäck legen zu können. Reeder Deilmann löst das Problem – wozu war er einst Befrachter? Er lässt das äußere Schwimmbad der »Regina Maris« mit Seewasser füllen. Dort hinein kommen über 100 muntere Hummer.

Die Herren setzen sich ins Flugzeug Richtung Deutschland, und die »Regina Maris« setzt sich mit ihrer Hummerfracht in gleicher Richtung in Bewegung. Verwandtschaft und Freunde profitieren zu Hause von dem Hummergroßeinkauf.

Drei Jahre fährt die »Regina Maris« als Kreuzfahrer, dann wird sie 1983 verkauft.

Für die Reederei bricht ein neues Kapitel an, ein Quantensprung. Unser Vater hat die »Berlin« in Auftrag gegeben. Sie wird das erste ZDF-Traumschiff.

»Mein Schiff ist die Berlin«

Seine erste Begegnung mit einer »Berlin« vergisst Peter Deilmann nicht. Im Frühjahr 1959 segelte er mit einem Freund von Hamburg nach Amsterdam. Das Siebenmeterboot hatten die jungen Männer notdürftig seetauglich gemacht. Der an einer Gardinenstange befestigte Kompass stammte von einem Sprengboot aus dem Krieg. Das Leinensegel war an vielen Stellen geflickt. An diesem Morgen herrschte im Ärmelkanal dichter Nebel.

Peter Deilmann hatte die Wache, als sich plötzlich schemenhaft ein Bug auf das kleine Segelboot zuschob. Beide Schiffe hielten genau Kurs aufeinander. Nach einer Schrecksekunde steuerte der Segler ein Ausweichmanöver. Auf der Brücke des großen Ozeandampfers hatte man offenbar im letzten Moment auch etwas bemerkt, er fuhr ebenfalls ein schnelles Manöver. Es ging gerade noch einmal gut.

Als das Segelschiff und der dicke Pott aneinander vorbei waren, las Peter Deilmann am Heck den Namen. Es war die »Berlin«, die für den Norddeutschen Lloyd zwischen Bremerhaven und New York im Passagierverkehr kreuzte. An diesem Morgen sah unser Vater den ersten Kreuzfahrer seines Lebens.

Als er 20 Jahre später den 70-Millionen-Auftrag zum Bau eines Kreuzfahrtschiffs vergibt, da hat er uns diese Geschichte erzählt. Wir haben sie gerne gehört, unser Fuchsi konnte gut Geschichten erzählen.

Axel Springers Wunsch

Mit dem Generalbevollmächtigten der Howaldtswerke – Deutsche Werft vereinbart unser Vater einen Termin. Er steckt die Pläne für den Neubau in seine Aktentasche aus billigem Lederimitat, setzt die blaue Fischermütze auf und fährt nach Kiel. Er ist ein bisschen nervös, sein Schiff wird das erste nach dem Krieg in Deutschland gebaute Kreuzfahrtschiff sein.

Die Manager der Werft haben auf den Besucher aus Neustadt nicht unbedingt gewartet. Ihre Kundschaft kommt zu dieser Zeit aus Oslo oder Stavanger. Norwegische Reeder rennen ihnen die Bude ein. Alle wollen sie riesige Tanker. Die Auftragsbücher sind prallvoll. Der Auftrag für ein Binnenschiff ist nicht interessant, Kleinkram sollen andere Werften basteln. Und nun kommt einer mit der verrückten Idee, einen Kreuzfahrer bauen zu lassen? Zwei Stunden lässt der Generalbevollmächtigte den Besucher aus Neustadt in seinem Vorzimmer schmoren.

Der Chefsekretärin ist das peinlich. Sie empfindet die Situation als demütigend und bewundert, wie gelassen Peter Deilmann reagiert.

Der Auftrag geht 1979 dennoch an die Howaldtswerke – Deutsche Werft. 70 Millionen Mark sind als Kosten veranschlagt.

70 Millionen, das ist sehr viel Geld. Wie zuvor auch schon bei seinen Frachtschiffen sucht Deilmann nach Anteilseignern. Jedes Projekt, das der Reeder neu beginnt, ist teurer als das vorherige. Für ein 70-Millionen-Schiff muss er ganz oben anklopfen, da ist mit Kleckerbeträgen wenig zu machen.

Deilmann bekommt Kontakt zum Zeitungsverleger Axel Springer. Der zeigt sich aufgeschlossen, ist der Sache nicht abgeneigt. Er stellt eine Bedingung: Wenn er sich an dem Schiff beteiligen soll, dann muss es den Namen der geteilten deutschen Hauptstadt tragen, dann muss es »Berlin« heißen – »damit setzen wir überall auf der Welt ein Zeichen«.

Letztendlich steigt Axel Springer dann doch nicht ins Kreuzfahrtgeschäft ein. Aber bei dem Namen »Berlin« bleibt es.

Für seine »Berlin« schreibt unser Vater sogar ein Lied. Obwohl ihm das Schiff viele Sorgen bereitet, liebt er es. Wie das mit der ersten großen Liebe eben so ist. Er besingt sie mit solchen Versen:

»Mein Schiff ist die ›Berlin‹,
Mein Traum, an Bord zu geh'n –
Möven mit uns zieh'n –
›Berlin, ›Berlin‹, ›Berlin‹«

So ähnlich geht es über mehrere Strophen. Die Melodie, die er dazu komponiert, klingt ein bisschen nach Hawaii und Aloha. Das und ein zweites Musikstück meldet er sogar bei der GEMA an, um seine künstlerische Urheberschaft zu sichern.

Udo Jürgens war ausersehen, den Song zu singen, doch der will nicht. Ein Musikverleger produziert das Lied schließlich mit der Evergreen-Juniors-Band als Begleitung. Die zweite Komposition unsers Vaters spielen immerhin Mitglieder des Hamburger Symphonieorchesters für eine Schallplattenaufnahme.

Manchmal singt Peter Deilmann das Lied auf der »Berlin«. Auf die Begleitung durch das Bordorchester kann er verzichten. Er spielt selbst Schifferklavier. Gesungen hat er immer gerne. Schon als Schüler war er mit dem Akkordeon an Bord der Fahrgastschiffe gegangen, die von Travemünde aus für ein paar Stunden mit Urlaubern in See stachen.

Sicherheiten, Sicherheiten, Sicherheiten

Nachdem Axel Springer von dem Projekt abgesprungen ist, muss der Reeder andere Geldgeber überzeugen. Deren

Beteiligungen sind allerdings kaum mehr als ein Zubrot. Kredite müssen her. Die Banken und Schiffsfinanzierer sind vorsichtig. Vom Kreuzfahrtgeschäft verstehen sie nichts, das ist zu neu. Vom Bau eines neuen Kreuzfahrtschiffs verstehen sie erst recht nichts, so etwas hat noch niemand gemacht.

»Was macht den Mann so sicher, das sich das Ganze wirklich lohnt?«, fragen sie zweifelnd. »Von Kreuzfahrten hat er doch ebenfalls keine Ahnung. Seine Angelausflüge vor Grönland kann man wirklich nicht so nennen.«

Die Banken und Schifffinanzierer verlangen eine Auslastungsgarantie, ehe sie Kredite bewilligen. Unser Vater ist Reeder, kein Reiseveranstalter. Bei allem ihm eigenen Optimismus, er kann diese Garantie nicht glaubhaft geben.

Aber Neckermann + Reisen kann. Der Geschäftsführer dieses Reiseveranstalters, Rolf Pagnia, braucht einen großen, überraschenden Deal. Augenblicklich fährt Neckermann + Reisen etwas flügellahm der Konkurrenz hinterher. Da kommt der Mann aus Neustadt mit seiner visionären Idee gerade im richtigen Augenblick.

Man einigt sich. Neckermann + Reisen wird die »Berlin« auf fünf Jahre in Vollcharter übernehmen. Pagnia verspricht sich davon einen Paukenschlag. Jetzt bekommen die Banken, was sie verlangen.

Heute ist mir nichts zu teuer

Rolf Pagnia ist wie Peter Deilmann ein begeisterter Segler. Sie verabreden einen Törn von Nizza nach Genua. Auf dieser Fahrt wird der Vertrag unterzeichnet. Mit dabei ist ein Jurist, Hans-Joachim Birkholz, der Bürgermeister von Neustadt.

Endlich, mit der frischen Unterschrift kann der Traum Wirklichkeit werden. Was kostet die Welt? Peter Deilmann kann bezahlen, alles.

Jetzt will er erst einmal nach Venedig. Dort findet eine hochkarätige Auktion Alter Meister statt. Die will er besuchen. Er braucht Bilder für sein neues Schiff.

Am Kai von Genua wartet eine Taxe auf Kundschaft. Der Taxifahrer sieht zwei überaus gut gelaunte Männer auf seinen Wagen zusteuern. Was sagen die Männer, wohin soll er sie fahren? Nach Venedig? Das kann doch nur ein Irrtum sein, die spinnen, die Deutschen. Nach Venedig sind es locker 300 Kilometer.

Irgendwie überzeugen die beiden Männer den Taxifahrer dann doch, dass sie es ernst meinen. Nur gegen Vorkasse ist er bereit zu fahren.

Noch in Genua lassen die beiden Fahrgäste den Wagen vor einem Supermercado halten, sie kaufen reichlich Käse und Wein. Dann sitzen sie auf der Rückbank der Taxe, essen und trinken – und singen Lieder von Hans Albers. Den liebt unser Vater. Besonders gerne und oft singen sie »Auf der Reeperbahn nachts um halb eins«. Wie der Text in diesem Lied, so ist ihre Stimmung:
»Silbern klingt und springt die Heuer,
heut' speel ick dat feine Oos,
Heute ist mir nichts zu teuer,
morgen geht die Reise los …«

Deutsche Kreuzfahrttradition

Es soll kein großes, es soll ein schönes Schiff werden. Eines, das an die glanzvollen Gründerjahre erinnert: ein bisschen Samt, ein bisschen Plüsch und ganz viel Luxus. Ganz so wie in der ersten Klasse auf den alten Oceanlinern. Bilder von solchen Schiffen sammelt unser Vater. Sorgsam heftet er sie in einem Ordner ab. Jedes Bild ist eine neue Anregung für Wandvertäfelungen, für Messingbeschläge, für intime Sitzecken. Das Wort Nostalgie muss für ihn nicht gefunden werden. Er erweckt sie zu neuem Leben.

Wenn alles ein bisschen besser sein soll, dann wird alles auch ein bisschen teurer. Deilmann weiß das und macht es trotzdem. Er prägt einen Begriff: »Deutsche Kreuzfahrttradition«.

Was der Reeder darunter versteht, ist anspruchsvoll. Er formuliert es so: »*Solide, technisch sichere Schiffe; ansprechendes, elegantes Interieur, das Atmosphäre schafft; stilvolle Menüs einer kalorienbewussten Küche; Unterhaltungs- und Sportprogramme; ausgeklügelte Fahrpläne, die dem Passagier jeden Tag Neues verheißen; Landprogramme mit besonderen Höhepunkten und bestimmt nicht zuletzt der Service, die Dienstleistung*, die für ein Kreuzfahrtschiff so unbedingt wichtig ist.«

Der Begriff Deutsche Kreuzfahrttradition wird mitsamt dem Logo des Unternehmens, dem Wikinger-Drachenkopf in einem roten D, zum eingetragenen Markenzeichen. Beim Deutschen Patent- und Markenamt in München lässt der Reeder beides schützen.

Mit diesem Eintrag ist der stilisierte Drachenkopf gewissermaßen geadelt. Unser Vater hatte ihn irgendwann abends auf einen Bierdeckel gestrichelt. »So«, hatte er gesagt, »so ungefähr stelle ich mir mein Firmenzeichen vor. Das kommt auf den Schornstein. Verlasst euch drauf.«

Bei seinen Plänen für die »Berlin« ist Peter Deilmann schon ganz weit weg von seinen Angelkuttern. Und auch die fröhliche »Nordbrise« ist Vergangenheit.

Trotzdem bleibt noch ein wenig Butterdampfer erhalten. Die »Berlin« hat nur ein Restaurant, aber vier Bars. Allerdings läuft die Küche schon nach kurzer Zeit den Bars den

Rang ab. Am Ende steht sogar nach langer Bewährung die Aufnahme der Küchenbrigade in die Chaîne des Rôtisseurs. Peter Deilmann ist noch nicht zufrieden. Er will ein Plus. Sein Schiff soll nicht einfach in der Viersternekategorie fahren. Er will Viersterneplus. Die bekommt er, nachdem das Schiff pünktlich am 29. Juni 1980 von der Werft abgeliefert wird.

Die Frau des Neckermann+Reisen-Managers Pagnia tauft die »Berlin«. Wir dürfen dabei sein und sind so stolz auf unseren Fuchsi, wie man es mit zwölf Jahren nur sein kann. Nun steht die Welt offen.

Aber nicht lange. Bereits zwei Jahre nach ihrer Auslieferung ist die »Berlin« verschwunden, als habe es sie niemals gegeben. Neckermann + Reisen steigt eilig vorzeitig aus dem Vertrag aus. Das Geschäft mit teuren Kreuzfahrten ist nichts für den Massenveranstalter. Neckermann + Reisen hat sich die Finger verbrannt und teures Lehrgeld gezahlt.

Verchartert an einen Chinesen, fährt die »Berlin« von 1982 bis 1985 als »Princess Masuhri« unter der Flagge Singapurs. Ihr Revier sind jetzt die chinesischen Gewässer. Die Deutsche Kreuzfahrttradition legt eine Pause ein.

Dann besinnt sich »Princess Masuhri« und kehrt vorzeitig nach Deutschland zurück. Auch der chinesische Partner ist froh, als er das Schiff zurückgeben kann. Es hat nur für 330 Passagiere Platz. Das sind nicht genug, um die Kosten zu decken. Fuchsi wird sich etwas einfallen lassen müssen.

Der große Deal

Sie waren sich ähnlich. Beide um die 50, mittelgroß, stämmige Figur. Beide Selfmademänner, die klein angefangen haben. Der eine, Peter Deilmann, als Befrachter von Schiffen in Lübeck, der andere, Wolfgang Rademann, als freischaffender Lokalreporter in Berlin. Beide sind Visionäre und geniale Macher. Wolfgang Rademann produziert die Traumschiff-Serie, die 1981 im Zweiten Deutschen Fernsehen angelaufen ist. Der waschechte Berliner sucht »eenen neuen Pott« mit elegantem Ambiente, das Mutterschiff für seine Episoden von Liebe und Kabale. Peter Deilmann hat dieses Schiff: die MS »Berlin«.

Die Serie hat Rademann nicht direkt erfunden. Wer erfindet schon etwas neu im deutschen Fernsehen? Er mixt sie aus der amerikanischen Soap »Loveboat« und der Serie »Zur See« zusammen, die Mitte der 70er-Jahre im DDR-Fernsehen lief. Die hat Rademann gern gesehen, bevor er »mit Mutter und Sack und Pack mit der S-Bahn rüberjemacht« ist von Ost nach West. Noch ahnt er nicht, dass sein »Traumschiff« das Blaue Band im Rennen um die Einschaltquoten gewinnen wird.

Schauplatz der ersten Liebesgeschichten auf hoher See ist die »Vistafjord«. Ein Flop, denn sie wird schon nach einem Jahr verkauft.

TV-Schiff Nummer zwei, die »Astor«, gehört der Hamburger Hadag Cruise Line. Wieder hat Rademann nur Ärger mit dem ollen Kahn. Kaum ist die »Astor« zum ersten Mal über den Bildschirm gedampft, verschachern die Hanseaten sie nach Südafrika. Wie ein Geisterschiff taucht sie 1985 nach einer dubiosen Transaktion im Rostocker Hafen auf. Als MS »Arkona« fährt sie nun unter der Flagge mit Hammer und Sichel. Verdiente Werktätige der DDR dürfen auf der »Arkona« ins sozialistische Bruderland Kuba reisen. Anfangs sah es so aus, als ob Rademanns Traumschiff schnell kentern würde. Nach zwei Staffeln und zwölf Episoden wollte das ZDF die kostspielige Serie versenken. Doch die geplante letzte Episode am 1. Januar 1984 sprengte alle Rekorde. 25 Millionen Zuschauer, vom Kleinkind bis zum Greis, saßen vor dem Bildschirm. Das ist ein Fernsehvolksentscheid, dem sich die ZDF-Bosse nicht entziehen können. Die Laufzeit der einzelnen Ausstrahlungen wird sogar verlängert, von 60 Minuten auf 90 Minuten. Jetzt fehlt nur noch das Schiff.

Väter des Kreuzfahrtbooms

Peter Deilmann hat davon gehört. Er sagt zu seinem Marketingchef: »Ich ruf mal den Intendanten vom ZDF an. Weiß der nicht, dass wir deutsche Schiffe haben?« Die »Vistafjord« und die »Astor« fuhren beide unter ausländischer Flagge.

Deilmann am Telefon zum Intendanten Dieter Stolte: »Herr Stolte, ich habe hier ein deutsches Schiff, und Sie sind das deutsche Fernsehen. Ich bin der Einzige, der seine Schiffe unter deutscher Flagge fahren lässt. Warum lassen Sie die Traumschiff-Serie nicht auf meiner ›Berlin‹ spielen?«

Der Intendant ruft postwendend Wolfgang Rademann an. »Ich habe ein Schiff für Sie!«

Der Deal macht Rademann zum erfolgreichsten deutschen Fernsehproduzenten und Peter Deilmann zum bekanntesten Reeder. Bevor das Traumschiff über die Weltmeere schaukelt, sind Kreuzfahrten nur etwas für Privilegierte. Die Masse düst an die Costa Brava oder überflutet Mallorca. Das Duo Deilmann/Rademann kann sich zu Recht als Väter des Kreuzfahrtbooms bezeichnen.

Wolfgang Rademann erinnert sich gern an die Treffen mit dem Reeder. »Wir haben manchmal zusammen in der Lobby vom Hamburger Atlantic Hotel gesessen und uns beratschlagt. Ich seh ihn noch genau vor mir, mit seiner Schiffermütze uffm Kopp, freundlich, warmherzig, aber auch energisch. Dieser Mann hat mir unheimlich imponiert, denn in seiner ganzen Art entsprach er überhaupt nicht dem gängigen Bild eines Unternehmers. Also kein Geschäftsmann in dem Sinne, dass man Angst haben musste, dass er vor lauter Zahlen keine Gefühle mehr hat.«

Die Serie übersteht alle modischen Wellen. Wenn die Traumschiff-Melodie von James Last erklingt, sitzen auch heute im Schnitt zehn Millionen Zuschauer vor den Bildschirmen, Salzgebäck auf dem Tisch und Sehnsucht im Herzen. Die Dramaturgie bleibt immer gleich: Einsteigen, Landgang, Kapitänsessen mit dem Dinnermarsch und Happy End.

Die Plots sind Geschichten, die das Leben nicht schreibt, oder nur ganz selten. Vom Schicksal getrennte Liebende, die sich auf dem Traumschiff wiederfinden, Todkranke, die auf wundersame Weise gesunden. Zwillinge, die durch Adoption getrennt wurden und sich, so ein Zufall, an Bord begegnen. Rademann schwört auf Leichtes und Seichtes, dazu ferne Länder und schöne Menschen. Nach diesem Rezept kocht er gleich noch mal. Er produziert auch die »Schwarzwaldklinik«.

Kein Sex, keine Leichen

Alle Traumschiff-Drehbücher müssen über den Tisch unseres Vaters gehen, das hat er sich ausbedungen. Er will die technischen und nautischen Details auf ihre Richtigkeit überprüfen. Beim Inhalt liegen die beiden Männer auf der gleichen Wellenlänge. Nur heile Welt, kein Sex und keine Leichen.

In einer Folge bandelt der Kapitän mit einer Passagierin an. Das missfällt dem Reeder. Rademann blockt ab: »Dat jeht dich jar nichts an.«

★

Am 29. November 1986 macht die »Berlin« ihre TV-Jungfernreise. Die Episode spielt in Thailand. Die Crew vom Traumschiff wird TV-Legende: Heinz Weiss als Kapitän Heinz Hansen, Horst Naumann als Schiffsarzt Dr. Horst Schröder und Heide Keller als Chefhostess mit dem klingenden Namen Beatrice von Ledebur. Fiktion und Wirklichkeit verschwimmen. Wenn sich der Erste Offizier des ZDF-Dampfers als Schurke entpuppt, kommen empörte Briefe in Neustadt an. »Wie können Sie solch einen Kerl überhaupt einstellen? Schmeißen Sie ihn raus!«

Passagiere, die zum ersten Mal die Gangway der »Berlin« emporklettern, begrüßen Kapitän Andreas Jungblut mit »Ahoi, Herr Kapitän Hansen«. Damen sind entzückt. »Herr Hansen, Sie sehen ja noch viel besser aus als im Fernsehen.« Jungblut lächelt jovial. Er kennt das schon. Und weiß, dass es stimmt.

Das zweite Leben der »Berlin«

Es fällt nicht leicht, doch Peter Deilmann muss einsehen: Er hat die »Berlin« schön gemacht, aber zu klein gebaut. Der Reeder beschließt, einen operativen Eingriff vornehmen zu lassen. Das Schiff muss unbedingt größer werden.

Doch wie macht man das? Aufpusten geht nicht.

Aber aufsägen, sagt Deilmann. Wenn man ein Schiff in der Mitte aufschneidet, kann man ein Stück einfügen. Dann schweißt man das alte vordere Teil, das mittlere neue Segment und das hintere Ende vom alten Schiff wieder zusammen – und schon hat man einen größeren Kreuzfahrer. Ist doch ganz einfach.

Die Arbeiter von der Werft Nobiskrug in Rendsburg tippen sich an die Stirn – verrückt, der Deilmann.

Die Ingenieure sagen es nicht so direkt, aber sie meinen: Das geht nicht.

Geht doch, sagt Deilmann, ihr habt es nur noch nicht versucht. Geht nicht, gibt's nicht.

Sie versuchen es – und es gelingt.

1986 wird das Schiff um etwa 17 Meter verlängert, von 122 auf 139 Meter. Damit hat es 60 Kabinen mehr und kann statt 330 nun 420 Passagiere aufnehmen.

Geht doch, sagt Deilmann.

Und die Arbeiter von der Werft Nobiskrug sagen stolz: Jo, dat geit.

Wieder einmal hat Peter Deilmann etwas gewagt.

Nach dieser operativen Taillenerweiterung heißt das Schiff nicht länger »Princess Masuhri«, sondern wieder »Berlin«.

Ein neues Angebot

Die Operation hat sich in mehrfacher Hinsicht gelohnt. Durch die größere Zahl der Passagiere ist es möglich, den durchschnittlichen Reisepreis zu senken. Das lässt auf eine bessere Auslastung hoffen. Zudem krempelt Peter Deilmann sein Unternehmen gründlich um. Bisher hat er Schiffe gebaut und verchartert. Das ist die Aufgabe einer Reederei.

Aber er war kein Reiseveranstalter. Er hat nicht um Gäste für die Schiffe geworben, er hat keine Routen ausgearbeitet, er hat nicht nach attraktiven Zielen Ausschau gehalten. Das überließ unser Vater anderen.

Zweimal hat er die »Berlin« an Reiseveranstalter verchartert, zweimal hat das nicht geklappt. Jetzt beschließt er, die Sache selbst in die Hand zu nehmen.

Da fügt es sich gut, dass Bürgermeister Hans-Joachim Birkholz endlich seinem langen Drängen nachgibt und bei der Reederei anheuert. Er steigt als Touristikchef ein und beginnt diesen Bereich aufzubauen.

Unser Vater setzt großes Vertrauen in diesen Mann, der ihm den Hafen von Neustadt geöffnet hat. Das vergisst er nicht. Schließlich kam er mit nichts als einer Idee. Das war damals ein ebensolcher Start ins Ungewisse wie jetzt der Versuch, eigene Reisen zu verkaufen.

Kreuzfahrt für Anfänger

Das Wendemanöver der Peter Deilmann Reederei zum Reiseanbieter gelingt. Sogar immer besser. Zunehmend entdecken die Medien Kreuzfahrten als interessantes neues Thema: Wie funktioniert das? Wer geht an Bord? Was machen die Gäste den ganzen Tag?

Die Journalisten drängen auf die »Berlin«. Anleitungen unter der Überschrift »Kreuzfahrt für Anfänger« haben Konjunktur. Das liest sich dann beispielsweise in den »Lübecker Nachrichten« so:

»Sind die Koffer in den Kabinen verstaut, ist die internationale vorgeschriebene Seenotrettungsübung absolviert – gar nicht so einfach, die Rettungsweste über den Kopf zu ziehen – und der erste Orientierungsgang beendet, zieht es die Kreuzfahrer aufs Promenaden- und Hauptdeck.

Alles ist organisiert, wer mag, braucht nicht einen unbewachten oder unbegleiteten Schritt zu tun. In den Häfen sind die Landgänge perfekt organisiert, die Busse für Stadtrundfahrten und Ausflüge stehen schon bereit ...

Es ist schon ein besonderes Erlebnis, auf einem schwimmenden Hotel von Hafen zu Hafen zu kreuzen. Sind die Koffer einmal ausgepackt, fällt die Plackerei mit dem Gepäck weg. Morgens beim Aufwachen ist man bereits in einer anderen Stadt. ›MS Berlin‹ fährt meistens über Nacht.

Das Schiffsteam zerfällt in vier voneinander weitgehend unabhängige Abteilungen. Da ist die nautische Abteilung, zu der der Kapitän und seine Seeleute gehören. Dazu kommt die technische Abteilung, die nicht nur den Schiffsdiesel wartet, sondern auch die bordeigene Wasseraufbereitungs- und Müllverbrennungsanlage. Wiederum ein eigenes Ressort bildet die Kreuzfahrtleitung, an deren Spitze der Kreuzfahrtdirektor steht. Der smarte Amüsementmanager zeichnet nicht nur für Unterhaltung, Tagesprogramme und Ausflüge verantwortlich, er steht mit seiner Show ›Nostalgie aus Germany‹ auch selbst auf der Bühne und singt deutsche Schlager ...

Bleibt der Hotelbetrieb. Eine österreichische Firma mit Sitz in Linz sorgt dafür, dass es den Gästen an Bord an nichts fehlt.«

Fuchsi ist begeistert. Berichte wie dieser sind eine tolle Werbung. Die meisten Reportagen sind positiv, aber durchaus nicht alle. Manche Journalisten scheinen nur an Bord zu kommen, um ein Haar in der Suppe zu finden. Sie müssen lange suchen, doch wer schon als Miesepeter zum Frühstück erscheint, der wird fündig. Und wer nichts findet, der erfindet. Über solche unfairen Berichte ärgert sich unser Vater, aber nicht lange. »Macht nichts«, sagt er dann, »das glauben die Leute sowieso nicht. Aber sie werden kommen, um zu sehen, ob überhaupt etwas der Wahrheit entspricht.«

Dreimal verkauft

Wie alle seine Schiffe hat Peter Deilmann auch die »Berlin« durch eine Beteiligungsgesellschaft finanzieren lassen. So mancher ostholsteinische Gutsbesitzer ist bei ihm ins Kreuzfahrtgeschäft eingestiegen.

Ihm selbst gehören lediglich fünf Prozent. Seine Reederei chartert das Schiff von der Beteiligungsgesellschaft. Solche Konstruktionen der Finanzierung sind bei Schiffen nicht unüblich. Aber über eine Sorgenfreigarantie verfügen sie nicht.

Nicht von ungefähr handelt die Lieblingsanekdote des Reeders von Geld und See. Nahezu in jeden Vortrag, in jede Ansprache baut er sie ein.

»Österreichs Kaiser Franz Joseph I. hatte wenig Ahnung von Finanzdingen. Eines Morgens kommt der Hofmarschall aufgeregt ins Schlafgemach des Kaisers mit der Meldung: ›Majestät, Majestät, die Valuta ist gesunken.‹

Darauf der Kaiser: ›O Gott, die armen Matrosen!‹«

Geldgeber bei Laune zu halten ist einfach, wenn die Erträge reichlich fließen. Bleiben sie hinter den Erwartungen zurück, wird es schwierig. Wenn das Geld für Tilgung oder Zinsen, oder auch beides, fehlt, wird es ungemütlich. Mehr als einmal kämpft Peter Deilmann ums Überleben seines Unternehmens. Dann klagt er: »Die Banker werden ungnädig, und die Geschäftspartner verlassen die guten Sitten.«

Solange die »Berlin« für die Peter Deilmann Reederei fuhr, wechselten dreimal die Gesellschafter, wurde das Schiff dreimal offiziell verkauft. Aber immer fuhr es für Peter Deilmann. Wenn man etwas mehr von der Valuta versteht als Kaiser Franz Joseph I., dann geht so etwas.

Heddas Baby

Während die »Berlin« die ganze Kraft des Reeders in Anspruch nimmt, haben wir unsere Ausbildung begonnen: Hedda im Reisebüro und Gisa im Hotelfach. Rechnungswesen ist ein ziemlich sperriges Fach. Der Lehrer der Hotelfachschule Altötting bemüht sich nach Kräften, seine Schülerinnen und Schüler für die Regeln der Buchhaltung zu interessieren. Bei Gisa gelingt es ihm an diesem kalten Januarmorgen nicht. Sie hat kurz vor dem Unterricht einen Brief von Hedda aus dem Postfach gefischt. Während der Lehrer über Bilanzierung, Abschreibungen und Verbindlichkeiten an Banken referiert, öffnet sie unter dem Tisch den Umschlag. Wir schreiben uns mindestens einmal in der Woche, Handys gibt es noch nicht. Gisa erwartet nichts Aufregendes. Vielleicht hat Hedda sich über ihren Freund geärgert und muss das unbedingt loswerden oder über einen Vorgesetzten im Reisebüro. Gisa liest einmal, zweimal und kann nicht fassen, was dort steht. Sie bricht in Tränen aus und läuft aus dem Klassenraum.

Hedda schreibt:

Liebe Gisi,
ich wollte es Dir schon lange sagen, aber irgendwie habe ich selbst es bisher noch nicht richtig realisiert: Ich bin schwanger, du wirst also Tante!! Das Baby kommt im Juni ... und ich freue mich inzwischen sogar, obwohl mir ständig schlecht ist ... Außerdem werden wohl noch eine Menge Schwierigkeiten auf mich zukommen, aber da muss ich jetzt durch. Rufst Du mich an, wenn Du dies gelesen hast?
Heddi

Gisa antwortet sofort. Weil sie kein Briefpapier hat, reißt sie eine Seite aus einer Illustrierten heraus. Neben dem Bild eines grinsenden Schauspielers ist noch genügend freier Platz.

Liebe Heddi,
ich habe Deinen Brief bekommen ... Heute Morgen dachte ich, dass ich es geträumt hätte, aber das habe ich ja nicht ... O Gott! Habt Ihr Euch das auch gut überlegt? Ich meine, Ihr müsst ja auch Verantwortung übernehmen, das Kind muss zur Schule usw. In Eurer Haut möchte ich, ehrlich gesagt, nicht stecken. Andererseits möchte ich natürlich gerne Tante werden ... und für Vorwürfe ist es eh zu spät. Das größte Problem: Wie bringen wir es Mami und Fuchsi bei? Vorerst würde ich sagen: noch nicht! Kommt Zeit, kommt Rat ...
Ich rufe Dich an.

Gisi

»Ihre Tochter ist schwanger«

Drei Monate vergehen, und Hedda hat den Eltern immer noch nichts gesagt. Das besorgt jemand anderes. An einem Vormittag im April springt der Leiter eines Lübecker Reisebüros hektisch in sein Auto. Ungeduldig quält er sich durch den ewig stockenden Verkehr der Innenstadt und biegt in Lübeck Mitte auf die A1, Richtung Neustadt. Sein Ziel ist der Firmensitz der Reederei Deilmann am Hafensteig. Der Mann will dem Reeder eine wichtige, eine sensationelle Nachricht überbringen. Der wird ihm dankbar sein. Er will ihm sagen: »Ihre Tochter Hedda ist schwanger!«

An diesem Morgen hat Hedda Mut gefasst und ihrem Chef gestanden, dass sie ein Kind erwartet. Sie ist bereits im sechsten Monat. Es lässt sich nicht länger verheimlichen. Sie muss den Arbeitgeber und die Krankenkasse informieren. Die Kolleginnen gucken schon auf ihren Bauch und tuscheln. Der Chef fragt sie sofort: »Weiß Ihr Vater davon?«

Nein, er weiß es nicht, Hedda fürchtet sich so sehr vor seinem Zorn. Sie ist erst 21 Jahre alt und noch in der Ausbildung. Unser Vater ärgerte sich jedes Mal, wenn eine seiner Mitarbeiterinnen schwanger wurde. Er fühlte sich persönlich beleidigt. Was konnte es Schöneres geben, als für ihn zu arbeiten? Und nun ist seine eigene Tochter schwanger, mit einem unehelichen Kind! Mutter zu werden, ohne verheiratet zu sein, gilt damals noch als Schande.

Hedda hat nicht damit gerechnet, dass ihr Chef seine Verschwiegenheitspflicht so grob verletzen würde. Ahnungslos ruft sie nachmittags unsere Mutter an. Da bricht die Katastrophe über sie herein. »Dein Vater hat mich eben über deinen Zustand informiert, er ist außer sich vor Wut. Wie konntest du uns das verheimlichen? Wie konntest du mir das antun?«

Am meisten regt den Reeder auf, dass er die Schwangerschaft von diesem Reisebüromenschen erfahren muss. Er will Hedda nicht mehr sehen. Unsere Mutter hilft, so gut es geht. Um das Baby durchzubringen, muss Hedda arbeiten. Sie schreibt an ihre Schwester:

Liebe Gisi,

was für ein Glück! Wir konnten zusammen mit einem Bekannten den Kiosk des Surfclubs bei uns in Travemünde pachten. Mit meinem dicken Babybauch verkaufe ich dort heiße Würstchen und Eis. Das ist sehr anstrengend, und abends sinke ich todmüde ins Bett, aber immer noch besser, als Vater um Geld anzubetteln. Das werde ich ganz bestimmt nicht tun. Wenn er sich bei Dir nach mir erkundigen sollte, dann sag ihm, dass es mir gut geht. Natürlich mache ich mir große Sorgen, wie es weitergehen soll. Aber ich freue mich riesig auf mein Kind.

Heddi

Im Hochsommer kommt Jacqueline in einer Lübecker Klinik zur Welt. Der Reeder will sein erstes Enkelkind nicht sehen, er zürnt immer noch. Schon fünf Tage nach der Geburt steht Hedda wieder am Kiosk. Das Baby schläft in einer Tragetasche. Surfer und Badegäste wundern sich: »Was für ein winziges Baby!« Der Sommer ist richtig schön. Der Kiosk läuft gut. Hedda stellt Tische und Stühle auf. Jacqueline ist der Star. Die Omis der Surfer sehen nach ihr, wenn Hedda Würstchen heiß macht und Eistüten über den Tresen reicht. Sie stricken Mützchen und Jäckchen. Jacqueline ist kein einfaches Kind. Sie hat Dreimonatskoliken und schreit oft die ganze Nacht. Die Rolle als Mutter fällt Hedda nicht leicht. Ihr bleibt keine Zeit mehr fürs Surfen und Reiten.

Versöhnung zu Weihnachten

Wie lange kann man seiner Tochter grollen? Unser Vater schafft es fast ein Jahr. Zu Weihnachten versöhnt er sich mit Hedda. Wir zünden gerade die Kerzen am Tannenbaum an, da klingelt es an der Haustür. Der Reeder steht davor, einen riesigen Eisbären von Steiff für Jacqueline im Arm. Hedda und Vater fallen sich um den Hals und weinen. Ein Weihnachten ohne unseren Vater wäre für uns undenkbar gewesen. Nun ist alles so schön wie immer. Während sich unsere Mutter um den Gänsebraten kümmert, verkostet er den Rotwein. Je besser ihm der Wein schmeckt, desto kraftvoller wird sein Anschlag am Klavier und desto lauter singt er. Der große weiße Versöhnungsbär existiert immer noch. Er wird in Heddas Familie von Kind zu Kind vererbt.

Nach dem Erziehungsjahr setzt Hedda ihre Lehre fort, allerdings in einem anderen Lübecker Reisebüro. Sie lernt oft bis Mitternacht und schafft es, dass die Ausbildungszeit um ein halbes Jahr verkürzt wird. Danach arbeitet sie halbtags in der Reederei. Vater möchte, dass sie das Reedereigeschäft von der Pike an lernt. Sie bekommt einen Job im Schreibbüro, das ist die einfachste Tätigkeit im Unternehmen. Nach und nach steigt sie zur Telefonistin auf und darf – eine Beförderung – Landausflüge organisieren. Das macht ihr großen Spaß. Nicht so angenehm ist, dass Vater sie vor den Kollegen herunterputzt, wenn sie mal zu spät zum Dienst kommt. Seine Tochter hat pünktlich zu sein, auf die Minute.

Nach zwei Jahren muss Hedda erneut pausieren. Sie erwartet ihr zweites Kind, Josephine, und wird ihren Freund heiraten. Aber unser Vater hält nichts von seinem Schwiegersohn. Seiner Tochter hat er vergeben, ihrem Mann nicht. Wenn Vater sich einmal eine Meinung von einem Menschen gebildet hat, ändert er sie nicht mehr. Hedda bekommt noch zwei weitere Kinder, aber es zeigt sich, dass unser Vater recht hatte. Die Ehe geht schief, Hedda lässt sich scheiden. Nach der Trennung fühlt sie sich wie erlöst, obwohl sie jetzt allein erziehende Mutter von vier kleinen Kindern ist. Bis heute hat ihr Exmann keinen Cent Unterhalt für die Kinder gezahlt.

Unser Vater liebt die Enkel sehr und nimmt sie oft mit zum Angeln. In dieser schweren Zeit ist er Hedda eine große Hilfe.

*

Der Chef des Lübecker Reisebüros fragte übrigens später, als wir Reederinnen waren, bei uns an, ob er vergünstigt eine Reise auf der »Deutschland« machen könnte. Das haben wir mit Wonne abgelehnt.

Gisa in Teufels Küche

Peter Deilmann kannte viele Sprüche, die helfen sollten, die Widrigkeiten des Lebens zu meistern: ihm selbst, anderen und vor allem seinen Töchtern. Dazu gehörten Weisheiten wie »Gelobt sei, was hart macht«, »Was dich nicht umbringt, macht dich stark«, »Lehrjahre sind keine Herrenjahre«. Seine Lieblingsdurchhalteparole war: »*Ein* Jahr kann man beim Teufel dienen.«

Nach ihrer Ausbildung im feinen Hamburger Hotel Vier Jahreszeiten ging Gisa für ein Jahr nach China. Die Hotelfachschule Altötting unterhält eine Patenschaft mit der Provinz Shandong. Sie vermittelt Gisa und ihrem Freund einen Job in der Stadt Jinan am Gelben Fluss. Sie sollen in einem Hotel arbeiten, Gisa im Service, ihr Freund in der Küche.

Gisa hat viele Briefe aus China geschrieben, aber die meisten kamen nicht an. Wir vermuten, dass sie von der Zensur beschlagnahmt wurden. Der Inhalt gefiel wohl nicht.

Liebe Heddi,
als wir mit dem Zug aus Peking in Jinan ankamen, lief mir gleich zur Begrüßung eine Ratte über meine schicken neuen Plateausandalen. Die Stadt lag unter einer dicken Smogdecke. Heiße, feuchte Luft traf uns wie ein Schlag ins Gesicht.

Unser Taxi quälte sich durch ein Gewirr von Rikschas, Bauern mit hochbeladenen Fahrrädern und Garküchen zum Hotel. Das Qilu ist zum Glück ganz neu und vollklimatisiert. Wir bezogen ein modern möbliertes Gästezimmer. Aus dem Fenster blicke ich auf Hochhäuser, die im

Smog verschwinden. Hier sollen wir also in den kommenden zwölf Monaten zu Hause sein.

Der Manager begrüßte uns auf Deutsch. Er hat in Altötting studiert. Im Hotel wohnen fast ausschließlich chinesische Gäste. Vertreter europäischer Firmen verirren sich selten nach Jinan und sehen zu, dass sie so schnell wie möglich wieder wegkommen. Wie man uns sagt, haben die Städte am Gelben Fluss die schlimmste Luftverschmutzung in ganz China.

Der Manager zeigte mir, wie ich die Gäste begrüßen und mich verbeugen soll: »Huāngin! (Herzlich willkommen!) Bitte folgen Sie mir ins Restaurant. Bitte nehmen Sie Platz.« Mit dem Platznehmen dauert es. Alle wollen mich erst fotografieren, von jeder Seite, da kennen die keine Scheu. Ein blondes Mädchen ist in Jinan die Sensation.

Die Restaurantbar ist ein einziger Horror. Hier stehen Flaschen mit Reisschnaps, in dem allerlei Getier, vor allem Schlangenembryos, schwimmen. Chinesen halten diesen Aufgesetzten der besonderen Art für ausgesprochen magenfreundlich. Mir drehte sich der Magen um. Diesen Spezialschnaps soll ich mittags und abends ausschenken. Der Manager betonte, dass die Gläser der Gäste immer bis an den Rand gefüllt sein müssen, das entspricht der chinesischen Höflichkeit. Ich habe während des Essens mit der Ekelflasche am Tisch zu stehen und die Gläser sofort nachzufüllen.

So weit für heute.

Gisi

★

Liebe Heddi,
heute bin ich zum ersten Mal in die Küche gegangen. Die Köche standen an einem schmuddeligen Tisch und grins-

ten. *Hinten im schummrigen Vorratsraum sah ich Käfige, in denen sich etwas bewegte. Was da kroch und hüpfte, sind Bisamratten, große Frösche, Schildkröten und Schlangen. Es stank. Die Chinesen essen alles, was mit dem Rücken zur Sonne läuft, aber bitte ganz frisch auf den Tisch.*

Ich werde die Küche nie wieder betreten. Am schlimmsten finde ich, wie die Schildkröten vom Leben auf den Teller befördert werden. Sie ahnen natürlich Böses und verschanzen sich in ihrem Panzer. Die Köche halten ihnen ein Blatt Salat hin. Wenn die Schildkröte den Kopf herausstreckt, schlagen sie mit dem Küchenbeil zu.

Ich glaube nicht, dass wir es hier lange aushalten. Wenn Fuchsi anruft, er ruft jede Woche an, werde ich es ihm sagen, Aber ich kenne seine Antwort schon. »Ein Jahr kann man beim Teufel dienen.«

Gisi

*

Liebe Heddi,
was mich sehr empört, ist, wie die Frauen hier behandelt werden. Sie gelten nichts und sind Menschen zweiter Klasse. Ganz typisch ist ein Erlebnis, das wir bei unserem Ausflug zu einem heiligen Berg hatten. Träger boten den Männern eine Sänfte an. Mir nicht. Männer lassen sich tragen, und die Frauen müssen laufen. Ihnen bürdet man die schwersten Lasten auf. Niemand findet etwas dabei.

Wir gehen oft zum Markt, verfolgt von einem Pulk Chinesen. Mit unseren blonden Haaren erregen wir großes Aufsehen. Natürlich wollen die Händler auf dem Markt die Langnasen übers Ohr hauen. Darauf sind wir vorbereitet. Eine nette Kollegin, die ein bisschen Deutsch kann, hat uns einen Zettel geschrieben. Auf dem steht in chinesischen Schriftzeichen: »Das ist zu teuer.«

Ich bin inzwischen ziemlich dünn geworden, weil ich nur Gemüse und Reis essen kann. Wenn ich den Gästen frittierte Skorpione und Schlangenragout servieren muss, wird mir ganz übel.

Wir sind entschlossen, unsere Koffer zu packen, aber Fuchsi ist strikt dagegen. »Ein Jahr kann man beim Teufel dienen.«

Gisi

★

Liebe Heddi,

die Hitze, über 40 Grad, setzt mir furchtbar zu. Ich bin mitten in der Hotelhalle ohnmächtig umgekippt und ins Krankenhaus gekommen. Dort herrschen furchtbare Zustände. Das Erste, was ich sah, war ein kleines Mädchen, das vor der Klinik unter einem Baum saß und seinen eigenen Tropf hielt. Die Ärzte meinten, ich hätte asiatische Grippe. Westliche Medikamente gab es nicht. Ich sollte Pferdeblut trinken. Wir hatten zum Glück noch ein paar Tabletten Penicillin. Inzwischen geht es mir wieder besser.

Wir haben Probleme mit den Schuhen meines Freundes. Er hat nämlich nur ein Paar dabei, und die sind völlig durchgelaufen. In keinem Kaufhaus gibt es Ersatz in seiner Größe. Wenn er seine Füße vorzeigt, lachen die Verkäufer sich schief und machen Gesten des Bedauerns. Fuchsi meint, er habe früher auch nur ein Paar kaputte Schuhe besessen, und ein Jahr kann jeder usw. usw.

Gisi

Sie hielten es ein Jahr in China aus.

O bella Venezia!

Jeder, der schon mal in Venedig war, kennt das Gran Caffè Quadri. Das Quadri ist das berühmteste und älteste der drei Cafés am Markusplatz. Seine Geschichte reicht bis ins 17. Jahrhundert zurück. Unter den cremefarbenen Markisen sitzen Gäste aus aller Welt, lauschen den Klängen einer Kapelle und schlürfen einen Espresso für acht Euro. Das exklusive Restaurant im ersten Stock mit vergoldeten Möbeln und roten Samtportieren ist Treffpunkt reicher Touristen und Venezianer.

Das Edeletablissement gehört Giancarlo Ligabue, Vaters Geschäftsfreund, dessen Cateringunternehmen die »Berlin« beliefert. Er ist unheimlich reich und besitzt ein Palazzo am Canal Grande und eine Villa auf dem Lido. Als wir ihn zum ersten Mal treffen, überreicht er uns mit Grandezza Ferrari-Uhren. Das ist Fuchsi natürlich überhaupt nicht recht.

Signore Ligabue und unser Vater hatten ein sehr enges freundschaftliches Verhältnis. Auch er erhält später von Signore Ligabue ein großzügiges Geschenk: zwei versteinerte Dinosauriereier. Der begeisterte Hobbyarchäologe hatte einen beträchtlichen Teil seines Vermögens für Ausgrabungen ausgegeben. Die Dino-Eier waren ein Fund aus der Wüste Gobi. Die Kinder haben sie immer sehr bewundert. Leider verschwanden sie nach dem Tod unseres Vaters spurlos aus seiner Bibliothek.

Spaghetti con Sepia

Im Quadri soll Gisa ihre Ausbildung fortsetzen. Giancarlo bietet ihr an, in seiner Villa auf dem Lido zu wohnen. Jeden Tag fährt sie mit dem Vaporetto zur Arbeit auf dem Markusplatz.

Eine Spezialität der venezianischen Küche ist sehr speziell: Spaghetti con Sepia. Die Sauce ist schwarz wie Tinte – vom Blut des Sepias. Das Vorlegen ist für Gisa ein Albtraum. Ihr bricht der Schweiß aus, wenn sie das Gericht von der großen Platte auf den Teller heben musste. Jedes Mal plagt sie die Angst, dass sie die Gäste mit der Tinte bekleckert. Sie fühlt die argwöhnischen Blicke des Restaurantchefs Paolo in ihrem Rücken. Er sagt nie etwas, weil er weiß, dass sie sich mit seinem höchsten Boss, Giancarlo, duzt.

In ihrer Freizeit durchstreift Gisa stundenlang die Gassen Venedigs und bewundert die Auslagen der teuren Geschäfte. Geld, um etwas zu kaufen, hat sie nicht. Der Lohn, den ihr das Quadri zahlt, ist nicht mehr als ein Taschengeld. Gleich zum Anfang entdeckt Gisa Stiefel aus Schlangenleder in einer Boutique. Die muss sie haben. Leider kosten sie umgerechnet 500 Mark. Gisa geht immer wieder zu dem Geschäft, um zu sehen, ob sie noch da sind. Am Tag der Heimreise hat sie genug Geld zusammengespart. Sie ist viel zu aufgeregt, um die Stiefel in dem eleganten Laden richtig anzuprobieren. Zu Hause merkt sie, dass sie ihr überhaupt nicht passen. Die Stiefel stehen immer noch ungetragen in ihrem Schrank, Gisa kann sich nicht von ihnen trennen.

Fuchsi bezahlte Gisa das anschließende Hotelmanagementstudium in Altötting. Das Geld, das sie in den Ferien in der Reederei und auf seinen Schiffen verdiente, rechnete er akribisch gegen. So war er eben.

»So etwas muss sich auch rechnen«

Ein Sechser im Lotto ist dagegen gar nichts. Bei der Elsflether Werft haben die Manager allen Grund, die Korken knallen zu lassen. Nicht mit Sekt, mit Champagner. An der Unterweser neigt man sonst nicht dazu. Reeder Deilmann aus Neustadt hat endlich den Auftrag für den Neubau Nummer 417 abgezeichnet – den Auftrag zum Bau eines Großseglers. Des ersten deutschen Großseglers nach der »Gorch Fock«. Und die lief 1958 vom Stapel, also vor 35 Jahren. Die Bestellung im Jahr 1993 ist eine Sensation.

Die Schiffbauer in Deutschland durchleiden gerade eine lausige Zeit. Die Seiten in den Auftragsbüchern sind leer. Die Zukunft liegt in Fernost, in Südkorea und anderswo. Da werden Löhne gezahlt, gegen die kann keiner an.

Es werden händeringend neue Aufgaben gesucht. Irgendwas mit dem Meer sollten sie zu tun haben, damit kennen sich die Schiffbauer aus. Spötter behaupten, es sei vollkommen gleichgültig, welchen Auftrag eine Werft erhalte, am Ende komme doch wieder ein Schiff dabei heraus. Und ein Schiff, das will keiner haben.

Doch, einer will! Peter Deilmann! Ausgerechnet in dieser Zeit, in der jeder nur an die Arbeitstiere der Meere denkt, an Bohrinseln, Saugbagger oder Containerschiffe, bestellt der Mann ein Segelschiff. Das hat die Werft nie zuvor gebaut.

Der damalige Werftvorstand Erhard Bülow versicherte zwar, seine Werft habe auch schon Segelschiffe abgeliefert, »nur so etwas wie die ›Lili Marleen‹ können wir noch gar nicht gebaut haben, da es so ein Schiff noch gar nicht gibt«.

Ein richtiges Segelschiff

Als unser Vater sich entschließt, einen Großsegler bauen zu lassen, sagen viele: Der Reeder erfüllt sich einen Jugendtraum.

Wir wissen, dieser Neubau war nur die zweitbeste Lösung. Unser Vater hatte einen ganz anderen Traum. Er wollte die Viermastbark »Passat« wieder flottmachen. Der Rahsegler liegt in Lübeck-Travemünde fest vertäut. Die Stadt kaufte das Schiff für 315 000 Mark, nachdem es auf seiner letzten Reise 1957 nur knapp einen schweren Sturm über dem Atlantik überstanden hatte.

»Ich mag keine Lebewesen, die an der Kette liegen«, sagte unser Vater damals immer wieder, »keine Menschen, keine Hunde, keine Schiffe und schon gar keine Segelschiffe.«

Sein Traum war es, die »Passat« wieder über die Meere zu schicken. Aber wie schon bei der Suche nach einem Platz für seine Bornholm-Fähre zeigte ihm Lübeck abermals die kalte Schulter. Der Senat der Hansestadt lehnte ab.

Darum entschloss sich Peter Deilmann, ein neues Schiff zu bauen. Er sieht sich als Kaufmann und Reeder, keinesfalls als Träumer. Nur wenn er allzu sehr bedrängt wird, räumt er gelegentlich ein: »Einverstanden, die ›Lili Marleen‹ ist kein Projekt, bei dem es rein ums Gewinnstreben geht.« Dann setzt er unmittelbar hinzu: »So etwas muss sich auch rechnen.«

Seit er Reeder ist, spricht er von einem Großsegler. Einen wie auf den maritimen Seestücken, die er mit Leidenschaft sammelt. Einen Segler, der weiße Zeichen in den Horizont schreiben wird. Zwei Dinge stehen für Peter Deilmann fest: Er will ein richtiges Segelschiff! Und es soll sein Geld wieder einbringen!

Ein richtiges Segelschiff bedeutet für den Reeder: kein Pseudosegler, wie sie manche seiner Konkurrenten einsetzen. Die ziehen etwas hoch, das aussieht wie ein Segel und fahren dann weiter mit dem Motor. Nein, Peter Deilmann will segeln lassen, möglichst oft. Das Credo des Reeders: »Es ist etwas sehr Natürliches, das Schiff dem Wind zu überlassen.«

Unser Vater will das kalkulierte Abenteuer. Seine Berechnung ist einfach und immer gleich: Der Aufwand muss geringer sein als der zu erwartende Ertrag.

Kostenbremse Nummer eins: Aus Alt mach Neu!

Das hatten die Jungs von der »Sea Cloud« sehr schön vorgemacht. Vollkommen vergammelt hatte Kapitän Hartmut Paschberg das Schiff im Hafen von Colón/Panama entdeckt. Damals rottete die einst luxuriöseste Privatyacht der Welt seit acht Jahren vor sich hin. 1931 für 8,4 Millionen Reichsmark auf der Krupp Gemaniawerft in Kiel gebaut, war das Schiff nur noch ein Haufen Schrott. Nichts war geblieben von der ausschweifenden Pracht der Viermastbark »Hussar II«, die der Multimillionär Francis Hutton seiner Frau Marjorie Merriweather Post, Tochter des Cornflakes-Königs (Kellogg's), zur Hochzeit geschenkt hatte. Aber der verschwenderische Luxus, mit dem Mrs. Merriweather Post Hutton ihre Yacht ausgestattet hatte, die Badewannen und Kamine aus Carraramarmor, die vergoldeten Badezimmerarmaturen in Form von Fischen und Schwänen, die kostbaren Wandverkleidungen aus Edelholz, die antiken Möbel aus Frankreich, sogar das Limoges-Porzellan, all das war wie durch ein Wunder in dem vergammelten Schiff noch erhalten.

Obwohl der Viermaster zeitweise dem Diktator der Dominikanischen Republik, Rafael Trujillo, gehörte, obwohl des-

sen Sohn das Schiff für seine wilden Partys mit Hollywoodstar Kim Novak nutzte – die inneren Werte waren unver-
sehrt.

Als Trujillo 1961 bei einem Umsturzversuch erschossen
wurde, versuchte die Familie seine Leiche – und dessen Vermögen – mit dem Schiff nach Cannes zu bringen.
Nach weiteren Eignerwechseln ging die Yacht schließlich
in Colón vor Anker – und wurde vergessen. Bis Hartmut
Paschberg sie entdeckte, sich mit einigen Hamburger Kauf-
leuten zusammentat und die Rostlaube 1978 kaufte. Aufge-
möbelt segelt sie jetzt prächtiger denn je unter dem Namen
»Sea Cloud« überall dort, wo es besonders schön ist.

Ein ziemlich trauriger Kahn

So eine Geschichte imponiert unserem Vater. Warum sollte solch ein märchenhaftes Comeback kein zweites Mal
gelingen? Es muss ja kein Schiff mit einer derart prallen
Vergangenheit sein. Auf goldene Wasserhähne kann er verzichten.

Peter Deilmann sucht – und er findet die »Jules Verne«,
einen ziemlich traurigen Dreimaster im Besitz des französischen Staates. Der 1987 gebaute Schoner war nur zweimal gesegelt, seitdem lag er an der Kette. Also musste er so
gut wie neu sein. Und damit weiterzuverwenden.

Der Reeder ist keineswegs an dem kompletten Schiff
interessiert, sondern lediglich an Teilen. Zum Beispiel am
Rumpf. Den hofft er für die »Lili Marleen« übernehmen zu
können. Das erspart eigene Entwicklungsarbeit, Bauzeit
und Material. Die »Jules Verne« verspricht ein Schnäppchen zu sein.

Im Sommer 1993 reisen Peter Deilmann, der künftige
Kapitän des Seglers, Immo Freiherr von Schnurbein und der

Reedereiinspektor nach Südfrankreich in die Hafenstadt Sête. Sie sind voller Vorfreude.

Was sie sehen, verschlägt den drei Männern die Sprache. Ihre »Jules Verne«, die Basis des künftigen Ferienseglers, verdient nicht einmal die Bezeichnung Seelenverkäufer. Schrott, nichts als Schrott: der Rumpf verrostet, die hölzernen Aufbauten verrottet, die Elektrik restlos ausgeplündert. Aus der Traum? So schnell gibt unser Vater niemals auf. Retten, was zu retten ist, heißt die Losung. Und das soll Immo von Schnurbein machen.

Für den akuraten, auf Bügelfalte getrimmten ehemaligen Kapitän des Segelschulschiffs »Gorch Fock« zählt der nun folgende Auftrag nicht zu den glanzvollen seiner Laufbahn. Der Marineoffizier befehligt plötzlich eine Truppe, die freundlich als »bunt zusammengewürfelt« beschrieben wird. Mit der soll Immo von Schnurbein die »Jules Verne« wieder bewegungsfähig machen.

Nach mehr als einem Monat strammer Arbeit ist der Kahn einigermaßen flott. Die Reise durch die Straße von Gibraltar und über die Nordsee kann gewagt werden. Erst drei Monate später erreicht die »Jules Verne« nach abenteuerlicher Fahrt unter Segeln die Elsflether Werft.

Der von Immo von Schnurbein und seiner Crew zusammengeschusterte Kahn wird in seine Einzelteile zerlegt. Immerhin, Bug und Teile des Hecks sind noch zu verwenden. Damit ist die Kostenbremse Nummer eins zwar nicht so effektiv wie erhofft, aber immerhin ...

Kostenbremse Nummer zwei: das Zahlenverhältnis

Peter Deilmann kennt die Zahlen von der »Sea Cloud«: 60 Mann Besatzung, 67 Passagiere – vorausgesetzt, das Schiff ist voll gebucht. Allein bei dieser Vorstellung bekommt der Reeder einen leichten Schweißausbruch. Das Zahlenverhältnis stimmt nicht, das wird zu teuer. Unser Vater will mit einer deutlich reduzierten Mannschaft auskommen. Die Quadratur des Kreises nennen sie Barkentine. Reinrassig ist das nicht, was gemeinsam mit Immo von Schnurbein gemixt wird: vorne Rahsegler, hinten gaffelgetakelter Schoner. Mit acht Seeleuten lassen sich die 1200 Quadratmeter Segel der »Lili Marleen« bedienen. In die Rahen können später allerdings alle aufsteigen, selbst Koch und Zimmermädchen. Wer mitfahren will, der muss das lernen.

Auf der 76 Meter langen und neuneinhalb Meter breiten »Lili Marleen« sieht das Verhältnis schließlich so aus: 25 Besatzungsmitglieder und 50 Passagiere. Das lässt sich rechnen.

Seelöwe oder Salonlöwe?

Sieben Jahre fuhr das Segelschulschiff »Gorch Fock« unter dem Kommando von Immo Freiherr von Schnurbein. Der Mann hat ganze Jahrgänge des Offiziernachwuchses der Bundesmarine seefest gemacht.

So einer gefällt unserem Vater. Seine Pläne für einen Großsegler waren reif, aber noch keineswegs ausgereift, als ihm eine kleine Meldung in der Zeitung auffiel: Immo von Schnurbein gibt das Kommando der »Gorch Fock« ab. »Schreibst ihm mal«, beschloss Peter Deilmann.

Weil Immo von Schnurbein mit 54 Jahren noch viel zu jung ist, um auf einer Ofenbank an Land zu versauern, findet der Brief einen interessierten Empfänger.

Aber kann einer, der gewohnt ist, 200 Kadetten strammstehen zu lassen, kann so einer auch mit 50 verwöhnten, selbstbewussten Kreuzfahrtpassagieren umgehen? Findet er den richtigen Ton? Schließlich sind diese Leute es eher gewohnt, andere nach ihrer Pfeife tanzen zu lassen.

Von leichten Zweifeln können sich alle Beteiligten nicht freimachen, bekanntermaßen ist der Freiherr kein Salonlöwe. Jedenfalls ist er als solcher noch nicht aufgetreten. Smalltalk beim Kapitänsdinner, ist das seine Sache? So etwas kann man nicht lernen.

Immo von Schnurbein ist vorsichtig. Er macht einen Schnupperkurs in Sachen Kreuzfahrt. Für ein paar Wochen reist er auf der »Berlin« mit. Auf der Brücke fühlt er sich wohler als zwischen den Passagieren auf dem Sonnendeck. Letzteres ist ohnehin nicht der Platz des Kapitäns. Deshalb glaubt von Schnurbein, die Klippen des Salons umsegeln zu können. Er heuert bei Peter Deilmann an.

Die Werft ist pleite

Der Neubau Nummer 417 ist zu Wasser gelassen, die Masten sollen gesetzt werden, als im Frühsommer 1994 eine Schreckensnachricht die Runde macht. Die Deutsche Presse Agentur (dpa) meldet am Nachmittag des 6. Juni: »Der Vorstand der Elsflether Werft AG hat beim Amtsgericht Brake (Niedersachsen) die Eröffnung des Konkursverfahrens beantragt.«

Die mittelständische Werft hat sich an dem Neubau Nummer 417 überhoben. Später wird es heißen, ausufernde Kosten bei diesem letzten Prestigebau hätten der Werft das Genick gebrochen. Nun ist die Zukunft für die 180 Mitarbeiter des kleinen Unternehmens düster.

Nichts geht mehr, keine Hand rührt sich. Es sind Tage voller Schrecken und Ängste für Peter Deilmann. So viel Geld ist nun schon ausgegeben …

Das Land Niedersachsen sichert schließlich eine Millionenbürgschaft zu. Damit kann weitergebaut werden. Ende September 1994 geht die Barkentine auf ihre erste Probefahrt. Doch statt in erwartungsfrohe Gesichter blickt man in bedrückte Mienen. Nach Beschluss der Gläubigerversammlung wird die Nummer 417 der letzte Neubau der traditionsreichen Werft sein.

»Lili Marleen« ist eine Diva mit Allüren, das zeigt sie schon sehr früh. Die Erprobungsfahrt der Werft findet unter Segeln statt, die Maschinen springen nicht an. Als der Schaden behoben ist, ist bei laufendem Motor die Vibration zu stark, die Maschine zu laut. Nachbesserung ist abermals erforderlich.

Wieder einmal kommt der sorgsam organisierte Fahrplan durcheinander. Die Taufgäste sind für Sonnabend, den 24. September, auf den Travemünder Ostpreußenkai eingeladen, gleich gegenüber der Viermastbark »Passat«. Der Windjammer als Kulisse der Barkentine, das Bild gefällt Peter Deilmann.

Nun wird das wegen der Nachbesserungen nichts mit der Taufe am Sonnabend. Im letzten Augenblick muss die Feier abgeblasen werden.

Die erlösende Nachricht aus Elsfleth kommt erst am Freitag um 21.20 Uhr. Der Pförtner ruft an, die Barkentine habe den Werfthafen verlassen.

Die Taufgäste können für den Sonntag erneut eingeladen werden.

Ein Lied unter Segeln

Gisa tauft die Barkentine auf den Namen »Lili Marleen«. Manche rümpfen wegen der Wahl dieses Namens die Nase. Das klinge nach »Soldatensender Belgrad«, sagen die Kritiker, es erinnere an das dunkelste Kapitel deutscher Geschichte.

Andere allerdings erinnert der Name an den Komponisten Norbert Schultze. Er ist ein Onkel der Ehefrau von Hans-Joachim Birkholz, Marketingchef der Reederei. Der Onkel hat das Lied »Lili Marleen« komponiert. Birkholz hat diesen Namen vorgeschlagen. Peter Deilmann ist davon angetan. Er mag den Schriftsteller Hans Leip, schließlich hatte er ihn schon als Junge gelesen. Leip hat das Gedicht »Lili Marleen« geschrieben. Das passt zusammen.

Allerlei Maritimes brachte der Hamburger Schriftsteller zu Papier, aber das Gedicht »Lili Marleen«, das er 1915 aufschrieb, das ist nun wirklich nicht maritim. »Lili Marleen« steht bei der Kaserne, vor dem großen Tor ... Lale Andersen hat es gesungen, und seitdem ist ein Ohrwurm mehr in der Welt.

Jetzt soll die »Lili Marleen« um die Welt fahren. Es war ein großer Wunsch unseres Vaters, die Barkentine auf der Trave taufen zu lassen, dort, wo er erstmals mit dem Schwimmkörper eines Wasserflugzeugs in See stach. Als Taufpatin wünscht Gisa der »Lili Marleen« »allzeit gute Fahrt und immer eine Hand breit Wasser unter dem Kiel«, und dann läuft der Segler zu seiner ersten großen Fahrt aus, noch ohne Gäste, die gehen erst in Palma de Mallorca an Bord.

Als die »Lili Marleen« in Palma de Mallorca festmacht, erwartet sie ein älterer Herr auf der Pier. Norbert Schultze, er lebt auf der Insel. Nun ist er gekommen, um sein Lied unter Segeln zu sehen. Vielleicht hat er leise gesummt: »Nimm mich mit, Kapitän, auf die Reise«, das Lied hat er nämlich auch geschrieben, in diesem Fall sind sogar die Melodie und der Text von ihm.

Die Rivalin taucht auf

Unsere Eltern lebten jahrzehntelang getrennt, waren aber nicht geschieden. Vater wollte das nicht. Einerseits passte eine Scheidung nicht in sein bürgerliches Weltbild, andererseits schützte ihn der Ehestand vor den Hoffnungen der Damen, die ihn umschwärmten. In seiner Begleitung tauchte immer mal wieder eine neue Freundin auf, meistens jüngere Frauen. Keine Beziehung hielt lange. Das sollte sich ändern.

An einem Vormittag im Frühjahr 1996 will Hedda etwas mit unserem Vater besprechen und geht in sein Vorzimmer. Frau P., die Chefsekretärin, ist nicht allein. An einem zweiten Schreibtisch sitzt eine Unbekannte, eine schick gestylte Frau im Alter unseres Vaters. Er macht Hedda eher beiläufig mit ihr bekannt. »Das ist Frau X., sie soll hier helfen.«

Frau X. ist nicht irgendeine Mitarbeiterin. Sie ist die neue Freundin des Reeders. Auf diesen Gedanken kommt Hedda gar nicht. Sie findet die Frau nicht sehr sympathisch.

Frau X. hat unseren Vater über einen Hamburger Freund kennengelernt. Sie weicht nicht mehr von seiner Seite. Hedda isst immer mit Fuchsi in der Mittagspause Brote, die die Chefsekretärin zubereitet. Plötzlich setzt sich Frau X. mit an den Tisch und packt ihren Joghurt aus. Hedda ist sauer.

Wenn sie Fuchsi am Wochenende mit ihren Kindern besucht, öffnet Frau X. ihnen die Haustür. Sie spüren, dass sie nicht willkommen sind. Die neue Freundin betrachtet uns Töchter wohl als Rivalinnen. Sie scheint sogar auf die Kinder eifersüchtig zu sein. Bei einer Veranstaltung an Bord dürfen Heddas älteste Töchter, Josephine und Jacqueline, neben ihrem Großvater am Ehrentisch sitzen. Frau X. beschwert sich heftig darüber, dass sie an einem anderen, weniger wichtigen Tisch Platz nehmen muss.

Sie kommt nie auf die Idee, uns das »Du« anzubieten. Wir bleiben beim förmlichen »Sie«. Aber unser Vater braucht ihre Hilfe. Wir haben den Eindruck, dass er in dem schnell gewachsenen Unternehmen die Übersicht verloren hat. Frau X. nimmt ihm Arbeit ab, zum Beispiel das, was er »Papierkram« nennt. Sie kann gut organisieren. Aber sie mischt sich in Sachen ein, die sie gar nichts angehen.

Eine Redakteurin einer Tageszeitung berichtet uns von einer seltsamen Begegnung mit Frau X. Die Journalistin will auf ausdrückliche Bitte unseres Vaters den Wortlaut eines Interviews mit ihm abstimmen. Sie dringt nicht zu ihm durch. Frau X. sagt ihr barsch am Telefon, Herr Deilmann sei für sie nicht zu sprechen. Die Journalistin lässt sich nicht abwimmeln, das Interview soll am Tag darauf veröffentlicht werden, und sie ist beim Reeder im Wort. Da knallt Frau X. den Hörer einfach auf.

Die Fallenstellerin

Mit ihrer Art eckt die Lebensgefährtin auch in der Reederei an. Sie richtet sich als Vaters Privatsekretärin in seinem Haus ein Büro ein und lässt sich in der Firma nicht mehr so häufig blicken, sehr zum Leidwesen seiner alten Haushälterin. Sie klagt darüber, dass die Dame ihr »Fallen« stelle, um zu kontrollieren, ob überall sauber gemacht werde …

Uns erstaunt, was unser Vater sich alles von ihr bieten lässt. Er hat sich das Rauchen abgewöhnt und ist seitdem überzeugter Nichtraucher. Zigarettenrauch quält ihn. Niemand würde wagen, sich in seiner Gegenwart eine Zigarette anzuzünden. Frau X. hat kein Problem damit und pafft ihm die Wohnung voll.

Vor Gisas Hochzeit kommt es zur offenen Konfrontation. Gisa hat ihr Studium an der Hotelfachschule Altötting mit einem Paukenschlag beendet. Obwohl sie nicht gerade für ihren Lerneifer bekannt ist, hat sie mit einem Notendurchschnitt von 1,3 den Meisterpreis der Bayrischen Staatsregierung gewonnen. Für das Preisgeld kauft sie sich eine Küchenmaschine. Die Freude, es ihrem Vater zu sagen, wird empfindlich getrübt. Sie erfährt, dass seine Freundin an der Hochzeit teilnehmen soll. Gisa wehrt sich: »Bitte, Fuchsi, tu mir das nicht an. Ich kenne die Frau doch kaum. Damit verdirbst du mir meine Hochzeit.«

Unser Vater lädt Frau X. wieder aus. Zu dieser Zeit kann er sich noch gegen sie durchsetzen. Als Gisa nach Irland geht und Hedda mit ihren Kindern genug um die Ohren hat, gerät er immer mehr unter ihr Regiment. Einer seiner Freunde erzählt uns, dass der Reeder sehr unter dem ausgeprägten Ego seiner Lebensgefährtin leide. Er komme nicht gegen sie an, habe der ihm anvertraut.

Es sah so aus, als ob sie uns nicht mit unserem Vater allein lassen wollte. Wenn er Gisa und ihren Mann in Irland besuchte, stand Frau X. schon bald vor der Tür. Sie war ihm hinterhergeflogen. Keinen Tag lang konnte sie uns in Ruhe lassen.

Sie war für das irische Landleben völlig unpassend gekleidet und stöckelte uns auf hohen Absätzen hinterher. Lange Wanderungen und Fahrradtouren, alles, was Vater liebte, waren nichts für sie. Sie kaufte sich extra ein Rad mit Elektromotor, um mithalten zu können. Diese Frau passte einfach nicht in unsere Familie. In ihrer Gegenwart herrschte immer eine angespannte Atmosphäre, und der Reeder fand die Ruhe nicht, die er so dringend brauchte.

Das Haus am See

Seine Freunde besitzen Villen an der Elbchaussee, seine Geschäftspartner Weingüter in der Toskana und Palazzi in Venedig. Unser Vater geht auf die 60 zu und lebt immer noch in seinem schlichten Heim im holsteinischen Timmdorf.

Das efeuüberwucherte Haus ist ein Spiegelbild seiner Bescheidenheit. Er hat es von zwei alten Damen gekauft und mit einigen altdeutschen Möbeln und Souvenirs aus aller Welt eingerichtet. Es ist ein echtes Junggesellendomizil, nicht sehr gepflegt, aber mit seinem großen Kamin urgemütlich. Kein Mensch käme auf die Idee, dass hier ein millionenschwerer Reeder wohnt.

Das Haus hat in den Augen des passionierten Anglers einen großen Vorteil: Es liegt direkt am Dieksee. So oft es geht, fährt er mit seinem Ruderboot hinaus zum Fischen. Abends kocht er Krebse mit Knoblauch und brät Aale in der engen Küche. Im Sommer sitzt er gern am Seeufer mit einem Gedichtband von Hermann Hesse. Er liebt Hermann Hesse.

Wir haben ihn dort oft besucht, als Kinder und später mit unseren Familien. Für uns war Timmdorf ein Paradies. Wir schwammen, paddelten und surften vom Bootssteg aus. Unser Vater surfte einmal quer über den See zu einem Interview nach Malente. Im Winter liefen wir Schlittschuh. Fuchsi, das Sporttalent, konnte den doppelten Rittberger. Abheben, Sprung, Drehung, sichere Landung.

Kalte Pracht

Unser Vater suchte lange nach einem repräsentativen Haus, in dem er Gäste wie den Signore Ligabue aus Venedig empfangen konnte. In dem kleinen Ort Niederkleveez erfüllte sich sein Traum. Das ehemalige Kinderheim liegt am Ende einer Sackgasse am Suhrer See.

Das weiße Gebäude, wohl mal ein herrschaftlicher Landsitz, stand lange leer und war in schlechtem Zustand. Aber der Suhrer See gehört zu dem Grundstück. Einen eigenen See hatte sich unser Vater schon immer gewünscht. Der Umbau dauerte viel länger und wurde viel teurer als geplant. Er hat Vater unendlich in Anspruch genommen. Im Juli 1996, zur Hochzeit Gisas, waren immer noch nicht alle Räume fertig. Aber das weiße Haus konnte sich schon sehen lassen. Alte Berliner Straßenlaternen beleuchteten die geschwungene Auffahrt zum Portal.

Vaters Freundin hatte das Haus elegant, aber sehr kalt eingerichtet. Der Fußboden der Eingangshalle war aus schneeweißem Marmor. In der Mitte plätscherte ein Brunnen wie auf einer italienischen Piazza. Auch die Sitzmöbel waren weiß bezogen. Wir wagten kaum, uns hinzusetzen. Man sah Frau X. an, dass sie Angst hatte, unsere Kinder könnten etwas schmutzig machen. Wohl gefühlt haben wir uns hier nie.

Die Räume boten aber endlich Platz für die Gemäldesammlung unseres Vaters. Er war ein großer Kunstliebhaber und kannte sich in der Malerei des 17. und 19. Jahrhunderts und in den Werken der Skagen-Schule gut aus. Der Blick von der Terrasse des Hauses hätte den nordischen Malern als Motiv gefallen. Der Suhrer See mit seinen Schilfgürteln und den Seerosenfeldern gehört zu den schönsten Flecken der Holsteinischen Schweiz.

Fuchsi saß gern abends nach dem Angeln mit seiner Enkelin Josephine auf der Terrasse, und sie beobachteten, wie die Sonne als roter Ball im See unterging. »Als kleiner Junge«, erzählte er Josephine, »habe ich versucht, diesen roten Ball zu fangen und bin weit über die Felder von Travemünde hinter ihm her gelaufen. Deine Großmutter Nanna hatte sich schon Sorgen gemacht, weil ich erst nach Einbruch der Dunkelheit nach Hause kam.« Diese kleine Geschichte passte so gut zu ihm. Er hat immer versucht, das Unmögliche zu erreichen, und es so oft geschafft.

Ländliche Brautführung

Unser Vater wollte Gisas Hochzeit mit der Einweihungsparty des Hauses verbinden. Wir luden 80 Gäste ein. Direkt gegenüber vom weißen Haus, hoch über dem See auf einer kleinen Anhöhe, steht das Kirchlein von Niederkleveez mit seinem spitzen Turm. Hier sollte Gisa getraut werden. Wir hatten uns die Hochzeit sehr romantisch vorgestellt. Der Reeder wollte Gisa mit seinen starken Armen über den See rudern und hinauf zur Kapelle führen, wo der Bräutigam und die Gäste warteten.

Als Gisa mit ihrem langen Hochzeitskleid ins Boot stieg, rief sie entsetzt: »Da sind ja lauter Fischschuppen drin!« Vater hatte am Abend zuvor Fische geschuppt und leider vergessen, das Boot zu säubern.

Mit dem Kleid voller stinkender Schuppen landete Gisa am anderen Ufer an. Sie musste mit ihren weißen Stöckelschuhen über eine feuchte Wiese laufen und dann noch ein ganzes Stück über einen matschigen Waldweg hinauf zur Kapelle. Erschöpft und zerzaust kam sie oben an. So hatte sie sich die romantische Brautführung nicht vorgestellt.

Fuchsi tröstete sie: »Ach, Gisi, die paar Schuppen und das bisschen Matsch an deinen Schuhen, da guckt doch keiner hin. Die schauen doch alle auf dein hübsches Gesicht.« Das war so seine Art, Probleme aus der Welt zu schaffen.

Der Pastor war sehr jung. Es war seine erste Trauung. Beim Segen drückte er Gisa so fest auf den Kopf, dass die Nadeln des Schleiers in die Kopfhaut piekten. Nach dem »Ja« hauchte Gisa ein leises »Au«.

Es wurde trotzdem ein wunderschönes Fest.

Glückliche Jahre in Irland

»Kleines Luxushotel im Südwesten Irlands nahe Cork sucht Managerehepaar.« Diese Anzeige in einer Hotel- und Gaststättenzeitschrift interessiert Gisa und ihren Freund. Sie fliegen hin und sind begeistert. Das Liss Ard ist eine alte Huntinglodge mit einem Countryhouse inmitten eines Parks. Auf den Wiesen rundum weiden Schafe und zottelige Hochlandrinder. Weiße, reetgedeckte Farmhäuser liegen weit verstreut zwischen Steinwällen. Der ewige Wind peitscht die Wellen des Atlantiks gegen zerklüftete Felsen. Sprühnebel hüllt die Küste ein wie der Schleier einer Fee. Die beiden verlieben sich in diese mystische Landschaft. Eine Woche nach ihrer Hochzeit treten sie ihren Dienst im Liss Ard an.

Das Hotel ist ein exklusives *Hide Away*, ein Rückzugsort für Reiche und Prominente aus der Londoner Musik- und Modeszene. Während des Liss-Ard-Festivals sind Popstars wie Nick Cave und Liam Gallagher von der Band Oasis unter den Gästen. Eine eigene Farm beliefert die Countrylodge mit Biofleisch und -gemüse. Mit den Besitzern des Hotels, einer Schweizer Familie, verstehen Gisa und ihr Mann sich gut. Gisa bekommt von ihnen ein Connemarapony geschenkt. Mit »Captain« reitet sie über die Wiesen und die Pfade an der Steilküste entlang.

Die Immobilienpreise sind Ende der 90er-Jahre sehr niedrig in Irland. Die beiden entdecken ein Traumhaus, ein 150 Jahre altes, renovierungsbedürftiges Cottage mit Blick auf den Fastnet Rock. Von ihrem Gehalt haben sie einen Teil zurücklegen können. Das Ersparte und ein Kredit reichen für den Kauf des Hauses. Sie machen ein Schmuckstück daraus: weiß getünchte Mauern, eine blau gestriche-

ne Tür und Blumenkästen in den Fenstern. Für »Captain«
zimmert Gisas Mann einen Stall.

In der Provinzstadt Cork kommen ihre beiden kleinen
Mädchen zur Welt. Unsere Familien treffen sich oft in
Irland. Für Fuchsi liegen immer eine Fischerjacke und -hose
bereit. Mit dem Ruderboot kämpft er sich durch die Bran-
dung und bringt uns, völlig durchgefroren, kapitale Fische
fürs Mittagessen. Heißer Whiskey wärmt ihn wieder auf.
Wir legen Hummerkörbe aus und sammeln bei unseren
Wanderungen körbeweise Himbeeren und Brombeeren.

Das Leben ist ganz entspannt in Irland. Obwohl die
Gehöfte einsam liegen, schließt niemand die Haustür ab.
Eines Morgens stört das Knattern eines Hubschraubers die
Idylle. Polizisten mit Hunden durchkämmen die Umge-
bung von Gisas Cottage. Ein deutsches Ehepaar, das in
einem Nachbarhaus zu Gast war, ist spurlos verschwunden. Die Tür steht offen, das Licht brennt, der Abendbrot-
tisch ist gedeckt. Das Paar wird nie gefunden. Wilde
Gerüchte kursieren im County. Das Cottage gehörte einem
Journalisten. Er hatte in einem deutschen Wochenmagazin
über die Tricks der irischen Kleinbauern berichtet, mit
denen sie sich Geld aus EU-Töpfen erschleichen. War es ein
Racheakt, der ihm galt und dem versehentlich die Falschen
zum Opfer fielen? Gisa schließt nun doch abends die Tür
ab.

Mit den knorrigen, eigenwilligen Iren kommen sie gut
aus. Gisa und ihre Familie waren sieben Jahre in Irland und
wären am liebsten für immer geblieben. Bei seinen letzten
Besuchen bekniete sie unser Vater, nach Hause zu kommen. »Ich möchte, dass du und Hedda die Reederei so bald
wie möglich übernehmt. Kommt zurück, ich will euch
gründlich einarbeiten.« Wir sollten alle zusammen in
Niederkleveez am Wiesengrund wohnen. Vater hatte schon
Grundstücke für uns in Aussicht.

Es heißt »Deutschland«

Die Elbchaussee in Hamburg ist eine der allerfeinsten Adressen der Stadt. In einem herrschaftlichen Haus aus der Gründerzeit, hoch über dem Elbufer gelegen, treffen sich einige Damen und Herren. Sie sind hanseatisch zurückhaltend, aber durchaus festlich gekleidet, es dominiert die Farbe Dunkelblau. Man feiert mit Peter Deilmann das Erscheinen des Bildbands »Lili Marleen – Unter vollen Segeln«.

Eingeladen zu Häppchen und Wein hat der Exvorstandsvorsitzende des Axel-Springer-Verlags, Peter Tamm. Freunde und ehemalige Mitarbeiter nennen ihn den »Admiral«. Alles Maritime ist dem Hausherrn nahe. Der Koehler Verlag, in dem das Buch erscheint, ist ein Teil seiner Passion.

Ort des Geschehens ist Tamms Institut für Schifffahrts- und Marinegeschichte. In ihm hat er die weltweit größte private Sammlung zur Geschichte der Seefahrt zusammengetragen. Sie umfasst nahezu 26 000 Schiffsmodelle, darunter solche aus Silber, Elfenbein und Knochen, 5000 maritime Gemälde, Admiralsuniformen, 50 000 Konstruktionspläne für Schiffe. Es ist das Ergebnis einer lebenslangen Leidenschaft.

Dies ist ein guter Platz, um über das Werden eines neuen Schiffs zu sprechen. Am Ende seines längeren Festvortrags sagt unser Vater, 16 Jahre nach der »Berlin« habe er wieder ein Schiff in Auftrag gegeben. Keinen Riesenpott, wie die internationale Konkurrenz sie jetzt bevorzugt, sondern ein Schiff in überschaubaren Dimensionen: 175 Meter lang, 23 Meter breit, 318 Kabinen, 520 Passagiere. Ein Fünfsterneschiff soll es werden. Ein luxuriöses Zuhause für allerhöchste Ansprüche.

Es wird auf einer Werft in Deutschland gebaut, sagt Peter Deilmann, es wird unter deutscher Flagge fahren. Befriedigt registriert er die anerkennenden Blicke.

Der Reeder macht eine kleine Kunstpause, ehe er fortfährt: »Und es wird ›Deutschland‹ heißen.« Er wolle auf den Namen »Berlin« noch eins draufsetzen. Das neue Schiff werde sein Flaggschiff, darum »Deutschland«.

Diese Ankündigung hat sich unser Vater bis zum Ende seines Vortrags aufgehoben. Die Damen und Herren im Institut für Schifffahrts- und Marinegeschichte sind beeindruckt.

Abermals eine Kunstpause, dann ruft unser Vater uns zu: »Gisa, Hedda, bitte!« Wir haben während der Rede neben einer verhüllten Tafel gestanden. Was sich unter dem Tuch verbirgt, wissen wir nicht. Unser Vater tut häufig sehr geheimnisvoll. Er redet nicht über Projekte, ehe sie konkret werden. In diesem Punkt ist er ein wenig abergläubisch. Wenn zu früh über ein Projekt gesprochen wird, meint er, wird nichts daraus. Dass er in Hamburg die »Deutschland« ankündigen wolle, davon hat er uns nichts gesagt. Fuchsi hatte uns lediglich gebeten zu warten, bis er uns auffordert, das Tuch herabzuziehen.

Die Hülle fällt, und unser Vater ruft: »Meine Damen und Herren, bitte: die ›Deutschland‹!« Schneeweiß erstrahlt der künftige Oceanliner auf der Leinwand. Die Gäste bedenken das Bild mit kräftigem Applaus.

Was Peter Deilmann an diesem Abend nicht verrät: Er zögerte durchaus, als die Idee aufkam, das Schiff »Deutschland« zu nennen. Ob die Gäste aus Amerika auf einen Kreuzfahrer mit diesem Namen steigen würden? Selbst im eigenen Land machte man sich mit diesem Namen schon der Deutschtümelei verdächtig. Schließlich hat er sich dann aber doch überzeugen lassen, und nun steht er voll und ganz hinter dieser Entscheidung.

Der Hausherr Peter Tamm gratuliert: »Endlich mal jemand, der sich zu seinem Heimatland bekennt! Jedes andere Land pflegt einen unbeschwerten Umgang mit seiner Identität, nur wir Deutschen tun uns immer schwer mit unserem Vaterland. Warum eigentlich? Ich finde ›Deutschland‹ toll. Respekt, Herr Deilmann, Respekt.«

Im Grunde, erklärt der Hausherr des Marineinstituts, habe Peter Deilmann mit diesem Namen eine alte Tradition fortgesetzt. Die »Deutschland« zur Kaiserzeit war das schnellste Passagierschiff der Welt, eine andere »Deutschland« fuhr bis zum Zweiten Weltkrieg im Liniendienst zwischen Hamburg und New York.

Die Wahl des Namens löst in der Öffentlichkeit unterschiedliche Reaktionen aus. Peter Deilmann wird angegiftet. Das überrascht ihn nicht, das hatte er erwartet. Dieselben Leute, die sich schon am Namen »Berlin« stießen, stänkern nun gegen die »Deutschland«. Sollen sie. Die Zustimmung wiegt das auf.

Der Schriftsteller und Verleger Wolf Jobst Siedler schreibt: »*Auch ein Kreuzfahrtschiff darf nun wieder ›Deutschland‹ heißen, wie ja auch die Engländer die neue Yacht ihres Königshauses gleich nach dem Kriege ›Britannia‹ nannten. Nur plötzlich fällt es uns eher als merkwürdig auf, dass es ein halbes Jahrhundert lang keine ›Deutschland‹ auf den Weltmeeren gab, wo doch überall Schiffe ›Italia‹, ›Norway‹, ›United States‹ heißen. Auch auf diesem Feld sind wir ein Land wie alle anderen geworden.*«

Der Name »Deutschland« ist ein Beitrag zu einem neuen Selbstbewusstsein der Nation.

Ärger, nichts als Ärger

Der Auftrag geht an die Kieler Howaldtswerke – Deutsche Werft AG (HDW). Dort war schon die »Berlin« gebaut worden, dort hatte unser Vater gute Erfahrungen gemacht. Er vertraut der Werft. »Die bei der ›Berlin‹ geleistete Wertarbeit hat sich bestens bewährt.« Im Mai 1998 soll das Schiff abgeliefert werden.

Doch es läuft nicht rund mit Baunummer 328. Schon in der Phase des Rohbaus gibt es viel Ärger. Die Baugeschichte der »Deutschland« ist die Geschichte eines ständigen Kampfes.

Der Reeder ist kein einfacher Kunde. Jede Schraube begutachtet er. Auf der Werft sagen sie, er sei pingelig. Vieles, was er bei seinen häufigen Besuchen in Kiel sieht, gefällt ihm nicht. Das größte Problem ist die Maschine. Sie ist zu laut. Wenn sie hochgefahren wird, vibriert der Schiffskörper. »Das geht so nicht«, schimpft Peter Deilmann, »das nehme ich nicht ab.«

Der Streit eskaliert, der Reeder fühlt sich an »strategische Kriegführung« erinnert. Er ist keiner, der einer Konfrontation ausweicht. Wenn es um sein Unternehmen und um seine Schiffe geht, dann kennt er kein Pardon. Dann wird er ruppig. In der eigenen Firma und erst recht in einem Betrieb, in der er gutes Geld trägt. 212 Millionen Mark kostet die »Deutschland«. Zweimal in der Woche besucht der Reeder die Werft. »Ich möchte«, sagt er, »dass dieses Schiff noch mehr als die ›Berlin‹ meine Handschrift trägt.«

Eine Taufe und kein Anzug

Trotz vieler Probleme wird das Schiff pünktlich fertig. Eine Woche vor der Taufe empfängt Bundeskanzler Helmut

Kohl unseren Vater im Bonner Bundeskanzleramt. Vater hätte es gerne gesehen, wenn der Kanzler Taufpate seines Schiffs geworden wäre. Aber die Termine des Kanzlers und des Reeders passten nicht zusammen.

Am 11. Mai 1998 wird das Schiff übergeben und getauft. Es ist der 63. Geburtstag unseres Vaters. Wieder einmal hat er eine Taufe auf seinen Geburtstag gelegt.

Taufpate ist der frühere Bundespräsident Richard von Weizsäcker. 500 Gäste sind eingeladen, Vicky Leandros und Max Raabe als Showstars engagiert.

Einen einzigen dunklen Anzug besitzt unser Vater, den für ganz besondere Anlässe. Weil die Taufe seines Flaggschiffs unter den ganz besonderen Anlässen ein absolut ganz besonderer Anlass ist, bringt der Reeder diesen Anzug ein paar Tage zuvor in die Reinigung.

Als Gisa und ihr Mann an diesem großen Tag zum Frühstück erscheinen, steht er in einer grau-blauen Kombination vor ihnen. Jackett und Hose passen nicht zueinander. Er sieht so aus, als wolle er sich gleich auf sein Fahrrad schwingen, um in die Reederei nach Neustadt zu radeln.

»Wie siehst du denn aus!?«, ruft Gisa entsetzt.

»Ach, Gisi, ich habe vergessen, den Anzug aus der Reinigung holen zu lassen«, gesteht der Vater kleinlaut.

»Aber so kannst du doch nicht bei der Taufe erscheinen!«

»Lass man, Mädchen«, winkt Vater ab, »die Leute werden sowieso nur das schöne Schiff angucken und nicht auf meinen Anzug.« Den Spruch kennen wir.

Unser Vater und seine Garderobe, das ist immer ein Problem. Er legt keinen Wert darauf. Manchmal schafft es eine Cousine, die er sehr mag, ihn zu einem Herrenausstatter zu schleppen. Widerstrebend sucht er dann unter den schicken, teuren Anzügen und Kombinationen etwas aus. Doch auch diese Sachen machen bald den Eindruck, als habe er mit ihnen gerade in seinem Angelkahn eine Nacht verbracht.

Es hilft jetzt nichts, er muss nach Kiel. Ohne ihn gibt es keine Taufe. Was soll der Altbundespräsident mit der »Deutschland«, wenn kein Reeder da ist?

Sie fahren mit zwei Autos, der Vater in dem einen, Gisa und ihr Mann in dem anderen.

Ein Anruf auf Gisas Handy – der Vater, der ein Stück vorausgefahren ist, meldet sich: »Gisi, ich kann meine Mütze nicht finden. Ich glaube, ich habe sie vergessen!«

Es ist eine Katastrophe. Die dunkelblaue Fischermütze, sein Markenzeichen, dieser Ausdruck schlichter maritimer Persönlichkeit, liegt zuhause. Ohne diese Mütze ist Deilmann nicht Deilmann. Der Reeder ist verzweifelt.

Gisa überlegt kurz. Umkehren können sie nicht mehr, dazu reicht die Zeit nicht. Auf dem Weg nach Kiel liegt das kleine Landstädtchen Preetz. Dort hält sie vor einem Textilgeschäft, dessen Schaufenster viel von vergangenen Zeiten erzählen, an denen aber jeglicher modischer Trend folgenlos vorbeiging. Das ist der richtige Laden. Gisa findet tatsächlich eine Mütze, die der ihres Vaters ähnlich sieht. Binnenfischer, die vom Ruderboot aus ihre Stellnetze und Reusen leeren, tragen solche Speckdeckel.

Der Reeder braucht die neue Mütze dann doch nicht. Inzwischen hatte er seine eigene in einer Tasche gefunden.

Richard von Weizsäcker reist mit dem Zug nach Kiel. Wir holen ihn am Bahnhof ab, und dann geht es mit einer Hafenbarkasse hinüber zum Liegeplatz am Kai. Propst Kramer aus Neustadt segnet das Schiff, Richard von Weizsäcker hält eine anrührende Ansprache. Ein Grußwort von Bundeskanzler Helmut Kohl wird vorgelesen.

»Ein großer Tag«, sagt Peter Deilmann immer wieder bewegt, »ein großer Tag.«

Wir empfinden diesen Tag nicht als besonders schön. Vater ist nervös. Der Ärger mit der Werft ist nicht vergessen, auch bei der Taufe nicht. Die Mitarbeiter im Service sind alle neu an Bord, das merkt man. Überall ist Hektik zu spüren, die Bedienung macht Fehler. Beim Festbankett sitzen wir mit Giancarlo Ligabue aus Venedig zusammen, dessen Personalfirma das Team angeheuert hat. Giancarlo springt ständig auf und läuft in die Küche, um Anweisungen zu geben.

Jungfernfahrt auf der Kaiserroute

Die Taufgäste bemerken davon zum Glück nichts oder nur wenig. Sie sind bei einem Rundgang beeindruckt von dem Schiff. Eine Mixtur aus den glanzvollen Oceanlinern und den Grandhotels der goldenen 20er-Jahre hat Peter Deilmann sich vorgestellt – und er hat sie bekommen. Albert Ballin, der Erfinder der schwimmenden Nobelherbergen, stand bei den Entwürfen der Innenausstattung Pate. Seine Wandelgänge, Palmengärten und sein »Ritz-Carlton-Grill« – das Mobiliar in sanftem Rosa – inspirierten den Schiffsarchitekten Siegfried Schindler. Ihm ist ein großer Wurf gelungen. Ein Luxusliner der Imperatorklasse ist wiederauferstanden.

Die Medien überschlagen sich. Alle sprechen und schreiben von und über die »Deutschland«. Ein paar Mäkeleien hier und dort – zu plüschig, zu verstaubt, zu altbacken –, aber das sind vereinzelte Ausnahmen. Ansonsten nur Lob, viel Lob.

Selbst die Jungfernfahrt auf der Kaiserroute ist Erinnerung an alte Zeiten. Kaiser Wilhelm II. steuerte regelmäßig diesen Kurs von der Kieler Woche hinauf in die norwegischen Fjorde bis nach Bergen.

Einiges ist auf der »Deutschland« anders geworden als geplant. Die Zahl der Passagiere ist auf 520, die der Kabinen auf 300 reduziert worden.

Der Reeder selbst ist bei der Jungfernfahrt nicht an Bord. »Meine Arbeit ist getan«, sagt Peter Deilmann. Die komfortable Eignerkabine auf Deck 8 vermietet er lieber, als sie zu nutzen. Er würde schon gerne auch einmal eine längere Seereise machen, aber er findet niemals die Zeit dazu. »Später«, sagt unser Vater immer wieder, »später werde ich auch eine schöne lange Seereise machen.« Er macht sie nie.

Immo Freiherr von Schnurbein ist von der »Lili Marleen« auf die MS »Deutschland« umgestiegen. Als erster Kapitän dieses neuen Flaggschiffs übernimmt er das Kommando. Und gibt es umgehend wieder ab.

Das Intermezzo »Deutschland«/von Schnurbein dauert nur knappe zwei Monate, dann weiß er: Das geht nicht zusammen. Er kann ein Schiff sicher führen, aber er ist kein Entertainer, er ist kein Plauderer, kann nicht auf der Bühne des »Kaisersaals« stehen und gute Laune verbreiten. Immo von Schnurbein flüchtet auf den Segler einer griechischen Reederei.

Ein Schiff mit Goldrand

Ein Schiff ist wie ein Irrgarten. Manche Passagiere haben auch gegen Ende einer Reise das System der zwei Treppenhäuser noch nicht verstanden. Sie irren über die verschiedenen Decks auf der Suche nach dem Kino oder der Lidoterrasse, nach der Adlon-Bibliothek oder dem Römischen Dampfbad – und landen garantiert dort, wohin sie nicht wollten. Selbst die Richtung, in der Passagiere und das Schiff sich bewegen, ist für Landratten nicht immer eindeutig zu bestimmen: Gehen sie nun Richtung Bug oder Richtung Heck? Absolut keine Ahnung.

»Ein Kreuzfahrtschiff hat etwas von einem Luxuslabyrinth«, behauptet Hertha O., die im Kino den Gottesdienst des Bordpastors hatte besuchen wollen und stattdessen mit einem frisch gezapften Bier an der Lidobar sitzt. »Das brauch ich jetzt.«

Weil sie den Bordpastor nicht, dafür aber ein Bier fand, klönt sich Hertha O. an der Lidobar fest. Heute ist ein Seetag, da ist kein Land in Sicht. Damit keine Langeweile aufkommt, wird zu jeder Zeit ein anderes Programm geboten.

Es beginnt mit der Morgenandacht, bei der eine Harfenistin den Bordpastor zart zupfend begleitet (dorthin hatte Frau O. gewollt). Deren Klänge sind noch nicht verweht, schon hält der Lektor im Kaisersaal einen umfassenden Vortrag über das nächste Reiseziel. Weil der Lektor schon mehrere Male dort war, kann er viele schöne Fotos zeigen. So ins Bild gesetzt, muss eigentlich niemand mehr von Bord gehen, was man sehen wird, kennt man schon. Es folgen ein Fotokurs, ein Kreativkurs mit allerlei Bastelarbeit, ein Kochkurs, ein Tanzkurs. Ein Schuhmacher erzählt etwas über handgenähte Schuhe, Rolf Seelmann-Eggebert erzählt etwas über Königin Margarete II. von Dänemark, ein Professor erzählt etwas über Störtebeker & Co. Als sei das immer noch nicht genug, beschließt den Tag ein klassischer Abend im Kaisersaal mit Arien von Mozart.

»Alles an einem einzigen Tag. Der reine Stress. Aber man muss ja nicht alles mitmachen.« Hertha O. will es auch nicht. Sie hebt das Glas: »Prost. Der Weg ist das Ziel. Ich wollte zwar woandershin, aber dieses Ziel ist auch nicht schlecht.«

Die alte Dame lacht und nimmt einen großen Schluck. »Trotzdem muss ich jetzt los. Es gibt jetzt einen Rundgang für alle, die zum ersten Mal an Bord sind. Ich zum Beispiel. Zum Erstfahrercocktail war ich schon. Total nett, würden meine Enkel sagen. Obwohl, man geniert sich ja richtig ein bisschen, weil viele schon so oft hier waren. Können Sie mir jetzt mal sagen, wie ich zur Rezeption komme? Da treffen wir uns nämlich zum Rundgang.«

Wie aus einer anderen Zeit

Jeder Weg über den samtweichen, lindgrünen Teppichboden ist ein Erlebnis. Die Tür aus hochglänzendem Edelholz mit blitzblanken Messingbeschlägen schwingt auf in ein Boudoir der goldenen 20er-Jahre. Betten mit luxuriösen Überwürfen in Goldgelb, der Frisiertisch mit goldgerändertem Kristallspiegel, die gefältelten Portieren vor dem großen Kabinenfenster, Art-Déco-Stühle. Die Minibar mit Mineralwasser einer Nobelmarke und Champagner tarnt sich hinter Kirschholz.

»Alles wunderbar nachempfunden«, bewundert Hertha O. beim Rundgang das Ambiente. »Schade, das Fernsehgerät ist ein Stilbruch. Aber auf das möchte wohl kaum ein Passagier verzichten, ich auch nicht.«

Die »Deutschland«, dieses Grandhotel zur See, ist von den vergoldeten Haken in den Bädern bis hin zum Kolossalgemälde nach einem Werk von James Turner im Treppenhaus nostalgisch durchgestylt. Wandpaneele aus Edelhölzern, Lichtkuppeln aus farbigem Glas, reiche Ornamentik auf den Fahrstuhltüren. Sogar die Klobürsten passen sich mit einem Hauch Gold dem edlen Ambiente an. Nichts stört das Bild der Vollkommenheit.

Die Kabinen vom vergleichsweise bescheidenen Typ Kabinett (11,6 Quadratmeter) bis zur »Grande Suite« (29,7 Quadratmeter) sind alle luxuriös eingerichtet. Die große Suite hat einen Salon und einen durch eine Glasvitrine abgetrennten Schlafraum – nur die signalroten Rettungswesten, die unter dem Bett hervorschauen, sehen irgendwie deplaziert aus.

Morgens von sanften Melodien geweckt werden, die Füße in schneeweiße Frotteeschuhe mit dem Deilmann-Signet schieben und dann ins Bad mit dem runden Marmorwaschbecken und den vergoldeten Armaturen gehen: Schön ist das. Sogar die Deckel der Abflüsse sind vergoldet. In den Duschkabinen lächelt eine Meerjungfrau mit wallenden Haaren von der Kachelwand.

Eine einzige Pracht auch die Salons und Bars, die Gourmetrestaurants und die Galerie mit exklusiven Boutiquen. Bombastisch ist der »Kaisersaal« mit seinen Säulen, der geschwungenen Galerie und dem Deckengemälde, das die Hochzeit von Kaiser Friedrich I. Barbarossa mit Beatrix von Burgund zeigt.

Der tonnenschwere Kristalllüster ist eine Spezialanfertigung. Bei Seegang soll er nicht klirren. Das Interieur schreit geradezu nach Zweikarätern, Nerzjäckchen und weißen Dinnerjacketts.

Kunstausstellung zur See

Im Speisesaal des Restaurants »Berlin« ist ein großes Wandbild des Expressionisten César Klein angebracht. Überhaupt die Bilder. Die »Deutschland« ist eine schwimmende Kunstausstellung. In den Aufgängen, in den großen Gemeinschaftsräumen, überall hängen großformatige Bilder. Mehrfach hat der Reeder Auktionen in Venedig besucht, war er dabei, wenn alte Herrensitze aufgelöst wurden.

Vieles kauft er bei dem Restaurator und Kunsthändler Dietrich Fey in Travemünde. Der war in einen der größten Fälscherskandale der Nachkriegszeit verwickelt. In seinem Auftrag hatte der Maler Lothar Malskat in der Lübecker Marienkirche Wandmalereien im gotischen Stil gemalt und diese als wiederentdeckte alte Malereien ausgegeben. Bundeskanzler Konrad Adenauer war zur feierlichen Wiedereröffnung der Kirche gekommen. Niemand bemerkte den Schwindel, bis Malskat sich selbst anzeigte. Fey und Malskat wurden zu einer Gefängnisstrafe verurteilt.

Das ist lange her. Inzwischen ist Fey arrivierter Kunsthändler mit vorzüglichen Verbindungen. Seit Günter Grass in seinem Roman »Die Rättin« die Geschichte der Fälschung schilderte, fühlt er sich mit literarischen Weihen geadelt. Zu seinen Kunden, die ihn regelmäßig besuchen, gehören auch Peter Tamm und Peter Deilmann.

Zwei Hauptwerke des arrivierten Malers César Klein entdeckt und kauft Peter Deilmann bei Fey: »Das letzte Abendmahl« und »Ruhe auf der Flucht«. Diese beiden Bilder kommen nicht auf die »Deutschland«, er hängt sie in sein Haus in Niederkleveez. Für die »Deutschland« hat er ein großformatiges Bild von César Klein vorgesehen, das »Freilichttheater«. Markant schmückt es die Stirnseite des Restaurants »Berlin« über dem Salatbüfett.

Champagnersorbet und Trüffelnudeln

Jeder Teller im Restaurant »Berlin«, jede Serviette trägt das Wappen der Peter Deilmann Reederei. Eine schwarz-rot-goldene Kordel umrundet sinnig die Speisekarte. Jeden Tag legt sich die Küche für das Abendmenü voll ins Zeug. Zur Höchstform aber läuft sie bei den Galadiners auf. Die besonders üppigen Festessen werden bevorzugt an Seetagen zelebriert. An solchen Tagen haben die Damen und Herren Zeit, sich mit der großen Abendgarderobe herauszuputzen. Dann lautet der täglich herausgegebene »Kleidungsvorschlag für den Abend« nicht wie gewöhnlich lapidar »Jackett« oder »sportlich-elegant«, sondern »Gala – festliche Abendgarderobe« oder »Gala – im Stil der 20er Jahre«. Zum »Kapitäns Willkommens-Galadiner« oder zum »Galadiner zum Ball im Stil der goldenen 20er-Jahre« benötigt man schon etwas Vorbereitungszeit.

Ein solches Essen zu bewältigen ist schließlich keine Kleinigkeit.

Aufgeschlagene Gänsestopfleber mit
karamellisierter Brioche
und Waldbeerensauce
oder
Terrine von Seezunge, Basilikum und Languste
mit Casanovasauce

★

Doppelt geklärte Essenz von der Ente
mit Ingwerroyal
oder
Cappuccino vom Hummer mit glasierter Garnele

★

Mosaik vom Heilbutt und Ikarimi-Lachs auf
getrüffeltem Kartoffelsugo an Schaum von jungen Erbsen
und weißen Spargelspitzen

★

Passionsfruchtsorbet mit Champagner

Mille-feuille von Kalb- und Rinderfilet
mit Waldpilzen an Cabernet-Sauvignon-Veloute,
Gemüsepotpourri und Kartoffelbaumkuchen
oder
Fasanenbrust im Piroggenteig
an Sauce Périgord, Brokkoli-Mandel-Püree,
Rote Bete in Himbeeressig
und glasierten Möhren

★

Terrine vom Blue Stilton
an reduziertem Portwein und Williams-Christ-Birne
oder
Grand-Marnier-Soufflé
an Ragout von schwarzen Johannisbeeren

★

Espresso, Kaffee, Tee
Hausgemachte Pralinen und Feingebäck

»Das ist ja schlimmer als das Bordprogramm an einem See-
tag«, seufzt Hertha O., »wer soll denn dagegen ankommen?
Kein Wunder, dass die Frikadellen und Schmalzbrote in der
Bar ›Zum Alten Fritz‹ so beliebt sind.«

Beim Galamenü sieht Hertha O. ausschließlich glückliche Gesichter. Und lauter Leute, die mit Hingabe bewältigen, was der Service auf übergroßen, hoch aufgetürmten Tabletts aus der Küche schleppt.

Nach solch einem Essen sollten die Passagiere unbedingt etwas für die Fitness tun. Zu den Serviceeinrichtungen an Bord gehören eine finnische Sauna, ein römisches Dampfbad, zwei Schwimmbäder, Tontaubenschießen, Shuffleboard und ein Golfabschlag.

»Walk a Mile« heißt der Rundkurs am relativ frühen Morgen (9.15 Uhr!), bei dem ein knappes Dutzend (eher weniger) tapferer Kämpfer gegen die täglichen Kalorienbomben über das Deck 9 trabt. Voerneweg marschiert mit anmutig beschwingtem Schritt die Trainerin. Was folgt, wirkt selten anmutig oder beschwingt.

Eine Meile entspricht 1825 Metern. Das ist nicht unbedingt eine lange Strecke zu nennen. Die Gäste, die sich um diese Zeit im Lidogourmet gerade ihr Rührei mit geräuchertem Aal schmecken lassen, sehen ohne jeglichen Anflug von Mitleid, wie sich die Abstände zwischen den einzelnen Gehern von Runde zu Runde vergrößern.

»Die dicke Kleine, die ist morgen garantiert nicht mehr dabei«, sagt Frau O., die sich nach dem Galamenü vorgenommen hat, ab jetzt nur noch Obst zu essen.

Permanenter Schüttelfrost

Alles könnte wunderbar sein, wären da nicht die lauten Maschinen, wenn das Schiff in Fahrt ist. Zudem vibriert der ganze Liner, als habe er einen permanenten Schüttelanfall. Das Getriebe hat technische Mängel, das ist für Peter Deilmann eindeutig. Die deutsche Wertarbeit, sie ist diesmal keine.

Deilmann reklamiert, die Werft schaltet auf stur. Es kommt zum Prozess vor dem Oberlandesgericht in Schleswig. Deilmann hat schlechte Karten oder einen schlechten Vertrag abgeschlossen, er verliert den Prozess. Der Streit wird bis vor den Bundesgerichtshof getragen. Der lässt einen Einspruch nicht zu.

Den Passagieren können die Probleme nicht verborgen bleiben. Wer das Pech hat, eine der problematischen Kabinen zu erwischen, verlebt an Bord unruhige Tage. Die Vibrationen werden zum beherrschenden Thema der Kritik. »Das Cocktailshaker-Schiff« schreibt die Presse. Ein Kritiker formuliert: »Ich glaube, ein D-Zug rast durch meine Kabine.«

Die Probleme zwingen Peter Deilmann, häufiger vom Schreibtisch auf die Brücke zu wechseln. Gewöhnlich geht er für drei oder vier Tage im obligatorischen dunkelblauen Blazer an Bord. »Ich muss mir doch selbst ein Bild davon machen, wie der Maschinenraum aussieht, wie die Mannschaft angezogen ist und wie der Service abläuft.« Er spricht mit den Passagieren und notiert sich Verbesserungsvorschläge. Auf den ersten Reisen der »Deutschland« läuft so ziemlich alles glatt, nur eben die Maschine nicht.

Das Publikum reagiert mit Zurückhaltung auf die technischen Probleme. Die Nachfrage nach Reisen auf der »Deutschland« ist nicht so, wie es sich der Reeder erhofft hatte. Das beunruhigt ihn nicht. Als die »Berlin« startete, war sie fast alleine auf den Meeren, die »Deutschland« muss sich gegen eine starke Konkurrenz durchsetzen.

Das schwere Los der Statisten

Der große Rollenwechsel findet 1999 statt. Die »Berlin«
tritt von der Traumschiff-Bühne ab und überlässt ihrer schönen Schwester »Deutschland« den großen Auftritt. Gleichzeitig übernimmt ein neuer Fernsehkapitän das Kommando, Jakob Paulsen, dargestellt von Siegfried Rauch.
Jeden Winter geht Rademann mit seinem Team an Bord,
in Hawaii, Thailand, Tahiti, dort, wo die Welt am schönsten ist. Sein Gepäck besteht wie üblich aus Plastiktüten,
seine »Türkenkoffer« findet der Millionär besonders praktisch. Die Bordküche hat ihren Bestand an frischem Knoblauch verdreifacht. Rademann vertilgt jeden Abend ein
Schüsselchen Knoblauch, der Gesundheit wegen.
Seit Mitte der 90er-Jahre strahlt das ZDF jeweils eine
neue Folge am zweiten Weihnachtstag und am Neujahrstag
aus. Kabel werden übers Teakdeck gerollt. Scheinwerfer
erhellen den »Kaisersaal«. Das Gewusel der Kameramän-
ner, Assistenten und Maskenbildner stört anfangs überhaupt nicht. Viele Passagiere buchen extra zu Terminen der
Dreharbeiten, um Heide Keller, Inka Bause und Siegfried
Rauch ganz nahe zu sein.
Das freut die Reederei. Die teuren Reisen auf der süd-
lichen Halbkugel sind nicht besonders gut gebucht. Ältere Leute fliegen nicht gern so lange Strecken. Die Reederei wirbt damit, dass Passagiere Rollen als Komparsen
übernehmen können. Eine Attraktion, die allerdings bald
ihren Glanz verliert. Es macht nicht wirklich Spaß, stundenlang in der Bar »Zum Alten Fritz« vor einem Glas Wasser zu hocken, während die Stewards auf dem sonnigen
Lidodeck exotische Drinks servieren. Andere müssen
stundenlang im Pelzmantel unter der Äquatorsonne aus-

harren, weil die Episode in Alaska spielt. Doch es kommt noch schlimmer.

Fritz-Jürgen Lucke aus Heiligenhaus, Mega-Repeater und Statist auf einer Fahrt rund ums Kap Hoorn, berichtet: »Der Wind war schwach, nur die Dünung rollte aus weiter Ferne heran. Herr Rademann, immer aktiv, gut gelaunt, ein unverwüstlicher Charakter, suchte Statisten für die neuen Traumschiff-Episoden. Mein Frau Ute und ich wurden ausgewählt. Nun folgten anstrengende Tage. Die Schauspielerei ist keine leichte Kunst. Die Schauspieler warten lange auf ihren Einsatz. Dann werden die einzelnen Szenen oft wiederholt. Immer wieder stimmt etwas nicht: mal die Gestik, mal der Ton, mal die Beleuchtung.

Meine Frau und ich sollten uns angeregt unterhalten, lautlos. Nur die Lippen sollten wir bewegen. Sehr oft habe ich in einer Szene die Bedienung gerufen. Lautlos. Mein Glas war und blieb leer. Bei einer anderen Szene kam der Regieassistent zu uns. Wir sollten die Plätze tauschen. Der Hinterkopf meiner Frau wäre attraktiver.

Kurz vor Neujahr desselben Jahres haben wir unseren Freunden und Bekannten erzählt, dass wir im nächsten Traumschiff-Film, ausgestrahlt zum Jahreswechsel, als Statisten zu sehen wären. Nach der Ausstrahlung stand fest: Uns gab es gar nicht. Nicht einmal unsere Hinterköpfe waren zu sehen. Auch die anderen Statisten waren nur schemenhaft oder überhaupt nicht vorhanden. Viele Freunde schwiegen – andere waren nicht so höflich. Die Sache war uns peinlich.«

Wozu ein Statist gut ist

Das Debakel – in Neustadt kommen verärgerte Briefe an – beruht auf einem Missverständnis. Herr Lucke hat das

Glück, bei einer nächsten Reise von höchster Instanz, von Wolfgang Rademann persönlich, aufgeklärt zu werden. »Ein Statist, lieber Herr Lucke, ist dazu da, den Schauspielern einen lebendigen, aber unauffälligen Hintergrund zu verschaffen. Zusammen mit den anderen Statisten haben Sie die Traumschiff-Atmosphäre geschaffen, in der sie agieren können. Auf der Leinwand und auf dem Fernsehschirm erscheinen Statisten nur selten.« Ach so.

Abends in der Bar »Zum Alten Fritz« steuert Siegfried Rauch, der Fernsehkapitän, direkt auf Herrn Lucke zu und schüttelt ihm die Hand. »Ich danke Ihnen für Ihr Verständnis.« Das entschädigt für alles.

Rademann lässt die Handlung künftig so hindrehen, dass kaum Statisten gebraucht werden. Beim Casting der Schauspieler muss er sich nicht beschränken. Eine Rolle in der Serie bedeutet einen kostenlosen Urlaub vom Feinsten, Seychellen, Bora Bora, Mauritius. Die paar Drehtage zwischendurch stören nicht weiter. Die Schauspieler lästern über die kläglichen Geschichten und die platten Dialoge, aber keiner sagt Nein. Das kann er dem Wolfjang doch nicht antun.

Die Besetzungslisten lesen sich wie ein Who's Who der deutschen Flachbildschirme: Klausjürgen Wussow, Gaby Dohm, Jan Fedder, Christina Plate, Dietrich Mattausch, Gila von Weitershausen, Günter Pfitzmann, Friedrich von Thun und Uwe Friedrichsen.

In der Kreuzfahrtbranche ist viel darüber gerätselt worden, was Deilmann dem Rademann für die großartige Werbung bezahlt. Bargeld fließt nicht, es ist ein Geschäft auf Gegenseitigkeit.

Der Produzent lässt sich vertraglich 40 Kabinen für sein Team zusichern. Er selbst logiert in der Eignerkabine auf Deck 8. Die Dreharbeiten dauern vier bis sechs Wochen. Das entspricht alles in allem einem Wert von drei Millionen Euro pro Jahr.

Das würde die Konkurrenz auch gern ausgeben. Der Neid blüht. Unser Vater spottete immer: »Sollen die doch ihre Schiffe auch unter deutscher Flagge fahren lassen.«

Der Produzent widersteht allen Avancen, er bleibt der Deilmann-Reederei treu. Die »Deutschland«, so steht es im Vertrag zwischen Reederei und seiner Produktionsgesellschaft, soll bis 2015 das ZDF-Traumschiff sein.

Krieg der Sterne

Ein Fünfsterneschiff hat Reeder Peter Deilmann angekündigt, als er zum ersten Mal von seinen Plänen für die »Deutschland« sprach. Nun ist das Schiff auf den Meeren der Welt unterwegs, und jeder, der an Bord geht, bestätigt: Deilmann hat nicht zu viel versprochen.

Doch, einer widerspricht. Sehr massiv sogar. Douglas Ward, britischer Journalist und Tester von Kreuzfahrern. In der neuen Ausgabe des »Berlitz Handbuchs für Kreuzfahrten und Kreuzfahrtschiffe« wertet er 1998 die »Deutschland« ab. Er macht aus dem Stolz der Reederei ein besseres Mittelklasseschiff: nur noch »Vier Sterne Plus«.

Douglas Ward arbeitet im Gegensatz zu anderen nicht innerhalb eines Teams, er ist alleiniger Tester für die Kreuzfahrtbibel von Berlitz. Darum nennen ihn manche auch den Papst unter den Kreuzfahrtkritikern.

Nach eigener Einschätzung arbeitet er außerordentlich sorgfältig. Seit 20 Jahren hat er auf seinen Rundgängen über ein Schiff stets eine Taschenlampe und ein einfaches Kleband zum Entdecken von Schmutzecken bei sich. Häufig nimmt er auch ein Dezibelmeter mit, um die Lautstärke der Motoren und anderer Geräusche zu registrieren. Er gelte, so Ward über Ward, als gründlich.

Auf der »Deutschland« missfallen ihm etliche Punkte: Das Schiff, bemängelt er, sei nicht geeignet für Rollstuhlfahrer, für Jogger gebe es kein umlaufendes Promenadendeck, Einzelkabinen seien nicht vorhanden. Insgesamt 13 Schwachpunkte listet Douglas Ward auf. Punkteabzug, ein Stern weniger.

Als die ersten Belegexemplare des druckfrischen Berlitz Cruise Guide bei der Reederei eintreffen, schrillen sämtliche Alarmglocken. Mit einem solchen Urteil hat niemand gerechnet. Ein Stern mehr oder weniger, das ist absolut entscheidend für die Preiskalkulation. Der Berlitz Cruise Guide gilt als anerkanntes Standardwerk, an dessen Punktvergabe sich die Preise orientieren.

Umgehend beantragt die Reederei beim Landgericht Hamburg eine einstweilige Verfügung gegen die bereits ausgelieferte Auflage.

Die Empörung ist groß. Unser Vater tobt. Bei der Reederei wissen sie: Der Engländer ist niemals mit der »Deutschland« gefahren. Nicht einen Tag, nicht eine Stunde.

In der Regel reist Ward mit einem Schiff, das er testet. Wie anders sollte er auch zu einem Urteil kommen? Nach üblicher Gepflogenheit bezahlt er An- und Abreise selbst, Sonderausgaben gehen auf sein Konto, ansonsten ist er Gast der Reederei. Dummerweise gibt es aber in jedem Jahr mehr neue Kreuzfahrtschiffe. Der Tester hat immer weniger Zeit für das Objekt seines Interesses.

In diesem Fall aber hatte Ward überhaupt keine Zeit. Er stand offenbar unter Termindruck. Die neue Ausgabe des Kreuzfahrtführers sollte zum Drucker, aber ohne die neue »Deutschland« wäre das Buch unvollständig gewesen.

Ward reiste am Tag der Schiffstaufe in Kiel an. Als Gast der Reederei nahm er am großen Galadiner teil. Zwei Mitarbeiter aus Neustadt wurden ihm zur Seite gesetzt, so etwas überlässt man nicht dem Zufall. Die haben sich prima mit Douglas Ward unterhalten, »aber nicht über das Schiff. Nicht ein Wort. Wie angenagelt hat er gesessen, der hat sich den ganzen Abend nicht vom Fleck gerührt«.

Die Feier war lang, die Speisen waren exzellent, die Weine vorzüglich, von allem gab es reichlich, die Stimmung wurde mit vorgerückter Stunde immer vergnügter. Es war schon reichlich spät, als Douglas Ward die Kabine aufsuchte, in der er die Nacht verbrachte. Bereits in den sehr frühen Morgenstunden ging er wieder von Bord.

Was kostet ein Stern?

Auch der Papst der Kreuzfahrtkritiker ist nicht unfehlbar. Ward sind in der Erinnerung an den Besuch auf der »Deutschland« etliche Fehler unterlaufen, was bei der Vorgeschichte wenig verwunderlich scheint.

Das Landgericht Hamburg erkennt in zwölf Punkten eine falsche Darstellung. Nicht einmal die Decks hat Ward richtig gezählt. Peinlich, ausgesprochen peinlich.

»Berlitz Handbuch für Kreuzfahrten und Kreuzfahrtschiffe« kommt in dieser Fassung nicht auf den deutschen Markt. Die gesamte Auflage muss eingestampft werden.

In der Branche spricht sich die Angelegenheit schnell herum. Peter Deilmann hat wieder einmal in New York zu tun. Dort nimmt ihn ein befreundeter Reiseveranstalter zur Seite und fragt, ob er denn nicht wisse, was es koste, einen Stern mehr oder ein Plus bei Douglas Ward zu bekommen? Er könne es dem Kollegen Deilmann sagen.

Von diesem dezenten Hinweis hinter vorgehaltener Hand berichtet unser Vater daheim in Neustadt, und der Vorwurf der Korruption findet seinen Weg in die BILD-Zeitung.

Selbstverständlich wehrt Douglas Ward sich. Er sei nicht käuflich. Er bleibe unbestechlich, obgleich es immer wieder Leute gebe, die versuchten, sein Urteil zu beeinflussen.

Und dann erzählt Douglas Ward einigen Journalisten von einem Abend im feinen Hotel »Louis C. Jacob« an der Hamburger Elbchaussee. In dem dortigen Restaurant – mit einem Stern ausgezeichnet – sei er mit Peter Deilmann verabredet gewesen. Noch vor Erscheinen des umstrittenen Berlitz Guide, und selbstverständlich auch bevor Deilmann wissen konnte, wie das Urteil des Testers ausfallen würde.

»I smelt the fish«, sagte Douglas Ward, und weil er den Braten gerochen habe, sei er nicht alleine gekommen, sondern habe einen Zeugen mitgebracht. Ohne lange Vorrede habe Peter Deilmann ihm ein Schriftstück vorgelegt, nach dem er sich verpflichten sollte, in der nächsten Ausgabe des Guide das Schiff mit fünf Sternen zu versehen. Das habe er, Ward, selbstverständlich abgelehnt, woraufhin der Reeder sein Papier wieder eingesammelt habe.

Weil Ward diese Geschichte einer angeblich versuchten Bestechung nicht irgendwem, sondern mit klarer Absicht Journalisten erzählt, wird Peter Deilmann von denen nach dem Wahrheitsgehalt befragt. Der Reeder ist wütend. »Herr Ward sollte nicht Gleiches mit Gleichem vergelten. Das kann doch nicht sein Ernst sein.«

Aber in der Welt ist die Geschichte nun. Auch sie findet ihren Weg in die Presse.

Seit der einstweiligen Verfügung des Hamburger Landgerichts fehlt die »Deutschland« dauerhaft in der Berlitz-Bewertung. Peter Deilmann lehnt eine Aufnahme strikt ab. Wenn unser Vater jemanden abgeschrieben hat, dann für immer.

Ein schwimmendes Luxushotel

Die Kategorie »Fünf Sterne Plus« vergibt Berlitz pro Jahr nur einmal. Sie ist gleich bedeutend mit »Bestes Kreuzfahrtschiff der Welt«. Seit 1999, ein Jahr nach dem Krieg der Sterne, fährt ein anderes deutsches Schiff mit dieser Auszeichnung: die MS »Europa«.

Damit ist eine Fortsetzung des Kriegs der Sterne vorprogrammiert bis in die Zeit, nachdem wir als Geschäftsführerinnen das Erbe unseres Vaters angetreten hatten. Auch wir wünschten uns für die »Deutschland« offiziell anerkannte Sterne, gewissermaßen ein Gütesiegel.

Seit 1996 existiert in Deutschland ein einheitliches System zur Bewertung von Hotels. Der Deutsche Hotel- und Gaststätten Bundesverband (DEHOGA) hat es entwickelt. Von einem Stern (Tourist) bis fünf Sterne (Luxus) reicht die Skala.

Wir versuchen beim DEHOGA vor Anker zu gehen. Was ist denn die »Deutschland« anderes als ein Luxushotel, ein schwimmendes Luxushotel?

Gleich zweimal ist die »Deutschland« im Jahr 2000 in offizieller Funktion unterwegs. Sie ist Botschafterin der EXPO 2000, der Weltausstellung in Hannover. Und sie wird an das Nationale Olympische Komitee verchartert. In Sydney dient das Schiff als Anlaufstation für die deutschen Sportler, als ZDF-Sportstudio und als noble Unterkunft für die Sponsoren. Damit ist doch nachgewiesen, dass die »Deutschland« ein Hotel ist, oder?

Für uns ist diese Feststellung einleuchtend. Für den DEHOGA ist sie das anfangs nicht. Sympathisch ja, aber schlüssig? Schließlich haben die Damen und Herren des Verbands selbst die Kriterien entwickelt, nach denen sie zu gleichwertigen Beurteilungen kommen wollen. Die passen nicht unbedingt zu einem Schiff. Wo zum Beispiel sind die Parkplätze? Und wo, bitte sehr, ist die Hotelgarage? Es gibt sie nicht, und das würde Punktabzug bedeuten. Schwierig, schwierig.

Wir bleiben beharrlich und schaffen es, den Vorstand des Verbands an Bord zu holen. Was wir zeigen können, macht einen überzeugenden Eindruck. Am 11. Mai 2005 verleiht die DEHOGA am siebten Jahrestag der Taufe der »Deutschland« die Klassifizierung »Fünf Sterne Superior«. Mehr geht nicht. Als neue Geschäftsführerinnen dürfen wir die hohe Auszeichnung entgegennehmen.

Anderswo ist der gesamte Vorgang allerdings schon längere Zeit mit Argwohn beobachtet worden. Die Reederei Hapag-Lloyd Kreuzfahrten in Hamburg, für die die MS »Europa« fährt, will sich ihren Spitzenplatz nicht nehmen lassen. Zwar wird MS »Europa« durch Berlitz weiterhin als »Bestes Kreuzfahrtschiff der Welt« benotet, aber »Superior«, das klingt noch viel toller als »Plus«. So etwas Schönes will Hapag-Lloyd auch.

Zunächst gehen die Hamburger friedlich an die Sache heran. Sie fordern den DEHOGA auf, ihr Schiff ebenfalls zu klassifizieren. Das Ergebnis, da sind sie vollkommen sicher, kann nicht anders sein als für das Deilmann-Schiff. Mindestens!

Beim DEHOGA zuckt man bedauernd mit den Achseln: Geht nicht, können wir nicht. Das Deilmann-Schiff fährt unter deutscher Flagge. Für ein deutsches Unternehmen ist eine Bewertung durch den deutschen Hotelverband möglich. Für ein ausländisches Unternehmen leider, leider nicht. Dafür wäre der entsprechende Verband in dem Staat zuständig, unter dessen Flagge die »Europa« aus eigener Entscheidung fährt. Und das seien in diesem Fall nun mal die Bahamas. Tut uns wirklich leid, vielleicht fragen Sie mal auf den Bahamas nach ...

Dagegen ist nicht zu argumentieren. Schließlich ist die »Deutschland« als einziges Kreuzfahrtschiff den Farben Schwarz-Rot-Gold treu geblieben. Alle anderen 23 deutschen Musikdampfer hissen ein Billigfähnchen: Zehn sind auf den Bahamas gemeldet, fünf in Italien, drei auf Malta, zwei in Portugal, eins in Panama, eins auf Saint Vincent und eins auf den Marshal Islands. Alles Global Player zur See. Somit ist der DEHOGA nun einmal nicht für sie zuständig.

110

Aber was man selbst nicht haben kann, sollen auch andere nicht haben. Hapag-Lloyd klagt gegen die Vergabe der Hotelsterne an ein Schiff. 2010 entscheidet das Landgericht Berlin gegen den DEHOGA. Der Verband darf derartige Bewertungen nicht mehr vornehmen, es sei denn, er hat spezielle Bewertungskriterien für Kreuzfahrtschiffe entwickelt. Das aber lehnt der Verband ab.

Unmittelbare Folgen für die »Deutschland« hat das Urteil nicht, jedenfalls vorerst nicht. Die »Fünf-Sterne-Superior« werden dem Schiff nicht umgehend aberkannt. Es darf die Auszeichnung – nur – vorläufig weiterführen, bis eine neue Bewertung fällig wäre. Durch die Weigerung des DEHOGA, gesonderte Kriterien zu entwickeln, steht die in den Sternen.

Einmal auf den Kilimandscharo

Es gibt Jugendträume, die bleiben hartnäckig, bis sie sich erfüllen. Die Besteigung des Kilimandscharo war für unseren Vater solch ein Traum. Den hatte er von Kind an: einmal ins wilde Afrika, einmal auf den Kilimandscharo. Eine Zeit lang hatte er nicht daran gedacht, da hatte er zu viele andere Dinge im Sinn. Doch wirklich vergessen kann man solche Träume nicht.

Wegen einer kleinen Unpässlichkeit muss unser Vater zum Arzt. Das mag er gar nicht, aber manchmal ist es eben doch nicht zu vermeiden. Die beiden Männer, der Arzt und er, verstehen sich gut, und so bleibt auch immer etwas Zeit für ein Gespräch. Der Arzt erzählt, er habe im vergangenen Urlaub versucht, auf den Kilimandscharo zu steigen, sei aber leider gescheitert.

»Ja, geht denn das so einfach? Kann man da denn so einfach hoch?« Peter Deilmann ist wie elektrisiert.

»Man kann«, sagt der Arzt, »aber einfach kann man das nicht. Das ist sehr anstrengend. Da oben fällt Ihnen nichts Vernünftiges mehr ein, nicht einmal zum Sex.«

Von da an steht für unseren Vater fest: Das wird er machen – und er wird nicht scheitern. Was andere nicht schaffen, ist für ihn eine besondere Herausforderung.

Auf seine Kondition kann Peter Deilmann sich verlassen, die ist bestens. Der Mann, der andere zu bewegungsarmen Kreuzfahrten verführt, ist selbst ständig in Bewegung.

Zu seinem festen Programm gehört einmal im Jahr die Wanderung rund um den Plöner See. Das ist eine Strecke von 42 Kilometern.

Seine Wanderfreunde, Rechtsanwalt und Notar Horst Neusser und der Gutsbesitzer Karl Graf von P., sind auch mit von der Partie, wenn der Peter zum Ostholstein-Triathlon ruft. Der führt im strammen Tempo zwei Stunden rund um den Dieksee. An dessen Ufer liegt das Dorf Niederkleveez, in dem unser Vater zu Hause ist. Anschließend steigen die drei Sportsfreunde in ein Paddelboot und paddeln binnen fünf Stunden über das Flüsschen Schwentine bis in den Hafen von Kiel. Dort wartet die Ehefrau des Grafen von P. mit Fahrrädern, und in scharfem Tempo geht es in zwei Stunden zurück nach Niederkleveez. Das sind Aktivitäten, wie unser Vater sie mag. Nur angeln, findet er, ist noch schöner.

Viel los auf dem Dach Afrikas

Mit den Freunden des Ostholstein-Triathlon hätte es auch auf den Kilimandscharo gehen sollen. Der Arzt, der es bereits einmal vergeblich versucht hatte, sollte ebenfalls dabei sein. Doch er muss absagen. Auch Karl Graf von P. ist im letzten Augenblick verhindert. Peter Deilmann überzeugt ersatzweise einen Mitarbeiter der Reederei, dass eine Besteigung des Kilimandscharo den ultimativen Kick gibt.

Auch der Weg auf den höchsten Berg Afrikas führt über das Reisebüro. Mehrere Veranstalter bieten derartige Trekkingtouren an. An den Hängen herrscht ein ähnliches Kommen und Gehen wie beim Mount Everest, 15 000 Abenteuerlustige versuchen pro Jahr, auf den Gipfel zu gelangen. 12 000 schaffen es.

Der Schwierigkeitsgrad des Weges entspricht dem einer anspruchsvollen Bergwanderung in den Alpen. Das Kletterseil kann man getrost zu Hause lassen, es wird nicht benötigt.

Aber ein großes Lungenvolumen muss unbedingt vorhanden sein. Der Weg auf das Dach Afrikas führt in 5895 Meter Höhe, da wird die Luft schon arg knapp. Und für

Flachländler, wie es die Schleswig-Holsteiner nun einmal sind, wird sie wohl noch ein bisschen knapper.

Die Gruppe, der unser Vater zugeteilt wird, besteht aus sechs Männern. Sie haben die Marangu-Route gewählt. Auf ihr ist der Weg zwar etwas länger, dafür aber der Aufstieg weniger steil. Auf jeweils 1000 Metern Höhenunterschied stehen feste Hütten, in denen übernachtet wird. Coca-Cola kann man dort auch kaufen. Deshalb, und weil vorzugsweise Jugendliche unterwegs sind, wird dieser Weg auch die Coca-Cola-Route genannt. Das hört sich harmlos an, aber das ist sie nun wirklich nicht.

Alles, was in den nächsten Tagen benötigt wird, muss auf den Berg getragen werden. Das übernehmen Träger. Jede Gruppe begleiten erfahrene Bergführer.

Der Aufstieg beginnt bei 1854 Metern. Mit leichtem Gepäck geht es zwischen Riesenfarnen locker bergan. Unser Vater, so wird uns später erzählt, stürmt mit ausgreifenden Schritten voran. »Pole, pole«, mahnt der Bergführer, »langsam, langsam.« Wer zu schnell aufsteigt, wird ein Opfer der Höhenkrankheit. Da drosselt die Gruppe das Tempo.

Die Landschaft verändert sich, je höher die Männer kommen. Auf Heidelandschaft und Felder von Feuerlilien folgen karstige Regionen. Am Nachmittag des dritten Tages erreichen sie die Kibo-Hütte, die liegt 4700 Meter hoch.

Der Bergführer lässt die Gruppe an diesem Tag noch etwas weiter steigen, sie soll sich besser an die Höhe gewöhnen. Dann kehren alle zur Hütte zurück. Sie wollen ausruhen vor dem Gipfelsturm.

Der Bergriese

Doch an Schlaf ist nicht zu denken. Die Nacht ist lausig kalt. Vor allem aber finden sie in der dünnen Luft keine

Ruhe. Unser Vater hat uns erzählt, er habe gedacht, »wenn ich einschlafe, dann atme ich nicht richtig, dann ersticke ich«.

Um Mitternacht soll geweckt werden, aber wach sind ohnehin schon alle. Jeder ist froh, als um ein Uhr das Zeichen zum Aufbruch kommt. Langsam geht es aufwärts zum Gilman's Point.

Der Mitarbeiter aus der Reederei erreicht Gilman's Point nicht. Auf halbem Wege, bei der »Hans-Meyer-Höhle«, ringt er nach Atem, die Augen quellen ihm aus dem Kopf: »Ich kann nicht mehr ... keine Luft ... Kopf platzt.« Er muss auf 5150 Metern Höhe aufgeben. Die Bergführer kümmern sich um ihn. Sie bleiben ruhig und gelassen, das kennen sie, ab hier passiert es immer, von dieser Höhe an häufen sich die Ausfälle.

Gilman's Point ist um sechs Uhr erreicht, sie sind nun 5681 Meter hoch. Bis zum höchsten Punkt Afrikas sind es nur noch 200 Höhenmeter und eineinhalb Kilometer Weg. Es ist die kürzeste, aber auch die besonders anstrengende Etappe der gesamten Wanderung.

Peter Deilmann klagt über Kopfschmerzen, ihm ist furchtbar übel. Sie kommen unendlich langsam voran. Nach jedem Schritt bleiben die Männer für einen Augenblick stehen, ringen um Atem, ehe sie sich entschließen, den nächsten zu tun. Sprechen können sie nicht mehr, allenfalls ein unverständliches Lallen bringen sie zustande.

Den hinter unserem Vater gehenden Horst Neusser quälen Wahnvorstellungen: Wieso ist Peter Deilmann plötzlich vier Meter groß? Oder ist das gar nicht Peter? Das ist ein Bergriese! Ich muss aufpassen, damit er mich nicht sieht. Bergriesen sind gefährlich. Wo ist eigentlich Peter Deilmann? Egal, weiter.

Sie kämpfen sich aufwärts. Nur nicht auf den letzten Metern schlappmachen. Kurz nach acht Uhr stehen sie auf dem Uhuru Peak, auf 5895 Metern Höhe, auf dem First des Dachs von Afrika. »Kaiser-Wilhelm-Spitze« hatte der Forscher Hans Meyer diesen Platz genannt.

Sie sind nur noch zu dritt. Zwei weitere Männer sind vorzeitig aus der Gruppe ausgestiegen. Es bleibt keine Zeit, auf dem Gipfel den Sieg über den Berg und über sich selbst auszukosten. Das wollen die Männer auch gar nicht. Dies ist kein Ort, an dem man länger bleiben möchte als notwendig. Wer dort oben angelangt ist, der weiß, warum das Suaheli-Wort Kilimandscharo mit »Berg des bösen Geistes« übersetzt wird. Alle wollen bald wieder herunter von dem Gipfel, zu dem sie so mühevoll aufgestiegen sind.

Auf halbem Weg abwärts, auf der Horombo-Hütte, werden sie mit einem – sogar gekühlten – Bier überrascht. Auch wenn es schwer fällt, sie verzichten. Erst im Ausgangslager genehmigen sie sich einen kräftigen Schluck. Unter einem Schmetterlingsbusch sitzend, erleben sie zwischen scharrenden Hühnern einen dieser magischen Momente, von denen das Leben nur wenige schenkt. Der gewöhnlich von Wolken verdeckte Gipfel des Kilimandscharo liegt frei, nicht ein Wölkchen stört die perfekte Geometrie. Das kurze, sanfte Abendlicht scheint den fernen Weg gipfelwärts noch einmal auszuleuchten.

»Im nächsten Jahr gehen wir wieder um den Plöner See«, sagt Peter Deilmann versonnen.

Wenn der Pegel fällt

Das Jahr 2001 ist extrem trocken. Ausgerechnet in jenen Landstrichen, in denen Deilmanns Flusskreuzfahrtschiffe unterwegs sind. Die finden plötzlich nicht mehr ausreichend Fahrwasser.

»Immer eine Handbreit Wasser unter dem Kiel«, das haben die Schiffe alle als Taufspruch mit auf den Weg bekommen. In diesem Sommer aber fehlt sogar die. Der Pegelstand der Flüsse sinkt tiefer – und die Stimmung in Neustadt kann ihr kaum folgen.

Die Kapitäne der Flussschiffe melden, eine Weiterfahrt sei nicht möglich, vollkommen ausgeschlossen. Ein derartiges Niedrigwasser haben sie noch nicht erlebt. Es gibt nur eine Lösung: Die Passagiere müssen von Bord. Das erleichtere das Schiff – hoffentlich ausreichend.

Während die Passagiere in die kurzerhand gecharterten Busse steigen, passieren die Schiffe die Untiefen. »Kann ja mal vorkommen«, sagen die Passagiere, als die Kreuzfahrt zum ersten Mal zur Landpartie wird. Bei der zweiten maulen sie. Bei der dritten schimpfen sie »Wir haben eine Flussfahrt gebucht, keine Busfahrt.« So etwas spricht sich herum. Die Buchungszahlen brechen ein.

Das gleiche Bild 2003. Und dann nahezu in jedem folgenden Jahr, irgendwo fällt immer eines der »kleinen Traumschiffe« trocken.

Mal stecken Kreuzfahrer auf der Donau fest oder auf dem Rhein bei Koblenz. Reisen werden umgelenkt oder vollkommen abgesagt. Zeitpläne sind nicht mehr einzuhalten, weil langsamere Schiffe nicht überholt werden können. Auf Grund gesetzte Frachtkähne versperren den Weg. Es sind nicht mehr alle vorgesehenen Plätze für eine Landung zu erreichen. Wo die Schiffe anlegen können, sind die Laufplanken so steil und hoch, dass ältere oder körperlich behinderte Menschen gar nicht oder nur mit Hilfe von Bord kommen.

Auf allen Flüssen zu Hause

Die Perioden mit Niedrigwasser häufen sich nach Beobachtungen des Potsdam-Instituts für Klimaforschung seit den 90er-Jahren. Mal fallen die Pegelstände in der einen Region besonders stark, mal in einer anderen. Dann wieder sind alle großen Flüsse betroffen. Egal, wie es kommt, die Peter Deilmann Reederei ist immer dabei. Deren Schiffe fahren nahezu überall.

Auf der Donau setzt die Reederei zwei Luxusschiffe ein: »Mozart« und »Donauprinzessin«.

Auf dem Rhein mit Nebenflüssen sind die »Prinzessin von Preußen« und später auch die »Heidelberg« unterwegs.

Für die problematische Fahrt auf der Elbe wird die »Dresden« übernommen.

Elbe, Oder, Havel, Saale und Moldau erschließen die »Katharina von Bora« und die »Königstein«.

Auf der Rhône und auf der Saône fahren die »Cézanne« und die »Princesse de Provence«.

Auf dem Po und bis zur Lagune von Venedig ist das Einsatzgebiet der »Casanova«.

Für die Region Oder und die Strecke quer durch Europa von Prag bis Amsterdam ist die »Frédéric Chopin« vorgesehen.

Das sind 5000 Flusskilometer potenzielle Probleme. Oder 120 Städte, die möglicherweise nicht angelaufen werden können.

Nahezu unbemerkt hat sich die Peter Deilmann Reederei zu einem der größten Veranstalter von Flusskreuzfahrten entwickelt. Immer noch kommen ein Schiff und noch ein Schiff dazu. Jedes Jahr ein neues.

Seit die »Donauprinzessin« von ihrer Werft in Flensburg in einem Dockschiff über See ins Schwarze Meer schwamm, hat sich viel getan. Damals, im Frühjahr 1984, begann unser Vater die Flüsse Europas zu erobern. Auf der Donau fing es an. Die »Donauprinzessin« war das erste Kreuzfahrtschiff unter deutscher Flagge nach dem Krieg auf dem Fluss.

Und es war – wieder einmal – das erste Schiff im Luxussegment. Mit einer Ausstattung von geradezu barocker Pracht. Golden umwundene Säulen, geschmückt mit allerlei belaubten Ranken, zierten den Speisesaal. Unser Vater und die Damen seines Büros hatten fürstliche Räume nach ihrem Geschmack gestalten lassen. Dass die Säulen mit Pappmaché verkleidet waren, störte die Gäste nicht. Ihnen gefiel, was sich der Reeder hatte einfallen lassen. Das ist so zauberhaft, als mache Sissi jede Reise mit. So Schönes hatte auf einem Flusskreuzfahrer noch keiner gewagt. Die Konkurrenz richtete ihre Schiffe eher zweckmäßig, bieder und bodenständig ein.

Wir Zwillingsschwestern durften in Passau die »Donauprinzessin« gemeinsam taufen. Für die Reise hatten wir schulfrei bekommen. Wir kamen uns vor, als seien wir selbst Donauprinzessinnen.

Quer durch das geteilte Deutschland

Unser Vater hat bald wieder ganz andere Träume. Er möchte auf die Elbe. Auf den Fluss, der durch das geteilte Deutschland fließt. Von Hamburg bis Dresden auf der Elbe reisen zu können, eine deutsch-deutsche Verbindung zu schaffen, das wäre doch etwas. Schließlich war das mit der »Nordbrise« auch gelungen, für die hatte er schon 1975 die Erlaubnis zur Fahrt nach Warnemünde erhalten. Leicht war auch das nicht gewesen.

Diesmal wird es schwerer, das merkt unser Vater bald. Die Elbe ist mit ihrem teilweise strittigen Grenzverlauf ein überaus heikles Revier. Ein buntes Schiff voller fröhlicher Urlauber inmitten des sozialistischen Einheitsgrau, das ist für die Genossen in Ostberlin nicht vorstellbar. Und dann die Landgänge, wer soll die alle unter Kontrolle behalten? Nein, daraus kann nichts werden.

So schnell lässt Peter Deilmann sich nicht abwimmeln. Er nutzt politische Kontakte. Im September 1987 besucht Erich Honecker die Bundesrepublik. Helmut Kohl empfängt ihn in der Bundeshauptstadt Bonn. Ein Gesprächspunkt: der Wunsch des Neustädter Reeders Peter Deilmann, Kreuzfahrten zwischen Hamburg und Dresden anzubieten. Zur Vorbereitung dieses Gesprächs war zuvor Wirtschaftsminister Martin Bangemann nach Neustadt gereist. So ganz nebensächlich ist die Angelegenheit also nicht. Aber erfolglos.

Es ist kennzeichnend für Peter Deilmann, dass er unbeeindruckt von allen negativen Bescheiden weiter seine Pläne zum Bau des Schiffs verfolgt. Es wird konstruiert, geplant und entwickelt, als könne der Kreuzfahrer schon morgen die Leinen losmachen.

In jenen Jahren glaubten immer weniger Menschen an eine Wiedervereinigung. Sehr viele hatten sich mit der Teilung auf Dauer abgefunden. Wer dennoch von der Wiedervereinigung sprach, der galt als rückständig, keinesfalls auf der Höhe der Zeit.

Als sich im November 1989 die Grenze öffnete, als sich wildfremde Menschen vor Glück weinend in die Armen fielen, da lagen die Pläne für Vaters Elbschiff längst fertig in der Schublade. Noch vor der Abstimmung über die Vereinigung Deutschlands entschied er: »Wenn die Menschen durch die Mauer gehen dürfen, wird man uns auf dem Fluss auch nicht aufhalten. Wir bauen.« So schnell wie Deilmann ist keine Werft, jedenfalls nicht in Deutschland. Darum geht dieser Auftrag, ausgerechnet dieser Vereinigungsauftrag, im Dezember 1989 an die englische Werft Ruscador Ltd. in Hull.

Im Frühjahr 1991 dürfen wir in Hamburg wieder ein Schiff unseres Vaters taufen, diesmal auf den Namen »Prinzessin von Preußen«, passender geht es nicht für die Fahrt auf der Elbe.

Erneut hat Peter Deilmann einen Einsatz auf die Zukunft gewagt, und wieder einmal wird er bestätigt: Als das Schiff fertig ist, ist Deutschland vereinigt. Die Fahrten auf der Elbe werden aufgenommen.

Das Ende des Kalten Kriegs verändert die Welt. Peter Deilmann ist unablässig unterwegs, um neue Fahrgebiete zu finden. Luxuskreuzfahrten auf den großen russischen Strömen, wäre das nicht etwas? Er prüft die Möglichkeiten.

Auf der eigenen Werft

Im Januar 1999 gibt der Reeder bei den Deutschen Binnenwerften die »Katharina von Bora« in Auftrag. Sie soll in Tangermünde und Genthin an der Elbe gebaut werden.

Im November 1999 meldet der Werftenverbund Deutsche Binnenwerften Insolvenz an. Der Schaden für das Neustädter Unternehmen ist erheblich. Acht Millionen Mark sind bereits ausgezahlt. Unser Vater überlegt, ob er

das gesamte Projekt aufgeben soll. »Kaufmannsgut hat Ebb'
und Flut.« Aber acht Millionen so einfach in den Sand setzen?

Der Reeder entscheidet anders. Warum sollen andere
machen, was er selbst machen kann? Die Werft hat tüchti-
ge Arbeiter, die verstehen ihr Handwerk, das hat er in den
vergangenen Monaten beobachten können. Drei Monats-
löhne hatten die Arbeiter nicht bekommen. Die Arbeiter in
Tangermünde sollen ihre Arbeit fertig machen.

Ab 2000 baut unser Vater seine Flusskreuzfahrer selbst.
Anfangs pachtet er die Werft, später übernimmt er sie.
Recht profan nennt er das Unternehmen »Schiffbau- und
Entwicklungsgesellschaft Tangermünde«.

Er kennt das schon. Immer, wenn er etwas Neues
anpackt, dann schütteln andere den Kopf. Ein Bekannter
klopft ihm auf die Schulter. »Gratulation, Deilmann, man
gönnt sich ja sonst nichts.«

Reeder Peter Deilmann wird zum Auftraggeber für den
Werftbesitzer Peter Deilmann. Für ihn war es immer
selbstverständlich, ein deutsches Schiff auf einer deutschen Werft bauen zu lassen. Nun erst recht, wenn es seine Werft ist.

Bei der Taufe der »Katharina von Bora« kündigt er den
Bau eines weiteren Schiffs an, die »Casanova«. Und so geht
es weiter, immer nach der Devise: »Die Arbeit ist getan –
die Arbeit beginnt.«

So werden die »Frédéric Chopin« und schließlich die
»Heidelberg« gebaut. Die Fertigstellung dieses Schiffs mit
der Baunummer 151 erlebt unser Vater nicht mehr.

Als die »Heidelberg« im Frühjahr 2004 getauft wird,
steht eine neue Generation für die Reederei. Wir haben die
Geschäftsführung übernommen. Und diesmal taufen die
Enkel Jacqueline und Josephine das Schiff. Es war der
Wunsch ihres Großvaters.

31 Jahre lang hat Peter Deilmann als Reeder gearbeitet. In dieser Zeit zwischen 1972 und 2003 hat er 33 Schiffe besessen, noch etwas mehr also als jedes Jahr ein Schiff. Er hat mit seinen Plänen gelebt. Als wir uns nach seinem Tod die Bauakten der »Heidelberg« ansehen, finden wir überall seine Skizzen, Entwürfe und Anweisungen, von Hand mit Bleistift oder Kugelschreiber geschrieben in seiner eckigen, trotzdem schwungvollen Schrift.

Bei den Premium- und Luxusreisen ist die Reederei ganz vorne. Fünfsterneschiffe, wer hat die schon? Mehr als 50 Prozent der Gäste in den Kategorien »Premium« und »Luxus« reisen auf den Flüssen mit Deilmann.

Der Absturz der Concorde

Peter Deilmann ist so froh gestimmt wie lange nicht mehr. Die Mitarbeiter sehen ihm schon von hinten an, wie das Befinden ist. Bei schlechter Laune sträuben sich seine Nackenhaare, ein klares Signal, ihm besser aus dem Weg zu gehen. Er kann sehr laut und deutlich werden. In diesen Augusttagen des Jahres 1999 sind die Haare glatt wie die Ostsee bei Flaute.

Wieder ist ihm ein Coup gelungen, der den Konkurrenten das Wasser in die Augen treibt, der seine Reederei von der Überholspur in den Bereich der Überschallgeschwindigkeit beamt. Der das Firmenlogo, den kantigen Wikinger-Drachenkopf im D, golden überglänzt. Als erster deutscher Reiseveranstalter hat unser Vater die komplette Concorde gechartert. Die Premiumpassagiere seiner nagelneuen »Deutschland« sollen im September in nur dreieinhalb Stunden von Paris nach New York jetten, wo das Traumschiff auf sie wartet. Durch die Zeitverschiebung kommt die Concorde zweieinhalb Stunden vor dem Abflug am Kennedy-Airport an.

Die Concorde war Mythos und Stolz der französischen Luftfahrtbranche. Der »fliegende Bleistift« galt wegen seiner schlanken, schnittigen Form als elegantestes Flugzeug der Welt. Und als sicherstes. Ein Ticket kostete normalerweise 10000 Mark. Ein überirdisch schneller Trip, den sich Reiche und Prominente wie Paul McCartney, die Queen, Jacques Chirac, Claudia Schiffer, Richard Gere und Elton John leisteten.

Unser Vater ist noch nie mit der Concorde geflogen. Das ist ihm viel zu teuer. Für seine Kunden wird der Flug sensationell billig. Das Ticket bietet die Reederei für 2950

124

Mark an. Die preiswerteste Kabine auf der 17-tägigen Kreuzfahrt von New York nach Lissabon kostet 11870 Mark inklusive Flug mit der Concorde.

Günter Pfitzmanns Schutzengel

Der Reeder hat sich nicht verrechnet: Seine Kunden fliegen auf das Schnäppchen. Er chartert die Concorde auch für das folgende Jahr. Wieder geht es von Paris nach New York. Die Maschine ist schnell ausgebucht. 33 Passagiere lassen sich auf die Warteliste setzen. Immer wieder muss die Buchungsabteilung in Neustadt Kunden vertrösten. »Warten Sie doch noch etwas ab. Vielleicht wird noch ein Platz frei.«

Unter den Reedereimitarbeitern macht ein Witz die Runde. »Warum lässt der Alte den Überflieger nicht einfach in der Mitte aufschneiden und verlängern, wie er es mit dem ersten Traumschiff, der ›Berlin‹, gemacht hat?« Peter Deilmann lacht, als er davon hört, und er findet tatsächlich eine Lösung. Die Passagiere, die nicht mehr in dem gecharterten Jet mit der Flugnummer AF 4590 unterkommen, können mit einer Concorde-Linienmaschine vorausfliegen.

Einer, der sein Ticket für den Charterflug sicher in der Tasche hat, ist der Schauspieler Günter Pfitzmann. Der beliebte TV-Star, der 1986 in der Episode »Tahiti« der Traumschiff-Serie mitspielte, soll dieses Mal als Entertainer an Bord gehen. Doch seine angeschlagene Gesundheit macht dem 76-Jährigen einen Strich durch die Rechnung.

Der Charmeur erholt sich mühsam von einem zweiten Herzinfarkt. Er muss nicht nur seinen Auftritt bei der Gala zum 90. Geburtstag von Brigitte Mira absagen. Die Ärzte verbieten ihm auch den Flug mit dem Überschalljet. Die

Warteliste der Reederei wird um einen Namen kürzer. Das Schicksal schenkt Pfitzmann das Leben und wird es einem anderen nehmen.

Am Nachmittag des 25. Juli 2000 sitzt unser Vater im Büro der Reederei. Seine Gedanken sind in Paris, wo um diese Zeit die 96 Passagiere auf dem Airport Charles de Gaulle eintreffen. Er hat noch einmal mit seinen Mitarbeitern vor Ort telefoniert. Alles läuft nach Plan.

Der Absturz

Die Stimmung in der VIP-Lounge von Air France ist ausgelassen, ja euphorisch. Das liegt nicht nur an dem eisgekühlten Champagner, den Hostessen in rot-weißen Traumschiff-Uniformen zur Begrüßung reichen. Für viele der Passagiere soll an diesem Tag ein Lebenstraum in Erfüllung gehen.

Wie für den Münchner Christian E., Chef der Sparte Mobile Tradition bei BMW und des BMW-Museums. In Mach-2-Geschwindigkeit fliegen und dann eine Kreuzfahrt im traditionellen Stil, das habe zu ihm gepasst, berichtet später Richard G., ein Freund und Kollege. Christian E. habe sich wahnsinnig auf den Überschallflug gefreut und oft darüber gesprochen. Der Manager liebt schnelle Autos und seine beiden Oldtimer.

Der 57-jährige ist mit seiner zweiten, sehr viel jüngeren Frau, seinen beiden Kindern und den Schwiegereltern angereist. Katharina und Maximilian, acht und zehn Jahre alt, sind vor Aufregung kaum zu bändigen. Immer wieder wollen sie hören, was der Vater ihnen schon zu Hause erklärt hat. »Was passiert, wenn die Concorde die Schallmauer durchbricht? Werden wir den Knall hören? Ist er so laut, dass man sich die Ohren zuhalten muss?« fragt Katharina.

Maximilian weiß es, natürlich, er ist Technikfreak wie sein Vater und spricht seit Wochen von nichts anderem als von Mach 1, Mach 2, Mach'schen Kegeln und Amplituden. »Beim Durchbrechen der Schallmauer entsteht eine Schockwelle am Bug und am Heck. Auf der Erde hört man einen sehr lauten Doppelknall, deshalb beschleunigt die Concorde nur über dem Ozean auf Überschallgeschwindigkeit. Aber wir im Flugzeug hören ihn nicht«, erklärt er der Schwester. Die Großeltern lächeln stolz.

Gegen 16 Uhr beginnt das Boarding. Der Adrenalinspiegel steigt in der exklusiven Reisegruppe auf ungeahnte Höhe. Die Passagiere nehmen in den eleganten dunklen Ledersesseln der Concorde Platz. Der Jet rollt auf die Startbahn 21. Minuten zuvor ist dort eine DC-10 der amerikanischen Airline Continental gestartet. Unbemerkt hat sie eine Lamelle verloren. Das 40 Zentimeter lange Teil aus Titan liegt glitzernd auf der Piste.

Gegen 16.45 Uhr hebt die Concorde ab, die gewaltige Schubkraft drückt die Passagiere in ihre Sitze. Sekunden später schrillt Alarm, das Heck steht in Flammen. Die Concorde verliert an Höhe. Pilot Christian Marty kann noch verhindern, dass die Maschine auf das Stadtzentrum des Ortes Gonesse nördlich von Paris stürzt. Dort wohnen 25 000 Menschen.

Augenzeugen berichten, wie das Flugzeug noch einen letzten, verzweifelten Schwenk macht. Dann stürzt es als gigantischer Feuerball auf ein außerhalb gelegenes Hotel. Das ganze Drama dauert nur zwei Minuten. Rauchwolken verdunkeln tagelang die Ortschaft. Keiner der Passagiere und der Besatzung überlebt, insgesamt kommen 113 Menschen in dem Inferno um. Der Crash des »Wundervogels« geht als spektakulärster Unfall seit dem Brand des Luftschiffs »Hindenburg« in die Annalen der Luftfahrt ein.

Ist das unser Flugzeug?

In den Büros der Reederei bricht der Feierabend an. Im Hintergrund dudelt Radiomusik. Plötzlich wird das Programm von einer Eilmeldung unterbrochen. Eine Concorde ist in Paris abgestürzt. Der Marketingchef eilt zum Reeder: »Mein Gott, das kann doch nur unser Flugzeug sein!« Peter Deilmann wird kreidebleich. Die Angestellten laufen unter Schock auf den Fluren umher. Sie schreien und weinen. Der Reeder bewahrt mühsam die Fassung. Er lässt einen Pastor holen. Alle Mitarbeiter versammeln sich im Konferenzsaal. Der Pastor hält eine Andacht und spricht ihnen Trost zu.

Unterdessen belagern Fernsehteams und Zeitungsreporter das Reedereigebäude am Hafensteig. Bei Hedda zu Hause klingelt ununterbrochen das Telefon. Die Journalisten wollten wissen, ob unser Vater an Bord ist und welche Namen auf der Passagierliste stehen. Sie nimmt den Hörer bald gar nicht mehr ab. Gisa, die zu dieser Zeit in Irland lebt, hat im Radio von dem Unglück gehört. Sie versucht stundenlang die Reederei zu erreichen, aber alle Leitungen sind belegt.

Die Journalisten geben keine Ruhe. Peter Deilmann muss hinaus. Der Reeder kämpft mit den Tränen. Er spricht nur wenige Sätze vor den laufenden Kameras. »Ich kenne auch nur die Nachricht. Ich kann Ihnen nichts sagen und auch nichts vermitteln. Es ist außerhalb meiner Fähigkeit, Worte zu finden.« Er spricht den Angehörigen der Toten sein Mitgefühl aus. Eine Meldung geht um die Welt: »The Concorde flight was chartered by German company Peter Deilmann Cruises.«

Der Journalistentrupp vor der Reederei wird immer größer. Abends schleicht sich der Reeder durch eine Hintertür aus dem Gebäude und fährt auf Umwegen nach Niederkleveez.

1 Gisa und Hedda Deilmann vor dem Porträt ihres Vaters Peter Deilmann an Bord der MS »Deutschland«

2 Anne-Marie Deilmann mit den Söhnen Peter (re.) und Klaus

3 Immer mit dem Wind – immer ein stürmischer Segler

4 Wind, Wellen und ein Akkordeon: Peter Deilmann beim Segeln mit Freunden

5 Freude über die Zwillinge Gisa und Hedda

Als alles noch klein war: Peter Deilmann mit seinen Töchtern (6, oben), Gisa und Hedda backen Plätzchen (7) … und kommen zur Schule (8)

Die erste Generation der Passagierschiffe: »Nordlicht« und »Nordbrise« (9, oben und 10, Mitte), das erste Traumschiff, die »Berlin« (11, unten)

12 Unter vollen Segeln: »Lili Marleen«

13 »Und immer
eine Handbreit
Wasser unter dem
Kiel« – Gisa tauft
den Großsegler
»Lili Marleen«

14 Das Ruder fest
in der Hand: Peter
Deilmann auf der
»Lili Marleen«

15 Hedda und Gisa auf der »Lili Marleen«

16 Peter und Gisa Deilmann auf der neuen »Deutschland«

17 Ländliche Brautführung: Peter Deilmann rudert seine Tochter Gisa über den Suhrer See

18 Der Brautvater führt Gisa einen Waldweg entlang zur Kirche

19 Als Reederinnen auf dem Traumschiff mit Kapitän Andreas Jungblut

20 Eine schwimmende Galerie: Die »Deutschland« hat viel Kunst an Bord.

21 Mit Udo Lindenberg und seinem Gruß an die »Deutschland«

22 Das Brautpaar Hedda und Tim am Strand von Travemünde.

23 Anke Deilmann
mit den Enkelinnen
Jaqueline und Josephine

24 Heddas Tochter
Josephine auf »Captain«

25 Gisa, Hedda und Wolfgang Rademann nach der Sauna

26 Das legendäre TV-Traumschiff-Team: Heide Keller mit Siegfried Rauch und Horst Naumann

27 Hedda und Gisa mit Michail Gorbatschow, seiner Tochter Irina und dem Geschäftsführer der Raissa-Gorbatschowa-Stiftung

28 Charity für Königin Silvia: Hedda und Gisa mit Ministerpräsident Peter Harry Carstensen, dem russischen Ehepaar, das eine Karibik-Reise ersteigerte, Heide Keller und Silvia von Schweden

29 Die Reederinnen mit den Stecher-Zwillingen

30 Die »Deutschland« im Sommer 2010 in der grönländischen Diskobucht

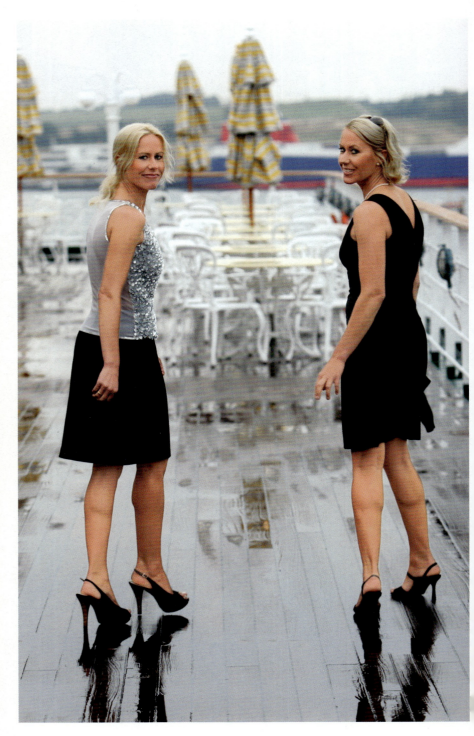

Bereits am Vormittag Ortszeit waren die 33 Passagiere mit der Linienmaschine in New York eingetroffen. Sie haben auf der »Deutschland« ihre Kabinen bezogen und freuen sich auf die Karibikkreuzfahrt. Die Nachricht vom Absturz der Concorde löst an Bord Entsetzen aus. Die Passagiere beten, sie danken Gott, dass sie durch eine glückliche Fügung dem Tod entronnen sind. Es wird sehr still auf dem Schiff, das Unterhaltungsprogramm ist abgesagt.

Nach dem Dinner übermittelt der Kapitän den Gästen ein Angebot des Reeders. »Wer möchte, muss die Kreuzfahrt nicht mitmachen und bekommt den vollen Reisepreis erstattet. Bitte entscheiden Sie möglichst schnell, ob Sie auf Kosten der Reederei nach Hause fliegen wollen.«

Am folgenden Tag meldet der Kapitän nach Neustadt, dass keiner der Gäste auf die Reise verzichten möchte. Das Leben soll weitergehen. Die »Deutschland« verlässt planmäßig den Hafen von New York, gleitet vorbei an der grauen Silhouette der Wolkenkratzer von Manhattan, während die Traumschiff-Melodie erklingt. 55 Kabinen bleiben leer.

Trauer in Deutschland

Am Vormittag des 26. Juli versammeln sich sämtliche Mitarbeiter der Reederei in der Stadtkirche zu einem Gottesdienst. Die Fahnen auf öffentlichen Gebäuden wehen auf Halbmast.

In der Grundschule von Oberföhring zünden die Klassenkameraden von Katharina und Maximilian Kerzen an. Viele Kinder und auch Lehrer weinen. Ein Schüler schreibt in das Fürbittebuch: »Lieber Gott, lass die Menschen nicht abstürzen. Zum Beispiel Maxi.«

Unser Vater fliegt nach Paris. Er spricht vor den Angehörigen der Opfer.

In vielen deutschen Orten werden Trauerfeiern für die tödlich Verunglückten organisiert. Die zentrale Abschiedsfeier für die 97 Deutschen, die Deilmann-Passagiere und eine Stewardess, findet am 18. August im Kölner Dom statt. Der Reeder fliegt nach Köln. Das ZDF überträgt ab 15.45 Uhr den Gottesdienst live, in einem ZDF spezial. Der Reporter ist der heutige Regierungssprecher Steffen Seibert.

Die Kameras richten sich auf die Politiker, Bundeskanzler Gerhard Schröder, Bundesratspräsident Kurt Biedenkopf und Nordrhein-Westfalens Ministerpräsident Wolfgang Clement. Sie schwenken über die versteinerten oder tränenüberströmten Gesichter der Hinterbliebenen. Peter Deilmann hat keinen Angehörigen verloren wie die 160 Menschen in den vorderen Reihen des Doms. Aber er trauert wie sie.

Unseren Vater traf keine Schuld an dem schrecklichen Unglück. Doch der Gedanke, seine Passagiere in den Tod geschickt zu haben, belastete ihn, solange er lebte. Der Concorde-Absturz hat ihn krank gemacht.

Der Reeder kehrt tief bewegt, aber auch enttäuscht von der Trauerfeier in Köln zurück. Er berichtet uns, dass keiner der Redner es für nötig befunden habe, die Deilmann Reederei zu erwähnen.

*

Untersuchungskommissionen stellen später fest, dass die verlorene Lamelle der DC-10 die Katastrophe ausgelöst hat. Als die Concorde über sie hinwegraste, wurde das Stück Metall in ein Triebwerk geschleudert.

Abenteuer Galápagos

Es sind vollkommen andere Leute an Bord seines Ferienseglers, als Peter Deilmann es erwartet hatte. Er hatte sich vorgestellt, einen großen Teil der Passagiere der »Lili Marleen« aus den Gästen der »Berlin« gewinnen zu können. Die kennen die Vorzüge eines Deilmann-Schiffs, deren Namen stehen in seiner Kundendatei.

Aber die Leute von der »Berlin« kommen nicht. Manche probieren einen kurzen Törn und stellen dann rasch fest, dass »Lili Marleen« nicht ihr Schiff ist. Ihnen mangelt es an Komfort. Die Kabinen sind zu klein.

Das lässige Bordleben auf einem Segler ist schon gar nicht Sache der Kreuzfahrer. Ein bisschen Stil, finden sie, sollte schon sein, ohne Krawatte mögen sie nicht zu Abend speisen.

Da nutzt es auch nichts, dass Vater die »Lili Marleen« herausgeputzt hat. Das Deck ist mit Teakholz aus Burma belegt, die Wände sind mit edlen Hölzern verkleidet, den blauen Teppichboden ziert ein Goldmuster. Die Bilder mit maritimen Motiven an den Wänden sind sehenswert, sie stammen allesamt aus Vaters Privatbesitz. Das alles reicht nicht. Im Vergleich zu anderen Segelkreuzfahrern wirkt die »Lili Marleen« bescheiden.

Wer auf der »Lili Marleen« mitsegelt, ist jünger als die bisherigen Deilmann-Gäste. Sportlicher ist er auch. Diese Passagiere müssen und wollen sich für das Abendessen nicht in Schale werfen. Dafür sind Leute an Bord, mit denen Kapitän Uwe Schneidewind, ebenfalls einst Kommandeur der »Gorch Fock«, meist prima zurechtkommt. Die Buchungen sind trotzdem nicht so, wie die Reederei sie gerne hätte.

Dabei hatte »Lili Marleen« die beste vorstellbare Werbung. Das ZDF klaute bei sich selbst, wie es ein Branchendienst formulierte, und ergänzte die Urlaubsserie »Das Traumschiff« um ein weiteres Schiff mit Urlaubern und deren Geschichten. 13 Folgen der Serie »Inseln unter dem Wind« wurden von 1995 bis 1998 auf der »Lili Marleen« gedreht. Der Fernsehkapitän war ein Jung von der Waterkant: Jan Fedder. Das passte.

An der Kette

Die »Lili Marleen« entwickelt sich für die Deilmann Reederei mehr und mehr zum Problemschiff. Die Zielgebiete für einen Segler sind begrenzt. Die Ostsee ist ein beliebtes Revier, aber die Saison nur kurz. Auch das Mittelmeer ist im Winter zu ungemütlich.

Der Reeder versucht es mit dem Roten Meer, mit der Küste des Oman und mit dem Persischen Golf. Wieder einmal ist er der Erste und einzige, der einen Segelkreuzfahrer in einen persischen Hafen schickt. Regelmäßig läuft die »Lili Marleen« Bandar Abbas an.

Bei seiner Routenplanung ist unser Vater so einfallsreich wie akribisch. In der Lloyd's Map, einem kleinen Atlas, steckt er mit aufgebogener Büroklammer die Routen ab. Wie sicher sind die Gewässer? Wie ist die politische Lage? Gibt es gesundheitliche Gefährdungen? Wo fährt die Konkurrenz? Welcher Seegang ist zu erwarten? Welche Temperaturen herrschen? Fragen über Fragen. Sind sie beantwortet, fährt die Büroklammer auf das nächste Ziel zu.

Im Winter 2002 scheint das Beste aller Ziele gefunden zu sein. »Lili Marleen« steuert den Archipel der Galápagos an. Die zu Ecuador gehörenden Inseln liegen auf Höhe des Äquators tausend Kilometer vom Festland entfernt mitten im Pazifik.

Lautlos sich den Stränden der Galápagos nähern, lautlos

unter dem Flügelschlag der Fregattvögel gleiten, das wäre es! Allerdings, wer Gäste zwischen den Inseln schippern möchte, der benötigt eine staatliche Lizenz.

Das ist eigentlich eine vernünftige Regelung, denn auf diese Weise behalten Staat und Naturschutz die Kontrolle über den ansteigenden Touristenstrom. Die Zahl der Boote, die auf mehrtägigen Touren zwischen Isabela und San Cristóbal kreuzen, wird mit strengen Auflagen unter 100 gehalten. In einem der ärmsten Länder Südamerikas haben zwei Familien das lukrative Geschäft fest im Griff. Was gut für die Natur ist, ist in Ecuador auch gut für die Kasse einiger Clans.

Eine Reederei Deilmann aus Neustadt in Holstein hat keine Chance, in diesen Markt einzusteigen. Nicht einmal in die Gewässer der Galápagos dürfte sie. Für jeden einzelnen Gast muss ein Berechtigungsschein gekauft werden, und kaufen können nur Einheimische.

Der Reeder sucht nach einem Partner. Mehrere Verhandlungen finden in Neustadt statt. Für jeden Passagier erhält der Agent aus Ecuador eine Gebühr. Er streckt die Auslagen für Diesel, Gas und Verpflegung vor – und stellt das mit einem Aufschlag in Rechnung. Der Reeder findet, der Aufschlag ist höher als vereinbart.

Er bezahlt zögerlich oder gar nicht. An jeder Rechnung hat der Reeder etwas auszusetzen. Das gehört für ihn zum gewöhnlichen Geschäftsablauf. Der Partner in Ecuador reagiert mit südamerikanischem Temperament, Deilmann schaltet auf holsteinische Sturheit.

Das kann der Mann in Südamerika auch. Er lässt die »Lili Marleen« in Guayaquil an die Kette legen. Mit seinen guten Kontakten geht das schnell.

Es gibt Dinge, an die kann sich später keiner mehr so recht erinnern. Zum Beispiel an den Mann, der mit einem Aktenkoffer voller Geld von Neustadt nach Guayaquil reist, um »Lili Marleen« von der Kette zu bekommen.

Der Inhalt hat wohl ausgereicht, jedenfalls kehrt das Schiff zurück in die Gewässer, auf denen es zu Hause ist.

»Frauen fehlt der Mut«

Der Segler ist wieder auf der Ostsee – und dort wird er bleiben. Keine Ausflüge mehr in die große, weite Welt. Statt des türkisfarbenen Wassers des Pazifiks nun die meist grauen Wellen der Ostsee. Kurze Segeltörns stehen jetzt auf dem Programm. Für fünf oder sieben Tage geht es nach Kopenhagen oder Danzig.

Bei den Buchungen nimmt das Schiff nicht ausreichend Fahrt auf, die Zahlen stimmen immer noch nicht. Deilmann forscht nach den Ursachen und stellt fest: *»Frauen fehlt vielfach der Mut, auf einen Segler zu gehen. Das ist wohl eine Urangst, die noch aus der Zeit stammt, in der Piraten allgegenwärtig und die Reise auf einem Segelschiff entbehrungsreich gewesen ist. Das hat sich bis heute übertragen. Und da bei gemeinsamer Urlaubsplanung meist der Wunsch der Frau den Ausschlag gibt, kommen auch die Männer nicht.«*

Auch wenn die Ursachen vielleicht nicht in einer Urangst zu suchen sind, der Reeder hat sich verrechnet. Er wird sich von dem Schiff trennen müssen. Peter Deilmann sucht nach einem Käufer und findet ihn auch. Doch er bringt das Geschäft nicht mehr zu Ende.

Ein Jahr nach seinem Tod in London meldet das »Hamburger Abendblatt« am 6. November 2004: *»Die Peter Deilmann Reederei hat den 1994 gebauten Passagiergroßsegler ›Lili Marleen‹ verkauft. Nach Angaben der Reederei wurde in Malaysia ein Käufer gefunden, der das Schiff wohl weiterhin zu Kreuzfahrtzwecken einsetzen werde.«*

Neuer Heimathafen ist Port Klang in der Nähe von Kuala Lumpur an der Straße von Malakka.

Piratenalarm

Das Schiff ist verkauft, die Crew ist ausgewechselt. Wir sind inzwischen geschäftsführende Gesellschafterinnen der Reederei, haben das Kapitel abgeschlossen.

Auf der Überführungsfahrt macht die »Lili Marleen« noch einmal Schlagzeilen.

Die Nachrichtenagenturen melden am 15. Dezember 2004: *»Stolzes deutsches Kreuzfahrtschiff, die ›Lili Marleen‹, im Golf von Aden geentert, Piraten-ALARM!*

Dschibuti – Sie kamen in zwei Schnellbooten, wollten mittags im Golf von Aden den Kreuzfahrtsegler ›Lili Marleen‹ entern, nahmen die Mannschaft bereits unter Feuer. Nur weil die Marine rechtzeitig eingriff, scheiterte der Piratenüberfall.

Der Kapitän reagierte richtig. Als die Schnellboote am Horn von Afrika auf seinen 74 Meter langen Segler zuschossen, gab er das Kommando ›Volle Kraft voraus!‹, alarmierte über Funk die französische Marine. Während die Piraten hinter der ›Lili Marleen‹ her jagten und aus ihren Gewehren feuerten, nahm das Patrouillenflugzeug ›Atlantique 2‹ Kurs auf das Einsatzgebiet. Deren Besatzung bat gleichzeitig die Bundesmarine um Hilfe, forderte den Hubschrauber der Fregatte ›Mecklenburg-Vorpommern‹ an. Vor der Übermacht aus der Luft drehten dann die Piraten ab. Der angegriffene Segler bekam von der deutschen Fregatte Geleitschutz in sichere Gewässer.«

Das ist noch einmal ein bravouröser Abgang. Jedenfalls steht es so in der Zeitung. In Wahrheit war die »Lili Marleen« mit ihrem 900-PS-Diesel, der in Elsfleth als Hilfsantrieb eingebaut worden war, viel zu schnell. Die Piraten kamen nicht einmal in ihre Nähe.

»Lili Marleen« war eben doch ein tolles Schiff. Aber es hat sich leider nicht gerechnet.

Kampf gegen eine
schreckliche Krankheit

»Du hast ja eine tolle Uhr, zeigt die die Zeit anders?« Unser Vater spottete darüber, wenn ein Freund mit einer der angesagten Luxusuhren von Lange & Söhne, Rolex oder TAG-Heuer am Handgelenk auftauchte. Für solche Statussymbole, »überflüssiger Krams« nannte er das, 10 000 oder mehr Euro auszugeben, kam ihm nicht in den Sinn. Das war etwas für Angeber und Protze. Er trug eine schlichte Quarzuhr.

Wir wunderten uns, als er sich eines Tages doch solch einen teuren, mechanischen »Chronometer« zulegte. Fuchsi hatte gelesen, dass die Batterien der Quarzuhren der Gesundheit schadeten. Für solche Dinge war er empfänglich. Die Batterie drücke genau auf einen Akupunkturpunkt am Handgelenk und blockiere die Meridiane, durch die nach den Grundsätzen der chinesischen Medizin die Lebenssäfte fließen. Die aber wollte er in keinem Fall behindern.

Vater schlief oft schlecht. Das lag aber sicher nicht an der Quarzbatterie, sondern daran, dass seine Gedanken immer auf den Schiffen waren. Oder dass er wieder Banker überreden musste, ihm einen neuen Kredit zu bewilligen. Später, als Reederinnen, hatten auch wir viele solcher schlaflosen Nächte.

Der Reeder lebt sehr gesundheitsbewusst. Krank zu werden, Schwäche zu zeigen ist für ihn ein Horror. In seinem Schreibtisch lagert immer ein Vorrat an Knoblauchextrakt, Vitamintabletten und Fischöldragees, die er auch seinen Mitarbeitern und seinen Töchtern aufnötigt.

Als Hedda sich scheiden lässt und mit ihren Nerven am Ende ist, überreicht er ihr eine Flasche »Möllers Lebertran« und eine extragroße Packung Vitamintabletten. »Nimm das, das brauchst du jetzt.«

Er badet vom Frühjahr an bis spät in den Herbst täglich im See. Oft radelt er die 30 Kilometer von seinem Haus in Niederkleveez zur Reederei in Neustadt und zurück. Leute, die sich schon früh pensionieren lassen, belächelt er. Er selbst will bis zum 70. Lebensjahr die Reederei leiten und sie erst dann an uns übergeben. Er leidet allerdings häufig unter Magenschmerzen und schiebt das auf den Stress.

Als er uns im März 2003 sagt, er müsse an der Galle operiert werden – »nichts Ernstes, nur ein kleine Sache« –, machen wir uns keine Sorgen. Wir haben so viel um die Ohren. Gisa ist erst Anfang des Jahres von Irland nach Niederkleveez in den Wiesengrund gezogen, und Heddas Haus nebenan ist noch im Bau.

Vater verschwieg uns, was er längst wusste. Er war an Krebs erkrankt. Am Tag nach der Operation besuchten wir ihn in der Universitätsklinik Hamburg-Eppendorf. Wir waren entsetzt. Unser Vater lag auf der Intensivstation, angeschlossen an Schläuche und Monitore. Er versuchte ein Lächeln. Hedda nahm seine Hand und flüsterte: »Fuchsi, wie geht es dir?« Da liefen Tränen über sein Gesicht. So hatten wir unseren Vater, unseren Fels in der Brandung, noch nie gesehen.

Auf der Fahrt zurück nach Neustadt beruhigten wir uns gegenseitig. Die Operation hätte ihn so mitgenommen. Er würde sich schnell erholen, ganz bestimmt.

Wir erfahren die bittere Wahrheit

Wir dachten überhaupt nicht an eine Krebserkrankung. Er machte auch keine Chemotherapie. Warum die Ärzte in Eppendorf nicht dazu rieten, ließ sich später nie klären. Als die Krankheit erneut ausbrach, wechselte er zu Dr. F., dem Chefarzt der Onkologie in der Lübecker Sana-Klinik. Der ordnete sofort eine Chemotherapie an.

Der Krebs hatte schon massiv gestreut und andere Organe befallen. Unser Vater musste starke Medikamente gegen seine Schmerzen nehmen, ließ sich aber nichts anmerken. Wie gewohnt saß er schon frühmorgens an seinem Schreibtisch in dem neuen, erst vor kurzem eingeweihten Gebäude »Am Holm« in Neustadt. Die Fenster standen weit offen. Wir fürchteten, er könnte sich erkälten, aber er sagte: »Lasst mal, Mädchen, die frische Ostseeluft hat mir noch nie geschadet.«

Haltung bewahren

Wie schlimm es um ihn stand, erfuhren wir von unserem Hausarzt, Dr. N. in Neustadt. Unser Vater schickte Hedda unter einem Vorwand in dessen Praxis. Der Arzt sollte tun, was er selbst nicht fertigbrachte: uns die Wahrheit sagen.

Frau N. nahm Hedda in den Arm und sagte leise: »Ihr Vater ist sehr, sehr krank. Es steht schlecht um ihn.«

Wir haben viel geweint in diesem Sommer. Wir fuhren weinend zum Dienst und schlossen uns tagsüber ins Klo ein, um zu heulen. Die Mitarbeiter durften nichts merken. Wir sollten Haltung bewahren wie ein Kapitän, dessen Schiff versinkt.

Unser Vater magerte ab, und man sah ihm an, wie krank er war. Aber er klagte nie. Im August ging es ihm so schlecht, dass er nicht mehr in die Reederei kommen konnte. Wir hatten nur noch wenig Gelegenheit, ihn zu besuchen. Seine Freundin ließ uns nicht zu ihm, mit der Begründung, er schlafe gerade oder sei unpässlich.

Über einen Freund in New York hört Vater von einem Professor, einem international bekannten Spezialisten in der Krebsbehandlung. Vater schöpft Hoffnung. Vielleicht kann ihm diese Kapazität noch helfen.

Seine Freundin will ihn nicht nach New York begleiten. Sie fürchtet, auf einem Langstreckenflug eine Thrombose zu bekommen. Gisa ist bereit mitzufliegen. Es wird eine schreckliche Reise.

Als wir noch Teeanger waren, hatte Vater uns versprochen: »Eines Tages fliegen wir drei nach New York und wohnen im ›Waldorf Astoria‹! Wir bleiben eine Woche und werden uns großartig amüsieren.«

Gisa fliegt im September allein mit Vater nach New York. Sie wohnen im Waldorf Astoria. Die Fahrt im Yellow Cab vom Kennedy-Airport ins Hotel, das luxuriöse Zimmer im zweiten Stock, das Abendessen mit ihm im Waldorf Astoria Grill erlebt sie wie einen Albtraum.

Unser Vater bestellt sich ein Steak, aber er kann keinen Bissen herunterbringen. Der Ober fragt besorgt, ob etwas nicht in Ordnung sei mit dem Fleisch. Der Reeder beruhigt ihn: »Alles okay. Ich habe heute keinen Appetit.«

Vater und Gisa schlafen im selben Zimmer. Er stöhnt und wälzt sich in seinem Queen-Size-Bett. Beide tun kein Auge zu.

Das Ergebnis der Untersuchungen am nächsten Tag ist niederschmetternd. Der Professor sagt: »Mr. Deilmann, ich kann Ihnen nicht helfen. Ich kann Ihnen nur Medikamente geben, die den Krankheitsverlauf hinauszögern.«

Letzte Hoffnung London

Nach dieser Diagnose bricht unser Vater völlig zusammen. Er wird deutlich schwächer und wirkt apathisch. Er, der sonst immer so realistisch ist, klammert sich an jede noch so vage Hoffnung.

Seine Freundin bestärkt ihn darin, sich im renommierten Hammersmith Hospital in London behandeln zu lassen. Die englischen Ärzte setzen wohl neue Krebsmedikamente ein, die in Deutschland nicht zugelassen sind. Das Problem ist, überhaupt einen Termin zu bekommen. Wir wissen nicht, ob es stimmt, aber die Klinikleitung soll unserem Vater vorgeschlagen haben, 500 000 Euro für die Krebsforschung zu stiften. Dann würde er sofort behandelt. Der Reeder bekommt sehr rasch einen Termin. Der Chefarzt, der ihn in der Lübecker Klinik behandelt, rät dringend von London ab. Er sagt uns, dass die Reise für unseren Vater viel zu anstrengend sei und der Erfolg der Therapie unwahrscheinlich.

Unser Vater will gegen den Rat des Arztes mit seiner Lebensgefährtin nach London fliegen. Am Abend davor nehmen wir von ihm Abschied. Wir bringen ihm seinen geliebten Apfelcrumble mit, aber er rührt ihn gar nicht an. Gisas zweijähriges Töchterchen schenkt dem Großvater einen Glücksstein. Er lächelt traurig und steckt ihn in seine Hosentasche.

Wir haben unseren Vater nicht wieder gesehen. Wenn wir in London anriefen, war Frau X. am Apparat. Sie sagte uns, es tue nicht not, dass wir kämen. Wir hatten das Gefühl, dass sie uns nicht zu ihm lassen wollte. Trotzdem bestellten wir im Büro der Reederei Flugtickets nach London. Seltsam, wir erhielten sie nicht.

Auch sein engster Freund, der Hamburger Schiffsmakler Bodo S., dringt nicht mehr an sein Krankenbett vor.

In den letzten Telefonaten sagte uns Vater, dass er nach Hause kommen möchte. Bodo S. chartert ein Flugzeug. Er will ihn abholen. Aber es ist zu spät. Am 2. November stirbt unser Vater in dem Londoner Krankenhaus. Seine Freundin versichert, dass sie bei ihm gewesen sei. Er habe nach seinen Töchtern verlangt.

Wir nehmen Abschied

Für das Grab unseres Vaters haben wir einen schönen Platz auf dem Neustädter Friedhof gefunden. Von hier aus kann man zwar nicht auf die Ostsee blicken, aber an der Stelle, wo der Reeder ruhen wird, steht sein Lieblingsbaum, eine Trauerbirke. Als Grabstein wählen wir einen naturbelassenen Findling aus.

Die Trauerfeier für den bekannten Mann und größten Arbeitgeber der Region soll in der evangelischen Stadtkirche am Sitz der Reederei stattfinden. Viele prominente Gäste aus Politik, Wirtschaft und Showbusiness werden erwartet. Fernsehsender wollen die Feier übertragen. Der würdige Rahmen kann nur das aus dem 13. Jahrhundert stammende Gotteshaus sein.

So ist es geplant. Aber der Propst zögert. War der Reeder überhaupt Christ? Er kann sich nicht daran erinnern, Peter Deilmann jemals in einem seiner Gottesdienste gesehen zu haben.

Hans-Joachim Birkholz, Vorsitzender der Synode, hat keine Zweifel.»Die Töchter und Enkel sind alle getauft. Der Reeder besaß die gesammelten Werke von Paul Gerhardt, in denen er gern gelesen hat. Wir haben uns oft über Glaubensfragen unterhalten. Er hat an Bord der ›Deutschland‹ einen Bordpastor.«

»Überprüfen Sie das noch einmal«, sagt der Propst.

Die Überprüfung ergibt: Peter Deilmann war nicht in der Kirche. Er ist aus steuerlichen Gründen ausgetreten.

Immerhin stimmt der Propst einer Trauerfeier in der Kirche zu. Er wird sogar predigen. In einem Punkt bleibt er unerbittlich. Der Sarg darf nicht in die Kirche. Wir erhalten schließlich die Erlaubnis, ein großes Foto unseres Vaters vor dem Altar aufzustellen.

Am 10. November, dem Tag der Beerdigung, ist die Kirche überfüllt. Wir sitzen mit unseren Familien in der ersten Bank auf der rechten Seite, Frau X. auf der linken Seite. Ihren letzten Gruß an den Lebensgefährten empfinden nicht nur wir als peinlich. Sie hat ein großes Herz aus roten Rosen binden lassen.

Der Propst findet warme Worte für »diesen, sich um unsere Stadt verdient gemachten Mann«. Freunde sprechen, der Passatchor singt »Rolling Home«.

Wir tragen am Bild des Vaters mit leiser, aber fester Stimme die Strophen seines Lieblingsgedichts vor. Er hat es bei der Gedenkstunde für die Opfer des Concorde-Absturzes in Paris vorgelesen: »Stufen« von Hermann Hesse.

Wie jede Blüte welkt und jede Jugend dem Alter weicht,
blüht jede Lebensstufe,
blüht jede Weisheit auch und jede Tugend
zu ihrer Zeit und darf nicht ewig dauern.
Es muss das Herz bei jedem Lebensrufe
Bereit zum Abschied sein und Neubeginne,
um sich in Tapferkeit und ohne trauern
in andere, neue Bindungen zu geben.
Und jedem Anfang wohnt ein Zauber inne,
* der uns beschützt*
Und der uns hilft zu leben.

Wir sollten heiter Raum um Raum durchschreiten,
an keinem wie an einer Heimat hängen,
der Weltgeist will nicht fesseln uns und engen,
er will uns Stuf' um Stufe heben, weiten.
Kaum sind wir heimisch einem Lebenskreise
Uns traulich eingewöhnt, so droht Erschlaffen.

Nur wer bereit zu Aufbruch ist und Reise,
mag lähmender Gewöhnung sich entraffen.

Es wird vielleicht auch noch die Todesstunde
uns neuen Räumen jung entgegensenden,
des Lebens Ruf an uns wird niemals enden,
wohlan, denn Herz, nimm Abschied und gesunde.

Während der Trauerfeier flattert ein Schmetterling durch das Kirchenschiff. Er setzt sich auf das Foto unseres Vaters. Wir nehmen es als tröstliches Zeichen.

In der Friedhofskapelle versammelt sich die engste Familie am Sarg des Reeders. Die Abschiedsworte spricht der Bordpfarrer der »Deutschland«.

Sechs Kapitäne in Uniform, unter ihnen Andreas Jungblut und Immo von Schnurbein, geleiten den Sarg des Reeders und senken ihn in das Grab unter der Trauerbirke.

Versuch einer feindlichen Übernahme

Gleich nach dem Tod des Reeders in London war seine Freundin nach Hause geflogen. Am Abend kommt sie in Niederkleveez an. Sie hat es eilig. Die Kommandobrücke in der Reederei soll nicht lange leer bleiben. Wir haben den Eindruck, dass sie dort künftig stehen und Befehle erteilen möchte. Die beiden Töchter können natürlich gern ihre Jobs als Angestellte behalten.

Am folgenden Tag sehen wir, wie dunkle Limousinen an unseren Häusern vorbei den Wiesengrund hinunterpreschen. In den Autos erkennen wir Freunde und Vertraute unseres Vaters. Das schmiedeeiserne Tor vor seinem Anwesen gleitet zügig beiseite. Die Ankommenden werden erwartet.

In der Diele des Hauses empfängt sie Frau X. als trauernde Witwe. Sie will mit ihnen über die Zukunft der Reederei sprechen. Die Gäste lauschen verunsichert den Ausführungen der Dame in Schwarz. Viele Fragen tun sich auf. Vor allem eine: Warum sind die Töchter Deilmanns nicht hier? Hat der Reeder seine Freundin zu seiner Nachlassverwalterin oder gar zu seiner Erbin bestimmt? Hat er sein Testament in letzter Minute gemacht, als er todkrank in London lag, und ist es überhaupt gültig? Keiner weiß, was er von dem Gespräch mit Frau X. halten soll und, vor allem, wie er sich verhalten soll.

Wo ist das Testament?

Frau X. fährt in die Reederei, um dort Fakten zu schaffen. Sie ruft die leitenden Mitarbeiter im Konferenzraum zusammen und präsentiert sich ihnen als die Frau, die die Richtung vorgibt.

Woher sie diese Gewissheit zu nehmen scheint, wird erst später klar. Die Lebensgefährtin unseres Vaters hat sein Testament an sich genommen. Das kennt bis zu diesem Zeitpunkt niemand. Der Reeder hat es erst kurz vor seinem Tod und ohne die Hilfe eines Notars verfasst. Frau X. interpretiert seinen Letzten Willen so, dass er ihr, seiner Lebensgefährtin und Privatsekretärin, die Verantwortung für die Zukunft des Unternehmens übertragen hat.

Das können wir nicht glauben. Unser Vater hat uns wiederholt das Versprechen abgenommen, sein Erbe anzutreten und die Reederei nach seinem Tod zu leiten.

Das Nachlassgericht prüft das Testament und kommt eindeutig zu dem Entschluss: Die Töchter des Reeders sind Alleinerbinnen. Uns fallen alle Firmenanteile zu. Frau X. soll einige wertvolle Gemälde und Geld erhalten. In einem Telefongespräch setzen wir sie davon in Kenntnis, dass wir die Verantwortung für die Reederei unseres Vaters übernehmen werden. Die Töchter die Chefinnen? Das kann nicht wahr sein. Das kommt bei Frau X. gar nicht gut an.

In der Reederei brodelt die Gerüchteküche. Die Arbeit ruht, viele weinen. Sie trauern um ihren Chef, aber sie fürchten auch den Verlust ihrer Arbeitsplätze. Ist hier eine oder sind zwei zu viel auf der Brücke? Der Flurfunk gibt stündlich neue Meldungen heraus. Die Hälfte der Belegschaft hat sich bereits auf die Seite von Frau X. geschlagen. Die andere zögert noch.

Wir müssen handeln. Das fällt uns sehr schwer. Wir trauern um unseren Vater, wir haben nächtelang geweint und müssen uns noch mit Frau X. auseinandersetzen. Aber wir schaffen es. Wir treten in der Kantine vor die Belegschaft und erklären, dass wir die rechtmäßigen Erbinnen sind und dass wir die Reederei im Sinne unseres Vaters gemeinsam leiten werden. Dann setzen wir uns demonstrativ an seinen Schreibtisch.

Der Kampf ist entschieden. Die Rivalin verlässt die Reederei, aber nicht das weiße Haus am Wiesengrund. Gisas Mann, 1,96 Meter groß und breite Schultern, nimmt ihr schließlich die Schlüssel ab.

Wir haben die Lebensgefährtin unseres Vaters nie wieder gesehen. Die Gemälde, die ihr laut Testament zustehen, lässt sie später abholen. Das wertvollste stammt von César Klein. Aber auch hier erfüllen sich die Erwartungen nicht. Das Werk wird auf 100 000 Euro taxiert. Wie wir hören, hat es bei der Verkaufsauktion nur knapp ein Drittel gebracht, ein mageres Ergebnis. Das Bild heißt »Das letzte Abendmahl«.

Allein unter Männern

Frau X. ist von der Bildfläche verschwunden, aber wir halten das Ruder keineswegs fest in der Hand. Der Wind pfeift uns nur so um die Ohren. Wir spüren die Skepsis der Mitarbeiter. Viele arbeiten seit Jahrzehnten in der Reederei. Die Altgedienten kennen uns beide als Kinder, die beim Prospektefalten halfen. »Gisi« und »Heddi«, die beiden Mädchen, sollen jetzt die Firma leiten? Das begreift nicht jeder. Auch in der Führungscrew hat man sich das anders vorgestellt. Nämlich so: Die beiden Damen bleiben zu Hause bei ihren sechs Kindern. Und in der Reederei bleibt alles, wie es ist.

Unser Einzug in Vaters Büro wird mit Argwohn beäugt. Auf seinem Schreibtisch steht kein Computer. Vater wusste gar nicht, wie man damit umgeht. Wir bestellen außer zwei Schreibtischen zwei PCs und zwei Flachbildschirme. Nun schrillen die Alarmglocken. Wozu die Computer? Was wollen die damit? Und außerdem haben sie den Finanzchef nicht um Erlaubnis gefragt.

Wir zeigen die Zähne, der Finanzchef kommt ins Stottern. Aber solche Dinge sind nur ein Nebenkriegsschauplatz.

Die Reederei wankt gefährlich. Die »Heidelberg«, der letzte Flusskreuzfahrer, den unser Vater noch bauen ließ, soll im Frühjahr 2004 vom Stapel laufen. Die Innenausstattung fehlt komplett. Kostet eine Million. Die anderen Schiffe, die auf Moldau, Rhein, Rhone und Donau fahren, brauchen eine Verjüngungskur. Allein die Renovierung der Wellnesszone auf der »Mozart« verschlingt 200 000 Euro. Der Spa- und Wellnessbereich der »Deutschland« muss ebenfalls modernisiert werden. Kostet 500 000 Euro. Kurz vor seinem Tod hatte unser Vater einen neuen Vertriebschef eingestellt, einen Manager aus der oberen Etage eines großen Konzerns.

Er sollte die Reederei wieder flottmachen, hoffte unser Vater. Der angebliche Wundermann bezieht ein horrendes Gehalt. Solche Summen werden als Vorstandsgehälter gezahlt, aber nicht in mittelständischen Unternehmen. Zudem ist er im Reedereigeschäft unerfahren. Wir trennen uns bald wieder von ihm, weil er unsere Erwartungen nicht erfüllt, und müssen ihm eine hohe Abfindung zahlen.

Gefährliche Bürgschaften

Ein großer Brocken sind die persönlichen Bankbürgschaften, die unser Vater zur Finanzierung der Flussschiffe eingegangen ist. Für jedes Schiff wurde eine eigenständige Flussgesellschaft gegründet, das war üblich. Nach dem Tod des Reeders verlangen die Banken von uns, dass wir die Bürgschaften übernehmen. Vertraute unseres Vaters raten uns dringend dazu, und wir unterschreiben.

Die Buchhaltung ist unübersichtlich und nicht auf dem modernsten Stand. Es gibt nicht wie in anderen Firmen die Möglichkeit, sich per Knopfdruck täglich über den aktuellen Stand zu informieren, es gibt auch keine Quartalsabschlüsse. Wir führen ein Controlling ein. Stellenbeschreibungen existieren nicht. Wer macht eigentlich was? Einige langjährige Mitarbeiter haben keinen Arbeitsvertrag. Unser Vater hat sie per Handschlag eingestellt. Vertrauen galt bei ihm mehr als Verträge und Zahlen.

Wir stellen einen Katalog von Sparmaßnahmen auf. Es gibt zu viele Angestellte, wir müssen einige entlassen, gegen Abfindungen natürlich. Das reißt ein weiteres Loch in die Kasse. Die Flotte der Firmenwagen ist viel zu groß, aber die Dienstwagen sind ein Bestandteil der Arbeitsverträge. Wir können gar nichts machen. Unsere Versuche zu sparen sorgen natürlich für Unmut im Unternehmen.

Zum Krach mit der Belegschaft kommt es, als wir das kostenlose Essen in der Betriebskantine abschaffen. In den Boomjahren der Reederei konnte unser Vater es sich leisten, seine Mitarbeiter zu beköstigen. Salatbüfett, Hauptgericht und Dessert, alles war gratis. Nun soll das Menü 2,50 Euro kosten. Unsere Angestellten boykottieren die Kantine. Wir lassen sie schließen.

Bei allem, was wir tun, spüren wir Misstrauen.»Können die beiden jungen Frauen das?« Diese Frage wird nicht nur in der Reederei hinter unserem Rücken gestellt, sondern in der ganzen Branche.

Frauenfreie Zonen

Frage an Gisa im Unternehmermagazin »Seveneleven«:
»Sie wirken in einem Berufsfeld, das gemeinhin als Männerdomäne bezeichnet wird. Ist das besonders schwierig für Sie?«
Gisa: *»Nein, wir haben bisher keine negativen Erfahrungen gemacht. Im Gegenteil, als Frau hat man den Bonus, von Männern höflich behandelt zu werden. Sachlichkeit, Professionalität und Know-how stehen ohnehin bei Geschäftsgesprächen im Vordergrund.«* Das ist eine diplomatische Antwort.

Im Besucherraum der Peter Deilmann Reederei hängt ein Bild mit Symbolcharakter. Es zeigt eine Männergesellschaft. Die einzige Frau darauf serviert ein Tablett mit Schnapsgläsern. In der Schifffahrtbranche ist die Emanzipation auf einen Fels gelaufen. Die Kontore der Reedereien und Schiffsmakler sind frauenfreie Zonen, auf jeden Fall die oberen Etagen. Manche Seeleute glauben heute noch, dass weibliche Wesen an Bord Unglück brächten, erst recht auf der Kommandobrücke eines maritimen Unternehmens.

Bei der traditionellen Abendveranstaltung der Schiffshypothekenbank und der Deutschen Bank Shipfinance im Hamburger Atlantic Hotel treffen sich Vertreter der Container- und Kreuzschifffahrtbranche mit Bankern und Investoren, rund 250 Herren in dunklen Anzügen. Ihre Krawatten zieren Wappen oder Flaggen. Die Gespräche drehen sich um die Konkurrenz im Fernen Osten, Überkapazitäten und die Schwierigkeit, Anleger verlustreicher Schiffsfonds zu trösten. Männergespräche eben. Die anwesenden Frauen servieren Sekt und später Schnäpse. Jedenfalls ist es seit 40 Jahren so. Das Treffen am 11. Juni 2004 fällt aus dem Rahmen. Es gibt eine kleine Frauenquote. Die Rede hält Angela Merkel, die Vorsitzende der CDU. Für uns ist es der erste Auftritt als Reederinnen im Kreis von Kollegen.

Die Männer starren uns an, als wir den Raum betreten. Wir kommen uns vor wie Wesen vom anderen Stern. Sie sind freundlich, behandeln uns aber von oben herab. Manche geben uns väterlich gemeinte Ratschläge. Die Skepsis gegenüber zwei Frauen (»Na, da wollen wir doch mal sehen, ob die die Reederei in den Griff bekommen«) ist spürbar. Angela Merkel ist doch der beste Beweis dafür, was Frauen erreichen können. Mit ihrer Rede über die Wirtschaftspolitik der CDU beeindruckt sie uns sehr. Eine Stunde lang spricht sie souverän und locker und ohne Manuskript. Als wir ihr danach vorgestellt werden, macht sie uns Mut: »Packen Sie es an, Sie schaffen es!«

Vier Jahre später begegnen wir ihr wieder. Die »Financial Times Deutschland« hat in ihrer viel beachteten Serie »Töchter der deutschen Wirtschaft – weiblicher Familiennachwuchs für die Chefetagen« auch über uns berichtet. Gemeinsam mit anderen jungen Unternehmerinnen, die die Familientradition fortsetzen, wie Jette Joop, Kim-Eva Wempe und Susanne Veltins nehmen wir an einem Essen mit der Bundeskanzlerin im Berliner Hotel Adlon teil.

1300 Mitarbeiter und sechs Kinder

»*Was ist Ihr Ziel?*«, wurden wir bei einem Interview gefragt. Unsere Antwort lautete: »*Das Unternehmen unseres Vaters erfolgreich weiterzuführen und unseren Kindern gute Mütter zu sein.*«

Das ist eine Aufgabe, die uns alle Kraft abverlangt. Bis zu Vaters Tod arbeitete Hedda nur halbtags in der Reederei. Ihre Älteste war 14 Jahre alt, die Jüngste erst vier. Morgens brachte sie die Kleine in den Kindergarten und holte sie nachmittags wieder ab. Die größeren Kinder fuhren mit dem Schulbus um 6.50 Uhr nach Plön. Auch Heddas Sohn, der in die erste Klasse ging. Sie sieht ihn noch vor sich, wie er mit gesenktem Kopf die Dorfstraße hinuntertrottete. Die Kinder halfen sich gegenseitig, das klappte ganz gut. Wenn sie mit dem Schulbus zurückkamen, stoppte auch Heddas Auto bald vor der Tür.

Die Geschäftsführung einer Reederei ist kein Halbtagsjob, und es gibt keine festen Arbeitszeiten, nur lange. Hedda muss von einem Tag auf den anderen eine Betreuung für die Kinder organisieren. Zunächst springt die Haushälterin unseres Vaters ein. Die Kinder und der Haushalt überfordern sie allerdings, sie ist ja schon an die 70 Jahre alt. Hedda findet eine neue Haushälterin, die aber bei den Schularbeiten nicht helfen kann. Wenn Hedda nach Hause kommt, muss sie erst mal Schreibübungen machen und Dreisatzaufgaben lösen.

Die Kinder sind durch den Tod des Großvaters und den Wechsel des Wohnorts verstört. Besonders Josephine vermisst unseren Fuchsi. Er war für sie ein Vaterersatz. Noch bis ganz zuletzt fuhr sie mit ihm zum Angeln auf den Suhrer See. Die beiden standen sich sehr nahe. Den ältesten Mädchen bleibt natürlich nicht verborgen, wie schwierig unser Start in der Reederei war.

Die Kinder sind nicht glücklich. Jacqueline fährt nachmittags oft mit dem Zug nach Travemünde, um ihre Freundinnen zu besuchen, und Heddas Sohn sitzt ganz vereinsamt in seinem Zimmer und spielt mit seinen Autos. Auch in der Schule haben es die Kinder nicht leicht. Seitdem wir als Traumschiff-Reederinnen in der Öffentlichkeit stehen, hat sich das Verhalten mancher Lehrer geändert. Die Kinder berichten von Äußerungen der Lehrer wie »Du hast es wohl nicht nötig, wir sind hier nicht auf dem Traumschiff«.

Anfang 2005 zieht Heddas Familie zurück, in die Nähe der Oma und der Freunde. Das hat auch den Vorteil, dass unsere Mutter als Lehrerin die optimale Helferin bei den Schulaufgaben ist.

Von der großen Familien-WG in Niederkleveez, die unser Vater so gern gewollt hatte, bleiben nur Gisa, ihr Mann und die beiden Töchter übrig. Gisa hat eine Kinderfrau, aber der Abschied jeden Morgen von den kleinen Mädchen endet oft in Tränen und Protestgeschrei. Die Kinder hängen sich an Gisas Hosenbein und wollen sie nicht gehen lassen. Manchmal kann sie ihre hochhackigen Schuhe nicht finden, die sie im Dienst trägt. Die Kinder haben sie versteckt, Mami soll zu Hause bleiben. Gisa fährt immer mit schlechtem Gewissen in die Reederei.

Wir haben unseren Kindern gesagt, dass sie jederzeit mit uns telefonieren könnten. Meistens rufen sie im Büro an, weil sie sich streiten. Dann hören wir das Geschrei im Hintergrund und sollen den Streit schlichten. Wir sind völlig gestresst. Zu all den Kämpfen, die wir im Unternehmen ausfechten müssen, kommt die Sorge um die Kinder. Es tut weh, sie den ganzen Tag lang Fremden anzuvertrauen. Jede freie Minute gehört unseren Kindern. Für uns selbst bleibt keine Zeit mehr übrig. Wenn sie abends im Bett liegen, lesen wir noch Hausmitteilungen und schreiben E-Mails bis Mitternacht. Diese Doppelbelastung würde kein Mann aushalten.

Aye, aye, Ladys!
Zwei räumen auf

So ein Schiff wie die »Deutschland« gleicht einem König-reich. Ein »Home far from Home«, sagen die Engländer. Die Stammbesatzung ist eine große Familie. Die Männer und Frauen kennen sich seit vielen Jahren, die »Leitenden« waren zum Teil schon auf der »Berlin«. Sie wissen am besten, was die Passagiere wollen. Mögen sie sich lieben oder hassen, in einem Punkt herrscht Einigkeit: »Das haben wir immer so gemacht (und das machen wir weiter so).«

Wir Reederinnen auf unserer ersten Inspektionsreise werden freundlich empfangen, aber wir spüren die Skepsis. (»Hoffentlich bleiben sie nicht so lange.«)

Unser Vater war immer nur für zwei, drei Tage auf der »Deutschland«. Er hat sich im Wesentlichen für technische Dinge interessiert. »Klappt alles? Na, denn ist ja okay.«

Wir wollen eine komplette Fahrt mitmachen. Mit unserem Notizblock wandern wir umher und schauen in jeden Winkel. Wir sehen das Schiff mit anderen Augen als unser Vater. Mit den Augen von zwei Frauen.

Der Block füllt sich schnell. Auf dem Pooldeck stehen irgendwelche alte Kisten für gebrauchte Handtücher herum. Die Schilder (»Achtung! Bei Nässe Rutschgefahr«, »Crew only« usw., es gibt viele solcher Schilder auf einem Schiff) sind zum Teil aus Plastik. Das passt auf die »Aida«, aber nicht auf die »Deutschland«. Wir notieren: neue, einheitliche Seekisten und Schilder aus Messing bestellen.

Bei den Deckchairs blättert Farbe ab. In den Kabinen sind die Leisten der Vertäfelung aus Edelholz ramponiert. Einzelne Sesselbezüge und Teppichböden müssen dringend erneuert werden. Fliesen in den Bädern sind gesprungen.

Die weißen Bademäntel kratzen. Die Badeschuhe mit dem Reedereiemblem, die Prospekte und die Kosmetikartikel brauchen ihren festen Platz und dürfen nicht mal hier, mal dort liegen. Wir erstellen eine Liste. Danach soll sich jede Kabinenstewardess richten.

»High Tea«

Auf dem Frühstücksbüfett fehlt eine Auswahl französischer Käse. Camembert, Brie und Gouda gibt es auch bei Aldi. Die Patisserie zur Kaffeestunde schmeckt wie vom Bäcker nebenan, finden wir, jedenfalls nicht nach Fünf Sterne Superior. Die goldgelben Tischdecken haben Kaffeeflecke. Einer der Ober baggert allein reisende Frauen an. Hat das der Oberkellner noch nie bemerkt?

Grandhotels wie das Ritz in London und das Adlon in Berlin laden ihre Gäste nachmittags zum »High Tea«. Diese traditionsreiche Zeremonie passt auch zu unserem schwimmenden Grandhotel »Deutschland«. Stewards mit weißen Handschuhen sollen in der Lidoterrasse englischen Tee servieren, hauchdünne Sandwiches und Scones mit Clotted Cream. Dazu erklingt Pianomusik. Die Stewards mögen aber bitte darauf achten, dass kein Gast in Badehose die elegante Atmosphäre stört.

*

Ein Mehr an Luxus wollen wir auch den Passagieren der Suiten bieten. Die Kabinen auf Deck 8 sind dreimal so teuer wie die auf Deck 4, für eine 14-tägige Reise um die 14 000 Euro pro Person. Wir richten einen Butlerservice ein: Champagner in der Minibar, Canapés mit Lachs und Krevetten am späten Nachmittag und immer eine Schale mit

Erdbeeren auf dem Tisch. Schicke rote Rucksäcke, Taschen und Kofferbänder gibt's als Präsente. Die Führungscrew war es bisher gewohnt, allein zu wirtschaften. Natürlich gibt es anfänglich Bedenken, aber unsere Anweisungen werden dann doch zügig umgesetzt. Wir haben das Gefühl, dass die Crew hinter uns steht. Doch mit einem Vorschlag dringen wir nicht durch.

Abends essen die Offiziere gemeinsam im Lidorestaurant. Nur der Kapitän schiebt Dienst. Nicht auf der Brücke, sondern im Restaurant »Berlin«. Er lädt Repeater und wichtige Gäste zum Dinner am Captain's Table ein. Eine besondere Ehre, die anderen Passagiere gucken neidisch.

Nach rechts und links parlieren ist Arbeit für den Kapitän, nicht unbedingt Vergnügen. Die Offiziere, meinen wir, könnten sich auch an der Unterhaltung der Gäste beteiligen. Sie haben doch an ihren dienstfreien Abenden ohnehin nichts vor.

Das sehen die Offiziere entschieden anders.

Er heißt gar nicht Horst

»Gnädige Frau, darf ich bitten?« Ein blendend aussehender Offizier in goldbetresster Uniform verneigt sich vor der attraktiven blonden Passagierin. Beide schweben durch den Ballsaal des Oceanliners. Draußen rauscht das Meer, drinnen perlt der Champagner.

Kapitän Andreas Jungblut hat so etwas auch schon in alten Hollywoodfilmen gesehen. Nur sind die Damen dort schöner als auf seinem Schiff und jünger. Auf der »Deutschland« liegt der Altersdurchschnitt bei 62 Jahren, mitreisende Enkel eingerechnet. Natürlich wird er seinen Offizieren den Wunsch der Reederinnen übermitteln, selbstverständlich. Der Spross einer alten Övelgönner Kapitänsfamilie mit dem sonoren Hamburger Akzent ist immer diplomatisch. Mal sehen, was sich da so machen lässt.

Wir dachten, auf der »Deutschland« reisen so viele allein stehende Frauen. Die würden bestimmt gern mal wieder tanzen. Warum können die Offiziere nicht mit ihnen tanzen, wie es früher auf den Oceanlinern üblich war?

Die Offiziere verweigern sich. Den Gigolo will keiner spielen. Immerhin erklären sie sich bereit, »gelegentlich« mit älteren Damen zu Abend zu speisen.

Wir lassen uns etwas Neues einfallen. Die Idee ist so gut, dass Wolfgang Rademann sie in seine Traumschiff-Episoden einbaut. Wir engagieren einen »Gentleman Host«, der sich um einsame Herzen kümmern soll, in allen Ehren natürlich.

Die Medien berichten, meist süffisant. Eine Zeitung schreibt »Gentleman Horst auf der ›Deutschland‹«. Host ist das englische Wort für Gastgeber. Das weiß offenbar nicht jeder.

*

Eine Stellenannonce für den Gentleman Host könnte so lauten:

»Sie sind zwischen 55 und 70 Jahren alt. Sie sehen gut aus, sind schlank und sehr gepflegt. Sie haben Spaß am Tanzen und keine Fußbeschwerden. Es reizt Sie, mit einem Luxusschiff in ferne Länder zu reisen. Sie besitzen einen Smoking und mehrere Paar schwarze, sehr bequeme Schuhe. Sie haben kein Alkoholproblem. Sie sind unabhängig (Single) und können frei über ihre Zeit verfügen. P. S.: Sie müssen k e i n Hetero sein.

Freundliche Bewerbungen bitte an die Peter Deilmann Reederei, Neustadt usw., usw.«

Einer, der den Anforderungen entspricht und abwechselnd mit Kollegen und als Gentleman Host auf der »Deutschland« anheuert, ist Willy Egli. Der ehemalige Purser der Lufthansa, Mitte 50, silberner Bürstenschnitt und schlanke Figur, weiß, dass er Gutes tut.

Die soziale Komponente einer Kreuzfahrt sei nicht zu unterschätzen, sagt Egli. »Die Zahl der Alleinreisenden wird immer größer. Viele Damen möchten gern tanzen oder ein nettes Gespräch führen.« Egli achtet strikt darauf, dass er keine Dame bevorzugt. »Ein Tanz pro Passagierin, mehr nicht, sonst gibt es Eifersüchteleien«, sagt er. Immer kann er diese Vorgabe aber nicht einhalten. Bei einer seiner Dienstfahrten im Mittelmeer waren 100 allein reisende Frauen an Bord, da taten ihm die Füße weh.

Cha-Cha-Cha

Nicht jeder, der sich bewirbt und angenommen wird als Gentleman Host, findet Erfüllung in seinem neuen Job.

Wer auf einer Liege im Außenbereich der Sauna ruht, kann unbemerkt mithören, was über ihm auf dem Commodoredeck gesprochen wird. Zum Beispiel dieses Gespräch, geführt irgendwo zwischen Ibiza und Palma de Mallorca:

Ein Gentleman Host (nennen wir ihn ruhig Horst) und ein Crewmitglied lehnen an der Reling. Am liebsten würden sie eine rauchen, aber das ist nicht erlaubt.

Crewmitglied: »Musst du heute Abend wieder die Weiber betanzen?«

Horst: »Jaaaa. Weißt du, was ich möchte? Erst in die Sauna, dann ein großes Bier und anschließend in die Heia.«

Crewmitglied: »Daraus wird wohl nichts. Eben habe ich Frau O. gesehen.«

Horst: »Frau O., Ogottogottogott! Ist die wieder an Bord?«

Crewmitglied: »Ja, sie hat schon nach dir gefragt.«

Horst: »Ogottogottogottogott. Weißt du, was das Schlimmste ist? Dass sie beim Cha-Cha-Cha immer so ihre falschen Zähne bleckt.«

Crewmitglied: »Sei still, da kommt sie.«

Eine Dame um die 80 eilt strahlend auf Horst zu. Sie trägt einen Bodysuit mit Leopardenmuster, High Heels und drei Pfund Gold um den Hals.

Horst: »Meine liebe Frau O., wie schön, Sie zu sehen! Ist der Gatte auch dabei?«

Dame: »Nein, Sie wissen doch, der wird schon bei Windstärke null seekrank. Aber ich habe ja Sie, mein lieber Horst, ganze drei Wochen lang! Heute Abend wieder im Salon »Lili Marleen«, Sie wissen schon, Cha-Cha-Cha?«

Horst: »Natürlich gern, ich freue mich, Cha-Cha-Cha.«

★

Der Extraservice für die Passagierinnen kommt auch beim Fernsehpublikum hervorragend an. Als Harald Schmidt, das Lästermaul der Nation, den charmanten Gentleman Host Oskar de Navetta spielt, schauen 10,2 Millionen zu.

Nicht einmal ein Wolfgang Rademann wäre auf die Idee gekommen, »Dirty Harry« könnte sich für diese Rolle interessieren. »Als der Harald mich auf einer Gala ansprach, hielt ich das für einen Scherz. Aber der meinte det ernst.«

Oskar de Navetta ist ein Schwabe, der ohne das Wissen der Ehefrau auf dem Luxusliner anheuert. Zwei Passagierinnen verlieben sich in ihn. Fatalerweise hat auch Navettas Gattin heimlich auf dem Schiff gebucht...

Die »Süddeutsche Zeitung« höhnt. »Das ZDF-Traumschiff ist traditionsgemäß der Ort, an den sich Prominente flüchten, wenn sie auch im Urlaub bezahlt werden wollen. Da geraten selbst gestandene Mimen in Versuchung und sagen Sätze auf, für die sie sich an Land umgehend erbrechen würden. So tief wie Harald Schmidt ist indes noch keiner gesunken.«

Der Schmidt keilt zurück. Nach den Filmarbeiten während einer Südamerikakreuzfahrt verkündet er Journalisten, dass bei ihm künftig der Drehort vor dem Drehbuch komme. »Wer gelähmt an Bord kommt, kann danach bestimmt wieder gehen«, sagt Harald Schmidt. Für solch einen schönen Satz wird man belohnt. Harald Schmidt ist zum Kreuzfahrtdirektor Oskar Schifferle aufgestiegen.

Neue Ideen braucht das Schiff

Die »Deutschland« ist das Schiff mit den meisten Repeatern, zu Deutsch Wiederholern. Die Hälfte der Gäste macht mindestens die zweite Reise mit ihr. Wer glaubt, bei Mitreisenden Eindruck zu schinden, weil er schon drei- oder viermal auf dem Schiff war, der irrt. Viele Passagiere waren schon 20- oder 30-Mal an Bord. Sie haben pro Person zwischen 100000 Euro und einer halben Million in der Kasse der Reederei gelassen, Nebenausgaben für Getränke, Landausflüge und Trinkgelder nicht eingerechnet. Auch die Flussschiffe haben ihre Stammgäste. Die Kartei mit den Repeatern ist die Schatztruhe jeder Kreuzfahrtreederei.

Solche Treue schafft aber auch ein Problem. Eines der wichtigsten Themen abends beim Dinner ist: Und welche Kreuzfahrt machen Sie als Nächstes? Hawaii? Schon gewesen. Südafrika? Kennen wir. Chilenische Fjorde? Da waren wir mit unserer Mutti, als sie noch lebte. Die Donau? Nee, nicht schon wieder Wien.

Den Repeatern und der Reederei geht es nicht anders als Wolfgang Rademann, der klagt: »Mir jeht die Welt aus.« Kreuzfahrtschiffe fahren wie die Straßenbahn in festen Schienen. Die klimatischen Bedingungen legen die Routen der »Deutschland« fest. Im Frühjahr Mittelmeer und Schwarzes Meer, im Sommer Ostsee und Nordland, im Herbst wieder Mittelmeer und im Winter durch den Suezkanal nach Fernost oder von Teneriffa aus in den Pazifik. Wenn irgendwo ein Vulkan Feuer spuckt, Epidemien oder Unruhen ausbrechen, muss »umgeroutet« werden. Ein Horror für die Mitarbeiter der Reederei.

Wir können nur bedingt neue Ziele finden, aber viele neue Reisen erfinden: Themenkreuzfahrten. Das machen die »Europa« und die »Seacloud«-Schiffe bald auch, sie kopieren sogar unsere Programme. Wir brauchen keine Brainstormingrunden. Die Ideen kommen uns beim Nutellabrote schmieren, beim Aufräumen der Kinderzimmer und beim »Backe, backe Kuchen« in der Sandkiste.

Stalltüren öffnen

Golf- und Gartenreisen gibt es schon, aber im bescheidenen Umfang. Wir bauen das Angebot aus. Highlights des Golfprogramms sind exklusive Clubs wie Royal Golf el Jadida in Casablanca und Glen Eagle in Schottland, wo Butler Fish and Chips servieren. Gartenarchitekten führen Hobbygärtner in die Blütenpracht südenglischer Parks und zu den Gartenparadiesen entlang der Seine.

Ein Lieblingsthema von uns passionierten Reiterinnen sind Pferdereisen. Wir kooperieren mit Paul Schockemöhle. Auf seinem Gestüt Lewitz züchtet er Olympiasieger und verfügt über beste Kontakte zu allen Größen der internationalen Reiterszene. Er öffnet Stalltüren, die normalerweise verschlossen bleiben wie Fort Knox. Zum Beispiel die Gestüte des Karim Aga Khan in Dublin und die der königlichen Familien in Abu Dhabi und Qatar.

Hans Günther Winkler, Franke Sloothaak und andere Reiterasse führen die exklusiven Touren ins Mekka der Pferdeliebhaber, etwa zum Arabian Horse Complex des Kronprinzen Sheik Ammar bin Humaid Al Nuaimi in Abu Dhabi und zum Nationalgestüt Doha Racing and Equestrian Club. Der Luxus der Gestüte mit ihren Schwimmbädern und Wellnesszonen für die edlen Rösser verschlägt den Teilnehmern den Atem.

Das »Pferdeausflugspaket« kostet 710 Euro extra. Das ist ein Angebot, um das sich Pferdefreunde nur so reißen.

Wir bekommen den Touristikpreis der deutschen Reisebranche für die innovativste Idee des Jahres. Angespornt von der guten Resonanz auf die Themenkreuzfahren peilen wir immer neue Zielgruppen an. Hobbyköche, Wanderer und Radfahrer, Freunde der klassischen Musik und Familien. Auf der »Deutschland« richten wir ein Kinderzimmer und einen Nannyservice ein. Auf einer Mittelmeerfahrt sind 29 Kinder an Bord. Das hat es noch nie gegeben.

Auf manchen Routen der »Deutschland« kann man Wale beobachten. Das ist ausbaufähig. Wir erkunden mit einem alten Fischerboot der Eskimos die Buchten Westgrönlands und bestellen Zodiacs zum Whale Watching. Der Walschützer und preisgekrönte Filmemacher Daniel Opitz (»Das Geheimnis der Buckelwale«) begleitet diese Reisen nach Grönland und Hawaii. Auf dem Oberdeck hält er Ausschau nach Blas. Bei Vorträgen im »Kaisersaal« wirbt er für seine Initiative »Operation Whales in Mind« zum Schutz der Meere und erklärt den Gästen, wie man Buckelwale an den Zeichnungen ihrer Schwanzflossen unterscheidet. Daniel Opitz kennen wir seit Kindertagen. Er ist der Sohn einer Freundin unseres Vaters.

Zu den neuen Wegen im Marketing gehört auch unsere Präsentation auf der Internationalen Touristikmesse in Berlin (ITB). Wir bauen den »Kaisersaal« nach. Messebesucher können in ihm Platz nehmen und das Traumschiff-Feeling spüren. Der frische Wind macht sich bemerkbar. Die »Deutschland« ist im Schnitt zu 80 Prozent gebucht. Bei Themenreisen sind wir Trendsetter. Von Nordic Walking auf Island bis zu Sushikursen in Japan, von Ayurveda in Indien bis zu Kraxeltouren auf vulkanischem Südseegestein fehlen sie heute in keinem Kreuzfahrtkatalog.

Happy Birthday, »Deutschland«

Im Mai kehrt die »Deutschland« von ihrer Weltreise zurück und legt in heimischen Gewässern eine Verschnaufpause ein. Auf Rundkursen werden nahe Ziele wie Riga, St. Petersburg, Stockholm, London, Dublin und Amsterdam angesteuert. Attraktive Städte, nur ist es an der Nord- und Ostseeküste um diese Jahreszeit noch empfindlich kühl. Als wir im Januar 2004 zum ersten Mal die Vorbuchungen auf der so genannten Westeuroparoute einsehen, bekommen wir einen Schreck. »Das sieht aber schlecht aus«, stöhnt Hedda. »Das Schiff ist ja fast leer. Wir brauchen einen Anreiz, der Gäste an Bord lockt.«

Mailieder singen, Tanz in den Mai und Maibowle gratis prickeln nicht wirklich, das sind alte Hüte.

Wir kreieren die »Geburtstagsreise« über den Tauftag der »Deutschland«, den 11. Mai hinweg. Aus den vielen Briefen von Stammkunden an uns wissen wir, dass sie eine enge Bindung an die Reederei und unsere Familie haben. Die besten Kunden bekommen von uns eine sehr persönlich gehaltene Einladung.

Das Schiff ist innerhalb von vier Wochen ausgebucht. Unsere Familien gehen mit allen Kindern an Bord. Wolfgang Rademann, das Traumschiff-Team und viele andere Promis wie Ulrich Tukur, Rolf Seelmann-Eggebert und Wencke Myhre nehmen an der Gala teil. Auch wir bringen uns voll ein. Beim Geburtstagsempfang drücken wir 450 Hände, bis unsere Finger knacken. Viele Gäste kennen wir seit langem. Wir fragen nach den Enkeln, der überstandenen Hüftoperation und den nächsten Reiseplänen. Unsere Kinder genießen den Abend. Sie dürfen bis zum Anschneiden der Geburtstagstorte und dem Feuerwerk um Mitternacht aufbleiben. Die Geburtstagsreise wiederholen wir jedes Jahr – mit dem gleichen Erfolg.

Auf Shackletons Spuren

Heddas Sohn liebt Abenteuergeschichten. Er hört gebannt zu, wenn seine Mutter ihm aus dem Buch von James Shackleton über seine Expedition 1908 in die Antarktis vorliest: *»Wirklich ausruhen konnten wir uns nicht. Die ständige Bewegung des Bootes machte das Ruhen unmöglich; wir waren durchgefroren, uns tat alles weh ... Es gab einen recht trockenen Platz im Boot ... und es gelang uns, einen Teil unserer Kekse vor dem Salzwasser zu schützen ...«* Hedda macht eine Pause, denn ihr schießt ein Gedanke durch den Kopf. »Weiter, Mama, weiter«, sagt der Junge ungeduldig.

»... aber ich glaube, niemand von uns bekam den Salzgeschmack während unserer Reise aus dem Mund ... Unser Boot fuhr in den meisten Gewässern mehr oder weniger rückwärts. Trotzdem wogten die Wellenkämme häufig über uns, und wir nahmen eine Menge Wasser auf.«

Hedda liest, ist aber mit ihren Gedanken nicht mehr bei dem geschundenen Shackleton und seinem Schiff »Endurance«, sondern bei der »Deutschland«. Bislang gehört die Antarktis nicht zu ihren Fahrgebieten. Das Traumschiff auf den Spuren Shackletons, mit allem Komfort natürlich, das könnte eine interessante neue Route sein. Die Umsetzung ihrer Idee erweist sich allerdings als nicht so einfach, denn die Fahrt in die antarktischen Gewässer ist mit strengen Auflagen verbunden. Die Reederei muss eine Erlaubnis beim Bundesumweltamt beantragen und Mitglied der IAATO (International Association Antarctica Tour Operators) werden. Aber die Mühe lohnt sich. Die erste Reise der »Deutschland« in die faszinierende Eiswelt des Südpols wird ein großer Erfolg, sie ist total ausgebucht.

Menschen an Bord

Das ZDF-Traumschiff hat das Bild vom Kreuzfahrtpassagier auf einem Luxusschiff geprägt: die Damen, nicht mehr jung, aber noch immer attraktiv, wie Iris Berben, Gattinnen oder Karrierefrauen, schwer behängt mit Schmuck. Die Herren, gut aussehend, mit silbern durchglänztem Haar, wie Sky Dumont, Unternehmer, Chefärzte, erfolgreiche Anwälte. Auf der »Deutschland« sind längst nicht so viele Reiche und Mondäne wie auf dem Fernsehdampfer.

Beim ersten Dinner auf See, etwa auf einer Nordlandfahrt, outen sich die Tischnachbarn als Menschen wie du und ich. Das ist einerseits enttäuschend, andererseits gut fürs Ego. Es sind zum Beispiel der pensionierte Filialleiter einer Bank in Bonn mit Frau, ein Zahnarztehepaar aus Köln, eine Oberstudienrätin aus Bochum, eine Münchner Hotelfachfrau im feschen Dirndl und ein sehr kleiner, schon ein wenig seniler Herr mit braunem Toupet, dem die Lottofee kürzlich zum zweiten Mal einen Sechser bescherte. »Da hab ich mir vom besten Zahnarzt der Stadt ein neues Gebiss machen lassen und dann die Reise auf der ›Deutschland‹ gebucht«, berichtet er vergnügt. »Ja mei, gibt's denn dös«, ruft die Münchnerin. Dann sitzt da noch ein junger Mann, Typ Yuppie, mit einer goldenen Rolex am Handgelenk, der schon allein vom Alter her nicht in die Runde passt. Die Damen betrachten ihn mit Interesse.

Das Gesprächsthema gibt die Zahnarztgattin vor. Während die anderen Frauen ein kleines Schwarzes oder zumindest ein festliches Blüschen tragen, ist sie in Hose und Pullover erschienen. Das schreit nach einer Erklärung. Die Ärmste durchlebt den Albtraum jeder Kreuzfahrtpassagierin. Ein Cocktailkleid und zwei tolle Abendkleider hat sie sich gekauft, ein rotes für Captain's Dinner und ein schwarzes mit Pailletten für den Galaabend. Aber ihre beiden Koffer, ausgerechnet ihre (wären es doch die ihres Mannes), sind nicht an Bord eingetroffen. »Buchstäblich nackt«, sagt sie, stehe sie nun da. Ihr Mann im nagelneuen dunklen Anzug lächelt maliziös. Der Verlust des Gepäcks ist nicht die Schuld der Reederei. Das Ehepaar ist mit British Airways geflogen. Die haben das vermasselt. Die Fluglinie zahlt eine Notbekleidung, zweimal Unterwäsche zum Wechseln und ein Nachthemd, wahlweise einen Schlafanzug. Eine Abendrobe ist in der Versicherung nicht vorgesehen. Die Schiffsboutique führt das Luxuslabel Escada. So viel wollen weder British Airways noch der Zahnarzt ausgeben. Und in Norwegens Fjorden ist nichts Passendes zu finden, nur grob gestrickte Pullover und Jacken aus Seehundsfell. Auf der Rückfahrt, beim vorletzten Stopp in Bergen, stehen die vermissten Koffer plötzlich in der Kabine. Das Schwarze mit den Pailletten kommt gerade noch rechtzeitig zum Farewelldinner.

Das Kofferthema ist, trotz aller Tragik, schnell vom Tisch. Der junge Mann hat Interessanteres zu bieten. Er hat vom früh verstorbenen Papa so viel geerbt, dass er mit seinen 35 Jahren privatisieren kann. »Ja mei, gibt's denn dös«, ruft die Münchnerin. Neben dem Teller des Jungmillionärs liegt der Kabinenschlüssel mit einer 8 darauf. Das ist eine Suite auf dem obersten Deck. Der Mann reist ganz allein. Sein Hobby ist Schiffesammeln. Jedes Jahr macht er vier Kreuzfahrten, Minimum. Er kennt die »Queen Elizabeth two«, die »Sea Cloud eins«, die »Europa« und die »Silversea«-Yachten. Von Bord gehe er nur selten, sagt er. Landausflüge reizen ihn nicht mehr. Überhaupt, ihn quält die Langeweile, weil er immer noch keine Beschäftigung gefunden hat, die seinem reichen Leben einen Sinn gibt. Zwischen gratinierten Langusten, Kalbssessenz, Mangosorbet und Rehbraten mit Morcheln bemühen sich alle, ihm Perspektiven aufzuzeigen.

Wer mit wem?

Das abendliche Dinner ist nicht nur *das* kulinarische Ereignis. Es ist der Ankerplatz auf dem großen Schiff, ein Fixpunkt im quirligen Tagesprogramm. Hier lernen sich die Passagiere näher kennen und finden sich nett. Oder auch nicht. Hier werden Adressen ausgetaucht und Freundschaften geschlossen, die auch an Land weiter bestehen. Der Erfolg einer klassischen Kreuzfahrt hängt ganz wesentlich davon ab, wer mit wem zusammensitzt.

Nicht so gut passt, wenn eine reservierte hanseatische Dame neben einem fröhlichen Kölner Jeck zu sitzen kommt. Oder ein vergeistigter Professor in einer Runde Kegelbrüder. Oder ein HSV-Fan neben jemandem, der immer nur vom Golfen spricht. Oder wenn eine lebenslustige 50-Jährige zwischen lauter 80-Jährigen Platz nehmen soll. Dann muss der Restaurantchef der »Deutschland«, Herr Battermann, neue Runden puzzeln.

Frau P. von einem Achtertisch will nicht neben der ewig meckernden Frau Y. sitzen. Aber wohin mit Frau P.? Am Sechser vorn neben dem Salatbüfett könnte man Herrn H. bitten, den Platz mit ihr zu tauschen. Herr H. hatte den Wunsch geäußert, an einem Achtertisch zu sitzen, aber nun findet er die Dame, die der Zufall an seine Seite platziert hat, so reizend, dass er nicht mehr wechseln will.

Es gibt Tischordnungen, die übertreffen die Fantasie eines Traumschiff-Autoren bei weitem. Auf einer Reise von Sydney nach Bali sitzen zwei alte Herren nebeneinander. Sie kommen schnell ins Gespräch. Der eine ist Australier mit deutschen Wurzeln. Er stammt aus Ostpreußen und züchtet nun schon seit fünf Jahrzehnten im Outback Schafe. In Deutschland ist er nie wieder gewesen. Die »Deutschland« sei für ihn ein Stück Heimatboden, eine Rückkehr in die Kindheit, erzählt er, deshalb habe er die Reise gebucht.

Der andere alte Herr berichtet, dass er ebenfalls aus Ostpreußen stammt. Er nennt den Namen des kleinen Ortes,
in dem er zur Schule gegangen ist. Der Deutschaustralier
kennt dieses Dorf nahe Königsberg, dort ist auch er 1940
eingeschult worden. 1940? Die beiden können es nicht fassen. Sie sind Klassenkameraden! Der Hans vom Lindenhof
und Erich, der Sohn vom Milchmann! Sie kamen sich
gleich irgendwie bekannt vor. Die Männer umarmen sich,
klopfen sich auf die Schulter. Die Damen am Tisch tupfen
sich mit der Serviette die Rührungstränen ab.

Besser als eine Seniorenresidenz

Sentimental journeys gibt es viele an Bord. Ein Paar aus
Bremen, beide um die 60, lernte sich vor einigen Jahren auf
einer Mittelmeerfahrt kennen und feiert nun den fünften
Hochzeitstag auf der »Deutschland«. Verwitwete buchen
die Reise noch einmal, die sie mit dem verstorbenen Partner gemacht haben. Die schöne Erinnerung tröstet sie ein
wenig über den Verlust hinweg.

Für manche allein stehende alte Menschen, die es sich
leisten können, ist die »Deutschland« zur Heimat gewor-
den, ihre schwimmende Fluchtburg vor der Einsamkeit.
Auf Weltreisen legen sie zigtausende Seemeilen zurück.
Und steigen, kaum dass sie zu Hause sind, wieder aufs
Schiff.

Einer hat sogar seinen Zweitwohnsitz auf Deck 8: ein
Multimillionär aus der Jägermeister-Dynastie. Er kommt
im Herbst an Bord, fährt, wohin die Reise geht, und steigt
erst im Frühjahr aus. »Hier werde ich besser betreut als in
der Seniorenresidenz«, sagt er, »und viel teurer ist es auch
nicht.«

Die Straße der Piraten

»Sehen Sie, das sind sie wieder!« Hundert Ferngläser richten sich auf die Fregatte »Rheinland-Pfalz«, Fotoapparate klicken. Neun dunkle Gestalten in verschlissenen T-Shirts und Badeschlappen haben gerade Freigang. Missmutig schlendern sie über das Deck, streng bewacht von Soldaten. Trotz der Hitze haben sie ihre Strickmützen tief ins Gesicht gezogen. Es sind somalische Piraten, die die Besatzung der »Rheinland-Pfalz« beim Versuch, einen deutschen Frachter zu kapern, festgenommen hat. Sie sollen in Mombasa den kenianischen Behörden übergeben werden.

Die »Deutschland« durchquert auf ihrem Weg von Muscat nach Suez die gefährlichste Wasserstraße der Welt: den Golf von Aden. Eine Stunde lang bleibt das Schiff der Bundesmarine in ihrer Sichtweite, Zeit genug für die aufregendsten Urlaubsfotos dieser Kreuzfahrt.

Unsere »Lili Marleen« war eines der ersten Schiffe, das nach einem Piratenangriff weltweit Schlagzeilen machte. Kurz danach wurde ein amerikanischer Kreuzfahrer attackiert. Seitdem gilt das Horn von Afrika als *High Risk Zone*.

Die »Deutschland« muss die Verbindung zwischen Europa und Asien regelmäßig passieren. In Lagebesprechungen erörtern wir mit den Offizieren, wie wir das Schiff wirkungsvoll schützen können, und entwerfen eine Strategie. Die Bordwand ist sehr hoch und mit Leitern kaum zu erklimmen, das ist schon mal ein Pluspunkt. Bei der Einfahrt in die Meerenge wird der Fahrstufenregler auf »volle Kraft« geschaltet. Verdoppelte Wachen halten Ausschau, ob sich ein Piratenboot heranpirscht. Wasserschläuche werden vorsorglich auf Deck 7 ausgerollt. Der Wucht eines Strahls hält kein Angreifer stand. Im Ernstfall können feine Wassernebel das Schiff so einhüllen, dass es fast unsichtbar ist.

Die Brücke steht in ständigem Kontakt mit der Flotte der Marinemission, die Handelsschiffe und Kreuzfahrer im zweimal zehn Seemeilen breiten Sicherheitskorridor schützt. »Die Piratenjäger der deutschen Marine haben ein besonders wachsames Auge auf die ›Deutschland‹«, versichert Kapitän Jungblut. »Unsere Passagiere brauchen keine Angst zu haben, wir können uns in der Nähe der Geleitschiffe fühlen wie in Abrahams Schoß.«

Besuch auf See

Von Angst kann keine Rede sein. Eine Fahrt durch Piratengebiet ist für die Gäste des Traumschiffs ein besonderer Kick. »Wir haben stundenlang nach verdächtigen Skiffs Ausschau gehalten«, berichten uns Passagiere nach ihrer Reise rund um die Arabische Halbinsel. »Das war unheimlich aufregend.« Skiffs, das sind die schlanken, von starken Außenbordmotoren angetriebenen Holzboote der Piraten.

Crewmitglieder informierten die Gäste: »Wenn ein einziger Skiff auftaucht, handelt es sich in aller Wahrscheinlichkeit um einen harmlosen Fischer, aber wenn mehrere Boote in einem Pulk am Horizont erscheinen, ist Gefahr im Verzug.«

Spannender als jedes Showprogramm war der Besuch des Kommandeurs der Fregatte »Lübeck«, Rüdiger Solf, auf der »Deutschland«. Der Fregattenkapitän und zwei seiner Offiziere kamen nach beendeter Geleitfahrt im Golf von Aden per Hubschrauber und seilten sich unter dem Applaus der Passagiere aufs Deck ab. Nach einem Gedankenaustausch mit der Führungscrew und einem guten Essen verließen sie das Schiff auf die gleiche Weise.

Trotz der Überwachung durch Kriegsschiffe und Awacs-Flugzeuge haben die Piratenangriffe massiv zugenommen. Nicht nur die Reedereien von Handelschiffen lassen ihre Frachter und Container vermehrt von Sicherheitskräften schützen. Als die »Deutschland« auf ihrer letzten Weltreise von den Malediven ablegt, sind neue Gäste an Bord, die sofort auffallen: muskelbepackte junge Männer in grauem Drillich. Sie gehören zu einem privaten Sicherheitsdienst. Sobald das Traumschiff das kritische Gebiet vor der Küste Somalias erreicht, nehmen die Männer ihre Ferngläser nicht mehr von den Augen. Die Brücke ist ab sofort für Besucher gesperrt. Am Eingang zum Suezkanal geht die beschützte Abenteuerfahrt zu Ende.

Kreuzfahrt ins Glück

Im Januar 2007 startet das ZDF eine weitere TV-Reihe, die auf der »Deutschland« gedreht wird: »Kreuzfahrt ins Glück«. Produzent ist Wolfgang Rademann. In der Serie gehen Brautpaare mit dem Traumschiff auf Hochzeitsreise. Das können sie auch im wirklichen Leben. Die Reederei Deilmann bietet in ihrem neuen Programm romantische Hochzeitsreisen für Brautleute in der Hochzeitssuite an, Champagnerfrühstück, Blumenschmuck und Wellnessbehandlungen inbegriffen. Die TV-Episoden geben den wirklichen Hochzeitsreisen erfreulichen Rückenwind. Schade ist nur, dass der Kapitän entgegen landläufiger Meinungen an Bord nicht trauen darf. Aber er kann Glück- und Segenswünsche an das Brautpaar richten. Auf Wunsch lässt sich eine standesamtliche Trauung kurz vor dem Ablegen oder unterwegs arrangieren. Kapitän oder Kreuzfahrtdirektor sind auf Nachfrage dabei.

Rademann, immer auf der Suche nach neuen Ideen, hat mal wieder nach Amerika hinübergelinst. Dort ist es üblich, Weddingplanner mit der Organisation der Hochzeit zu beauftragen. Hollywood hat das Thema in der Komödie »Verliebt, verlobt, verplant« mit Jennifer Lopez aufgegriffen. Rademann schickt junge Brautpaare in Begleitung von zwei Weddingplannern nach Hawaii, Marrakesch und Myanmar.

Ansonsten ist »Kreuzfahrt ins Glück« nach dem bewährten Muster der Traumschiff-Serie gestrickt: Liebe, Exotik und ein Störenfried: Irgendein Fiesling droht das Glück des jungen Paares zu trüben. Aber die bösen Menschen haben ihre Rechnung ohne die Traumschiff-Crew gemacht. Kapitän Paulsen, Beatrice und Dr. Naumann greifen ein, wenn die Hochzeitsplaner Marie Andresen und Daniel Bergmann nicht weiterwissen.

Die Chefhostess kann auch helfen, wenn das weiße Hochzeitskleid der Braut auf mysteriöse Weise verschwunden ist. Sie zaubert ein traumhaftes Ersatzkleid herbei. Woher sie das auf die Schnelle hat, bleibt dem Fernsehpublikum verborgen.

Doppelschichten

Als Herr Rademann zu uns nach Neustadt kam und über seine neuen Pläne berichtete, waren wir gleich begeistert. Aber es gab eine Schwierigkeit. Alle Reisen in den nächsten Wochen waren ausgebucht. Wir konnten dem Filmteam keine Kabinen zur Verfügung stellen. Freie Plätze gab es nur noch auf einer dreitägigen Kreuzfahrt von Kiel nach Göteborg.

Rademann hatte sieben Tage für die Dreharbeiten veranschlagt. Aber ihm geht die Zeit aus, der Film muss in den Kasten. Kameraleute und Schauspieler legen eine Doppelschicht ein, 16 Stunden Dreharbeiten pro Tag. Rademann bibbert: »Wenn dat die Jewerkschaft spitzkriegt.«

Das Quotenmeter der neuen Serie schießt zwar nicht so in die Höhe wie beim Traumschiff, aber die Zahlen reichen aus, um sie fest im Pogramm zu etablieren. Zwischen vier und fünf Millionen Zuschauer gehen mit auf Hochzeitsreise.

Und immer mehr Brautpaare buchen auf der »Deutschland« ihre Fahrt ins Eheglück.

Hilfe, die Schauspieler kommen

Die Ankunft der Rademann-Truppe auf der »Deutschland« wird von den Passagieren mit Spannung erwartet. Viele haben extra eine Reise gebucht, bei der eine neue Traumschiff-Episode gedreht wird. Doch das Miteinander, Gäste und Schauspieler in einem Boot, läuft nicht ohne Konflikte ab.

Einige Passagiere stören die Kabel (»Stolperfallen«), die überall ausgerollt werden, und die Hitze der Scheinwerfer in den Kolonnaden, andere ärgern sich über Leute vom Fernsehen, die sich als VIPs fühlen und sich vordrängeln: bei den Büfetts, an der Grillstation und beim Tendern, dem Übersetzen in kleinen Booten an Land (»Ich bin ein Star, lasst mich mal raus!«). Auch in der beliebten Bar »Zum Alten Fritz«, wo Buletten und Schmalzbrote nach Berliner Art serviert werden, finden zahlende Gäste nur noch mit viel Glück einen Platz.

Die Reederei hat dem Filmteam bei allen Getränken einen Rabatt eingeräumt, 50 Prozent. Der Barmann im »Alten Fritz« kann gar nicht schnell genug nachschenken. Es wird immer lauter und fröhlicher. Der Schauspieler, der im Fernsehen einen sympathischen Detektiv mimt, ist ein Fall für sich. Stark angetrunken, belästigt er die Damen. Die nehmen Reißaus, gefolgt von ihren empörten Ehemännern. Nachts stören Gekicher und Liebesgeflüster auf den Kabinengängen den Schlaf.

Am nächsten Vormittag, nicht vor elf Uhr, tauchen die Zecher mit glasigen Augen und Alkoholfahne an der Poolbar auf. Ein Bier geht schon wieder. Unter den Crewmitgliedern finden Schauspieler spendable Freunde. Die Offiziere haben ein so genanntes Repräsentationsbudget. Sie können wichtige Gäste auf Kosten der Reederei freihalten. Als die Abrechnungen für Getränke in Neustadt auf unseren Schreibtischen landen, trauen wir unseren Augen nicht. Manche Offiziere haben ihr Budget während der vierwöchigen Dreharbeiten um 1000 Euro überzogen. Aber die Schluckspechte und Drängler sind Ausnahmen. Die meisten in Rademanns Team sammeln bei den Passagieren Pluspunkte. »Wir haben uns mit vielen Schauspielern unterhalten, die waren sehr freundlich und gar nicht von sich eingenommen«, berichtet uns Hans-Peter H. aus Peine. Wir bekommen viele Briefe von Gästen, Anregungen und auch Gedichte. Allen antworten wir persönlich.

Der Darsteller des Kapitäns Paulsen ist der erklärte Liebling an Bord: Siegfried Rauch, Jahrgang 1932, der Grandseigneur am Filmset.

Sigi mit der Mütze

Wenn Wolfgang Rademann gefragt wird, warum er Siegfried Rauch für die Rolle des Traumschiff-Kapitäns ausgewählt hat, kommt diese Antwort: »Ja, wat soll ich sagen? Ich habe allen Kandidaten eine Kapitänsmütze aufgesetzt, und dem Sigi stand sie am besten.« Mit dem »Sigi« tat Rademann einen Glücksgriff. Seit 1999 ist Siegfried Rauch der Kapitän Jakob Paulsen, sympathisch, braun gebrannt, dichtes silbernes Haar, ob echt oder Toupet ist doch egal. Gelegentlich wird er von Passagieren angesprochen: »Wo geht's denn hier zur Brücke?« Oder: »Wie viele Seemeilen werden wir heute zurücklegen?« Dann muss der Fernsehkapitän passen und an den echten Kapitän verweisen.

Abends im »Kaisersaal« erzählt Siegfried Rauch Geschichten aus seinem ersten Schauspielerleben, als er noch nicht auf dem Traumschiff die Welt umrundete.

Bekannt machten ihn seine Filme »Es muss nicht immer Kaviar sein« und das Rennfahreropus »Le Mans« an der Seite des verstorbenen Steve McQueen. Mit McQueen verband ihn eine enge Freundschaft. Der Hollywoodstar war der Pate von Rauchs Sohn Benedikt. Dass er nun schon seit Jahren ausschließlich in seichten TV-Gewässern schippert, stört Rauch nicht. »Ich verkaufe den Leuten Träume, von denen es angesichts der vielen Katastrophen nicht genug geben kann.«

Traumhochzeit mit Meerblick

Allen Unkenrufen zum Trotz macht unsere Reederei wieder gute Fahrt. Die »Deutschland« ist unsere *Cash Cow*, die die schwächelnden Flussschiffe über Wasser hält.

2007 wird für Hedda ein sehr glückliches Jahr. Sie heiratet ihren Tim, einen Lübecker Diplomkaufmann, in der Sankt-Lorenz-Kirche von Travemünde. In dem romantischen Gotteshaus aus Backstein wurden unser Vater und wir getauft. Der Pastor von St. Lorenz hat uns Zwillinge auch konfirmiert.

Heddas Hochzeit wird zum Medienereignis. Wir konnten den Termin gar nicht verheimlichen. Journalisten und viele Schaulustige drängen sich am 19. Mai vor der Kirche, als Hedda im cremefarbenen Kleid mit Schleier aus einem vierspännigen Landauer steigt. Ihr Mann trägt einen Smoking.

Neben der Mole, an der die großen Skandinavienfähren vorbeifahren, ist ein großes Pagodenzelt für die Hochzeitsfeier aufgebaut. Fackeln erleuchten den Weg dorthin. Hedda hatte sich eine Hochzeit am Strand gewünscht, wo wir als Kinder gebadet und unsere ersten Surfversuche unternommen haben. Der feine helle Sand, die bunten Strandkörbe und die vorbeiziehenden Schiffe gehören zu unseren Kindheitserinnerungen.

Die Hochzeitsgesellschaft besteht vor allem aus unserer großen Familie, den Deilmanns und den Hagelsteins mit ihrer Kinderschar sowie Geschäftsfreunden.

Aus München sind die Stecher-Zwillinge gekommen. Wir haben sie bei einer Gala kennengelernt und uns mit ihnen angefreundet. Klaus-Alexander Stecher ist Schauspieler, Sänger und Talkmaster von »Stechers Stamm-

177

tisch«, der andere, Manfred, Opernsänger. Die Brüder bringen den Bräutigam ganz schön ins Schwitzen.

In Süddeutschland gibt es den Brauch, die Braut zu entführen. Der frischgebackene Ehemann muss sie dann mit Hilfe der Gäste suchen. Im deutschen Norden ist diese Sitte unbekannt. Die Stecher-Zwillinge verstecken Hedda in der Bar des Columbia-Hotels gleich gegenüber vom Festzelt. Sie warten und warten, aber niemand kommt. Hedda möchte ihre Hochzeitsfeier eigentlich nicht auf einem Barhocker verbringen. Endlich erscheint der Bräutigam. Er hat sich schon Sorgen um seine Liebste gemacht. Am Strand ist es schließlich stockdunkel.

Einwandfrei klappt die Logistik bei einer Überraschung, die die Crew der »Deutschland« für das Brautpaar vorbereitet hat. Das Schiff kreuzt gerade vor England. Per Satellit werden die Passagiere im »Kaisersaal« zugeschaltet und bringen einen Toast auf das Brautpaar aus. Ein Glückwunsch hallt über ganz Travemünde hinweg. Die beiden Schwedenfähren »Peter Pan« und »Nils Holgersson« senden Grüße mit dem Typhon. Das Fernsehen und viele Zeitungen berichten über die »Märchenhochzeit der Traumschiff-Reederin«.

Glamour Girls

Es steht im People-Magazin »Park Avenue«:

»Kein Blondinenwitz: Kommen zwei hübsche, blauäugige, sorgfältig geschminkte Blondinen mit langen Beinen auf Deutschlands bekanntestes Luxuskreuzfahrtschiff, machen eine ausladende Handbewegung vom Bug bis zum Heck und sagen: ›Das gehört alles uns.‹«

Es steht im Kreuzfahrt-Magazin »Azur«:

»Keine Frage, Gisa und Hedda Deilmann sind *beeindruckende* Frauen. Weil die Chefinnen eines Millionenunternehmens extrem erfolgreich sind. Und weil sie dabei auch noch extrem gut aussehen – hochgewachsen, blond, Modelmaße.«

Es steht im »Handelsblatt«:

»Auf den ersten Blick wirken die beiden blonden Erbinnen wie zwei Fotomodelle, die für Modetitel wie ›Vogue‹ oder ›Harper's Bazaar‹ posieren. Sie sind schlank und sportlich gebaut. Ihre Kleidung ist figurbetont. Ihre Gesichter sind blass geschminkt. Und Hedda lässt zwei goldgelbe Strähnen locker ins Gesicht fallen.«

Wir finden nicht alles gut, was in der Presse über uns steht, und manches finden wir sogar blöd. Es stimmt auch nicht alles, was über uns berichtet wird. Aber jede Veröffentlichung bedeutet eine kostenlose Werbung für die Reederei. Ein Foto in der »Gala« oder im »Stern«, ein Interview in der »Financial Times« erspart uns eine teure Anzeige.

Fotografen und Reporter reißen sich um uns. Sie jubeln uns hoch, dass es uns manchmal peinlich ist. Wir sind die einzigen Kreuzfahrtreederinnen Europas, Blondinen und auch noch Zwillinge. Die Schlagzeilen lauten:

»Das Schwesternschiff«, »Glamour Girls am Ruder«, »Zwillinge an Bord«, »Zwei auf dem richtigen Dampfer« und »Zwei Königinnen der Meere«. Der »Spiegel« erklärt uns zu »Alpha-Mädchen der Generation Merkel«.

Am meisten lieben uns die Fotografen in Abendkleidern auf den Planken der »Deutschland«. Nicht alle tollen Kleider, die wir auf den Bildern tragen, gehören uns. Weil es langweilig wäre, uns jedes Mal in derselben Aufmachung abzulichten, besorgen Hochglanzmagazine Outfits aus Edelboutiquen, Moschino, Prada und Joop. Die müssen wir nach dem Fotoshooting natürlich zurückgeben. Die Colliers dazu leihen wir uns von Stern, dem Bordjuwelier der »Deutschland«. Wir besitzen gar keinen teuren Schmuck und auch keine Villen, wie in manchen Zeitungen steht. Bei uns zu Hause geht es viel bescheidener zu.

Unser PR-Berater bestärkt uns in dem Gedanken, dass wir mit jedem Auftritt unsere Fünfsterneschiffe repräsentieren. Wir sind die Gesichter einer Luxusmarke und sollen uns entsprechend geben. Das kommt nicht bei allen gut an. Man wirft uns vor, wir seien Partygirls und würden von einem Event zum anderen jetten, anstatt zu arbeiten. Wir erhalten täglich Einladungen zu Pressebällen, Galas und Benefizessen, aber wir gehen gezielt nur dorthin, wo wir neue Kunden gewinnen können.

Auf vielen dieser Events treffen wir mittelständische Unternehmen wie den Kaffeekönig Arthur Darboven, Regine Sixt von der Sixt Autovermietung, Kim-Eva Wempe, die Chefin von Juwelier Wempe, und Jette Joop. Sie sind aus dem gleichen Grund wie wir da: als Botschafter ihrer Firmen.

Die Kombination »Blondinen & Traumschiff« garantiert uns eine hohe Aufmerksamkeit. Den machen sich auch Politiker zunutze und lassen sich gern mit uns fotografieren: Gisa rechts, Hedda links und ein Ministerpräsident oder Staatssekretär in der Mitte.

Der Kurs stimmt

Wir werden mit Bitten um Interviews überhäuft. Das Magazin »Park Avenue« widmet uns vier komplette Seiten. Sogar Babybilder von uns werden abgedruckt. Der letzte Satz des Artikels lautet: »Der alte Fahrensmann Peter Deilmann kann auf seiner letzten großen Fahrt ganz beruhigt das Fernrohr einholen. Der Kurs stimmt.«

Lange Fragebögen für Kolumnen in Zeitschriften sollen wir auszufüllen. Frage des Interviewers: »Mit wem würden Sie gern einen Monat lang tauschen?« Antwort Gisa: »Mit meinem Kater Fussel, wenn er im Sommer in der Sonne liegt.« Antwort Hedda: Mit Robinson Crusoe. Einen Monat Ruhe von allem wäre traumhaft.«

»Was essen Sie zum Frühstück?« Antwort Gisa: »Obstsalat und Cappuccino.« Hedda: »Am liebsten Croissants mit viel Marmelade und Caffè Latte.«

»Wann kommen Ihnen die besten Ideen?« Antwort von Hedda: »Beim Ausmisten im Pferdestall.«

Auf die Frage, wo unsere Lieblingsplätze sind, ist die Antwort klar. Auf der »Deutschland«, wo sonst? Gisa: »Mein Lieblingsplatz ist die Lidoterrasse auf Deck 9, wenn die elegante Teestunde von Klaviermusik untermalt wird. Herrlich!«

Hedda liegt am liebsten auf einem Deckchair und genießt den »entspannenden Blick aufs Meer«. Seitdem die »Deutschland« über einen neuen, eleganten Spa-Bereich mit Rasul, Ayurveda, Thalasso und Cleopatrabad verfügt, ist unser Lieblingsplatz natürlich hier. Uns gelingt es, in jedem Artikel Werbebotschaften für die Reederei an den Leser zu bringen.

Oder einen kleinen Seitenhieb auf die Konkurrenz: »Wir waren froh, von der ›Queen Mary II‹ enttäuscht zu sein, als wir sie im Hamburger Hafen besichtigen konnten. Die Inneneinrichtung besteht aus sehr viel Plastik.«

Die Zeitungsleute schmeicheln uns: »Sie pflegen eine nüchterne Sprache, druckreif fast, keine Witze, kein Seemannsgarn. Durch und durch seriös.« (»Park Avenue«)

»Gisa Deilmann lächelt freundlich in die Runde. Es ist ein Lächeln, hinter dem sich ein starker Wille verbirgt. Ein Lächeln und ein Wille, den sie sich mit ihrer Zwillingsschwester teilt.« (»Abendzeitung«).

»Vom Vater haben sie nicht nur die Flotte geerbt. Sie haben seinen Kaufmannsgeist geerbt und seine Strebsamkeit geerbt.« (»Neue Revue«)

Unsere Mutter warnt uns: »Wer so hochgejubelt wird, kann tief fallen.« Sie hat recht behalten. Wir wurden umschwärmt, weil wir Reederinnen waren und Besitzerinnen der »Deutschland«. Uns selbst galt das Interesse nicht. Vermeintliche Freunde ließen uns sofort fallen, als die Reederei in Turbulenzen geriet. In unserer verzweifelten Lage baten wir einige dieser »Freunde« um einen Rat. Regine Sixt zum Beispiel, mit der wir häufiger privat zusammenkamen und mit der wir uns duzten. Sie hat unseren Brief noch nicht einmal beantwortet. Die »Bussi-Bussi-Gesellschaft«, die ganze Seiten in Illustrierten füllt, ist aufgesetzt und hohl. Wir vermissen sie nicht.

Promialarm

Der Mann, der lässig an der Reling lehnt, sieht nicht aus, wie man sich einen typischen Passagier der »Deutschland« vorstellt. Er trägt einen schwarzen Hut, eine riesige Sonnenbrille, coole schwarze Jeans und nuschelt wie Udo Lindenberg.

Es ist Udo Lindenberg. Der Panikrocker (»Alles klar auf der Andrea Doria«) spielt keine Rolle in einer neuen Folge der Traumschiff-Serie, sondern hat die Mittelmeerfahrt von Venedig nach Rom privat gebucht. Inkognito möchte er reisen, was natürlich nicht gelingt.

Udo ist ein passionierter Kreuzfahrer. Mehrmals im Jahr vertauscht er seine Suite im Hamburger Hotel Atlantic mit einer Luxuskabine, bislang vor allem auf der »Europa« von Hapag-Lloyd. An Bord der »Deutschland« ist er zum ersten Mal, ein klarer Sieg im Kampf der beiden Reedereien um Superstars.

Lindenberg reist nicht allein. Er hat seine Groupies mitgebracht: die Industrielle Gabriele Henkel, den Schriftsteller und Talkmaster Benjamin von Stuckrad-Barre und den Journalisten Moritz von Uslar. Udos Lebensgefährtin, die 30 Jahre jüngere Tine Acke, steigt später zu. Die Passagiere erfahren von der Crew: Lindenberg hat für seine Entourage Suiten auf Deck 8 gebucht und bezahlt, eine Einladung zu seinem Geburtstag. Er kann es sich leisten. Nach einer Schaffenskrise feierte er gerade mit seiner CD »Stark wie Zwei« ein furioses Comeback.

Ein Udo Lindenberg setzt die Etiketteregeln außer Kraft. Zum Dinner erscheint er mit Hut und in seiner schwarzen Rockerkluft. Warum Udo nie oben ohne geht, leuchtet ein. »Weil ich manchmal auch 'nen Tick Intimsphäre haben will. Weil es Situationen gibt, da bin ich gerne mal mit mir selbst unterwegs«, sagt er.

Bei Landausflügen, wenn er mit vielen anderen Passagieren unterwegs ist, steigt er als Letzter in den Bus, nuschelt »Moin, Moin« und verzieht sich schnell auf die hinterste Bank. Auf See lässt er sich kaum blicken. Er arbeitet an einem neuen Projekt.

Udo Lindenberg bereichert die Kunstsammlung an Bord mit »Likörellos«, so nennt er seine Zeichnungen, bei denen er ein Farbgemisch aus Curaçao Blue und Eierlikör verwendet. Ein Band mit seinen Werken liegt in der Lidoterrasse aus. Manche Passagierinnen werden rot, wenn sie einen Blick hineinwerfen. »Na, der Udo ist ja ein kleines Ferkel«, sagt eine. Zwischen all den züchtigen Preußenprinzessinnen und hehren Frauengestalten des Künstlers Serge Mangin an Bord sind seine frivolen Nackedeis ungewohnt.

Promis zum Anfassen

Die »Deutschland« zieht Berühmtheiten an wie kein zweites Kreuzfahrtschiff. Die Gäste sind es gewohnt, dass im rotgoldenen »Kaisersaal« oder in der Bar »Zum Alten Fritz« Promis am Nachbartisch sitzen. Es hat schon was, bekannte Künstler, Sportler und Fernsehleute ganz privat zu erleben. Ex-Tagesschau-Sprecher Wilhelm Wieben, der Mann ohne Unterleib, zeigt gut geformte Beine in knallroten Bermudashorts. Dazu kombiniert er rote Schuhe. Der feinsinnige Wieben rezitiert nach dem Dinner Gedichte und Texte. An der Grillstation lässt er zahlenden Gästen den Vortritt, bevor er höflich um ein kleines Filetsteak mit Folienkartoffel bittet. So mögen die Passagiere ihre Promis.

Auch Adelsexperte Rolf Seelmann-Eggebert, immer busy und im korrekten Blazer, gehört in die Kategorie

»Stars ohne Allüren«. Mitleidig beobachten die Gäste, wie er seinen Sohn im Rollstuhl übers Deck schiebt. Florian Seelmann-Eggebert, Jahrgang 1971, ist seit einem Badeunfall querschnittsgelähmt. Für seine Idee, einen Chat für Leidensgenossen im Internet zu gründen, erhielt er das Bundesverdienstkreuz. Vater Rolf plauderte schon auf der »Berlin« launig über den europäischen Hochadel.

Die Liste der Stars an Bord reicht von der weltbesten Klarinettistin Sabine Meyer über Christian Brückner, der Synchronstimme Robert De Niros, bis hin zu Fußballidol Uwe Seeler.

Die Schriftstellerin Donna Leon kommt in Venedig zum High Tea und lässt sich sogar den Maschinenraum zeigen, für eine Reise hat sie leider keine Zeit, sie schreibt ein neues Buch. Ulrich Tukur – er besitzt ein Haus auf der Insel Giudecca – gehört zur Stammcrew der Künstler. Tukur ist nicht nur ein großartiger Schauspieler und Sänger, sondern auch ein begnadeter Unterhalter. Wir haben mit ihm sechshändig Klavier gespielt. Norbert Blüm trifft auf der »Deutschland« lauter Leute, deren Renten sicher sind. Der humorvolle Exarbeitsminister steigt bei der Aufführung der Oper »Zar und Zimmermann« auf die Bühne des »Kaisersaals« und singt mit. Sogar die exzentrische Hutmacherin der Queen, Rachel Trevor-Morgan, hatten wir schon an Bord. Zusammen mit dem Modeschöpfer Ulrich Engler nimmt sie an der Gala zum 35-jährigen Jubiläum unserer Reederei in London teil. Der deutsche Designer ist der Darling der britischen High Society und hat mehreren Ladys die Roben für Kates und Williams Hochzeit geschneidert. Wir dürfen seine traumhaften Kreationen tragen – für eine rauschende Ballnacht.

Küsse von »Gorbi«

Ein Hubschrauber knattert über Neustadt. Das kommt nicht so oft vor. Eine Königin ist im Anflug. Strahlend klettert Silvia von Schweden aus dem Helikopter. Sie ist sportlich in Hose und Twinset gekleidet, der Wind, der immer an der Küste weht, zerrt an ihrem Hermès-Seidenschal und zerzaust ihr Haar. Sie wird den Startschuss geben zur Drachen Charity Regatta zugunsten ihrer Stiftung World Childhood Foundation und das Rennen vom Begleitboot »Johann Smidt« aus verfolgen.

Die Peter Deilmann Reederei gehört zu den Sponsoren. Die Neustädter Bucht ist seit Kindertagen bei allen Windstärken unser Revier. Klar, dass wir mitsegeln. Die Drachenboote sind mit jeweils drei Weltklasseseglern und einem Prominenten besetzt. Die meisten Promis ziehen es allerdings vor, sich das Wettrennen von einem gemütlicheren Begleitboot aus anzuschauen.

Bei unseren Reisen in Länder der Dritten Welt waren wir immer von neuem erschüttert, in welcher Armut viele Menschen dort leben. Wir sahen Familien, die in Pappkartons hausten oder buchstäblich auf dem nackten Boden schliefen. Besonders die Kinder taten uns leid. Wie gut haben es dagegen unsere Kinder.

Wir machten uns auf die Suche nach Hilfsprojekten, an denen sich unsere Reederei beteiligen könnte. Die Childhood Foundation von Königin Silvia betreut Straßenkinder und sexuell missbrauchte Mädchen in 15 Ländern. Die Stiftung wendet sich mit Bitten um Spenden vor allem an Unternehmen und nicht an Privatpersonen, weil sie anderen Hilfsorganisationen keine Konkurrenz machen will. Die Königin garantiert dafür, dass die Gelder sinnvoll eingesetzt werden. Für diese gute Sache engagierten wir uns gern. Wir spendeten mehrere Reisen mit der »Deutschland« und unseren Flusskreuzfahrern.

Die Charity-Regatta ist eine so genannte Fuchsjagd zu Wasser. Es geht darum, das fliehende »Fuchsboot« einzuholen und einen großen roten Ballon als Jagdtrophäe zu fangen. Heddas Crew kommt gut vom Start weg und setzt sich schnell an die Spitze des Regattafelds. Unter den Augen der Königin fängt Heddas Team den Ballon! Der Erlös der Benefizveranstaltung, Nenngelder und Spenden, beträgt 110 000 Euro.

Am Abend findet ein Essen in dem Herrenhaus Hasselburg statt. Wir werden der Königin vorgestellt. Sie erkundigt sich interessiert nach unserem Familienunternehmen und unserem Vater. Unsere »Deutschland« kennt sie von deren Aufenthalten in Stockholm. Königin Silvia wird als volksnah und liebenswürdig beschrieben. Wir durften beides spüren.

Die Manager ihrer Stiftung verhielten sich allerdings nicht sehr fair. Wir hatten als Sponsoren viel Arbeit in die Organisation der Charityveranstaltungen gesteckt und dazu noch an Bord unserer Schiffe Spenden gesammelt. Als unser Konkurrent, Hapag-Lloyd, der Stiftung eine große Geldsumme anbot, ließ man uns fallen wie eine heiße Kartoffel.

»Stechers Stammtisch«

Ohne bitteren Nachgeschmack blieb unsere Begegnung mit Michail Gorbatschow. Ihm sind wir sogar sehr nahe gekommen ...

Wenn die »Deutschland« nach einer langen Reise für einen Tag in Travemünde liegt, drängen sich viele Schaulustige am Ostpreußenkai. Am 17. Juni 2008 sind es über tausend Menschen. Sie rufen und klatschen rhythmisch in die Hände. »Gorbi, Gorbi.«

Michail Gorbatschow grüßt freundlich zurück. Begleitet von seiner Tochter Irina schreitet er über den roten Teppich. Der Mann, der Deutschland vereinte, geht an Bord der »Deutschland«. Wir empfangen ihn an der Gangway.

Uns ist es gelungen, »Stechers Stammtisch« auf das Schiff zu lotsen. Seit Jahren organisiert der Talkmaster und Schauspieler Alexander-Klaus Stecher, bekannt aus den Rosamunde-Pilcher-Filmen, eine Benefizgala. Sie hat trotz ihres Namens mit einem Stammtisch so viel gemein wie ein Hummer mit einer Fischfrikadelle. Diesmal wird Gorbatschow der Stargast sein. Er sammelt Geld für die Stiftung seiner verstorbenen Frau Raissa.

300 Prominente aus Showbusiness, Wirtschaft und Politik finden sich auf dem Traumschiff ein: Hans-Dietrich Genscher, Exbundespräsident Walter Scheel, Sabine Christiansen mit Starcoiffeur Udo Walz, Veronika Ferres, Erol Sander, Kaffeekönig Arthur Darboven, Regine Sixt, Barbara Wussow und der unvermeidliche Roberto Blanco. Der Erlös der Gala ist für die Raissa-Gorbatschowa-Klinik in Sankt Petersburg bestimmt. Dort werden leukämiekranke Kinder behandelt.

Das hochkarätige Event in Travemünde ist reich an Symbolkraft. 2009 feiern die Deutschen das 20. Jahr des Mauerfalls. Bei einer Talkshow im »Kaisersaal« wollen Michail Gorbatschow und Exaußenminister Hans-Dietrich Genscher über Glasnost und Perestroika sprechen, über das Wunder der Wiedervereinigung und die Wege zum Frieden.

Aber vorher servieren die Stewards Champagner auf dem Sonnendeck. Es könnten Bilder aus der Traumschiff-Serie sein. Die Damen tragen lange Abendkleider und jede Menge Brillis, die Herren Smoking oder weißes Dinnerjackett.

Barbara Wussow glitzert in ihrem Paillettenrock wie eine Nixe, Luzandra, die junge Begleiterin von Roberto Blanco, posiert für Fotos ganz in Weiß.

Einige der weiblichen Gäste lästern über das Outfit von Sabine Christiansen, ein rotes, orientalisches Flatterkleid mit Puffärmelchen. Es soll von Joops Label Wunderkind stammen. Ist es nicht ein bisschen zu kindlich für Frau Christiansen? Jedenfalls passt es farblich zu Gorbis Schlips.

Der letzte Präsident der Sowjetunion trägt einen perfekt sitzenden schiefergrauen Anzug mit rot gepunkteter Krawatte. Den hat er sich noch kurz vor der Gala beim Herrenausstatter Frick in Lübeck gekauft. »Ich dachte, ich träume, als die Tür aufgeht und Gorbatschow mit seinen Leibwächtern hereinkommt«, berichtet Herr Frick am Tag darauf in der Lokalzeitung. »Der Präsident war sehr freundlich und schnell entschlossen.«

Ein denkwürdiger Ritt

Wir kennen Michail Gorbatschow schon von einem Essen der Sponsoren am Vorabend der Gala. Er strahlte eine solche Aura der Macht aus, eine solche Unnahbarkeit, dass er fast beängstigend auf uns wirkte. Wir trauten uns am Galaabend dann doch an ihn heran und überreichten ihm einen Ausschnitt aus den »Lübecker Nachrichten«.

Am Tag der Grenzöffnung war Gisa mit ihrem Pferd »Eileen« auf dem Priwall-Strand über den ehemaligen Todesstreifen geritten. Der Strand war über vier Jahrzehnte durch unüberwindbare Sperren zweigeteilt. Auf der Westseite tummelten sich im Sommer die Urlauber, die Ostseite war Sperrgebiet und geisterhaft leer. Nur die NVA patrouillierte dort. Die Zeitung hatte mit einem Foto über

Gisas Ritt berichtet. Gorbatschow ließ sich den Artikel von seinem Übersetzer vorlesen und war auf einmal wie umgewandelt. Er drückte uns an sich, dass wir kaum noch Luft bekamen, und küsste uns herzhaft ab.

Auf der »Deutschland« ist der Expräsident, diese lebende Legende, ständig umlagert. Was er erzählt, ist Weltgeschichte: Etwa, wie er zur Zeit des Kalten Kriegs mit Präsident Ronald Reagan im Hubschrauber auf dessen Landsitz flog und vor ihnen ein amerikanischer und ein russischer Adjutant saßen. Jeder hielt den berühmten »Atomkoffer« mit dem roten Knopf auf dem Schoß. Er habe damals beschlossen, dass dieser rote Knopf nie gedrückt werden dürfe. Er berichtet auch, dass er befürchtete, beim Zerfall der Sowjetunion von seinen eigenen Parteigenossen als Hochverräter verhaftet zu werden.

Im Schein der Abendsonne legt die »Deutschland« zu einer kleinen Rundfahrt ab. Von Deck erklingen die Deutschlandhymne und die Hymne Russlands. Das Schiff gleitet an der Halbinsel Priwall vorbei. Kapitän Andreas Jungblut erklärt, wo damals die Demarkationslinie verlief. Michail Gorbatschow lächelt und deutet auf uns.

Beim Galadiner im Restaurant »Berlin« sind die Gespräche nicht mehr so inhaltsschwer. Wir lassen unseren Gästen ein exquisites Menü servieren. Es gibt kalt geräucherten Kabeljau mit Gänseleber in Sherrygelee, Mozzarellatörtchen mit Trüffeln garniert, Kalbsfilet mit Spargel und als Dessert Prinzregententorte. Wir verzichten auf das Fleisch und halten uns an die Gemüse. Wir sind beide Vegetarierinnen.

Die Benefizauktion moderiert die Chefredakteurin der »Bunten«, Patricia Riekel. Ein BMW Cabrio, signiert von Gorbi und Genscher, und eine 18-tägige Kreuzfahrt »Blumen des indischen Orients« in der Grande Suite der »Deutschland« kommen unter den Hammer.

Das Cabrio ersteigert die 26-jährige Anja Gosch aus der Sylter Fischdynastie für 31 000 Euro, die Kreuzfahrt Mark Wössner, Exvorstandschef von Bertelsmann und Mitglied des Daimler-Aufsichtsrats, für 20 000 Euro. Die Benefizgala bringt 132 000 Euro ein. Das ist dem Gorbi-Effekt zu verdanken.

Unseren Kindern hat besonders gefallen, dass die liebe »Eileen« bei unserer Begegnung mit Gorbatschow eine (kleine) Rolle spielte. Alle Kinder haben auf ihr reiten gelernt. Als sie mit über 30 Jahren starb, flossen ganze Tränenbäche.

Erfolg in der Nische

Die Reederei Deilmann war zwei Jahrzehnte lang Trendsetter in der Kreuzfahrtbrache. Jetzt kreuzen wir gegen eine neue Welle an. Die ist haushoch, ein Tsunami. Die Schiffe werden immer größer. 2000, 3000, 4000 Passagiere passen an Bord. Die internationale Gigantomanie zur See schwappt auch in Deutschlands Norden.

Die Aida Cruises mit Sitz in Rostock lassen solche schwimmenden Hochhäuser mit bis zu 15 Decks bauen. Die Cruise Line residiert in restaurierten Speichern am Rostocker Stadthafen. Die bodenständige Adresse täuscht. Nach der Wende von der Deutschen Seereederei gegründet, ist Aida Cruises längst verkauft: an die Carnival Corporation in Miami, das größte Kreuzfahrtschiffunternehmen der Welt.

Die Schiffe werden auf der Meyer Werft in Papenburg wie am Fließband gebaut. Aidavita, Aidaaura, Aidadiva, Aidabella. Auch »Mein Schiff« des Reiseveranstalters Tui, der mal unsere »Berlin« gechartert hatte, und die Celebrityschiffe laufen hier vom Stapel. Die Riesen passen kaum in die Ems, auf der sie bis nach Emden geschleppt werden müssen, um sich in der Nordsee freizuschwimmen.

Die Aida-Schiffe mit ihrem knallroten Kussmund am Bug etablieren auf dem Kreuzfahrtmarkt, was in Amerika gang und gäbe ist: Let's have fun! Die Vergnügungsdampfer der Carnival Cruises sind Freizeitparks mit Wasserfällen, Kletterwänden, Pools zum Wellenreiten und Blumengärten. Plastik blüht. Die Frankfurter Allgemeine Zeitung mokiert sich über diese »neue Welt des Müßiggangs«: »Eine kasperltheaterbunte Promenade unter rosa und lila Lichtkaskaden zählt zum Standardrepertoire. Wer hervorstechen will, muss deshalb schon einen Stadtpark mit Bäumen, einen Sandstrand, eine Seilbahn, eine Bierbrauerei oder ein riesiges Amphitheater am Heck bieten.«

Zum Spaßhaben gehört natürlich auch, dass alle Kleiderzwänge fallen. Die Frage »Muss man sich zum Dinner etwa umziehen?« stellt sich nicht mehr. Muskelshirt und Tank Top genügen.

Klein ist fein

Die Kreuzfahrtklientel wächst rasant und teilt sich. Die große Masse, meist Jüngere, treibt es zur preiswerten Lifestyleflotte, die Individualisten, meist Ältere, bevorzugen die klassische Note: die Schiffe der Peter Deilmann Reederei.

Angesichts der monströsen Konkurrenz sorgen sich Wirtschaftsredakteure um unsere »kleine Deutschland«. Haben wir den Trend womöglich verpasst? In einem Interview mit dem Magazin »Spiegel« beantwortet Gisa diese Frage so: »Wir wollen keine Massenabfertigung wie auf den großen Luxuslinern. Daher buchen auch rund 50 Prozent unserer Gäste immer wieder. Zudem können wir mit unseren kleinen Schiffen Häfen anlaufen, die Passagiere von Kreuzfahrtgiganten niemals zu Gesicht bekommen. Wir bieten unseren Gäste genau das, was sie wollen: eine klassische Kreuzfahrt. Unsere Gäste wollen auf See nicht surfen oder klettern.«

Es geht uns gut in unserer Nische. Wir beschließen, noch mehr auf das Luxussegment zu setzen. Die Viersterneschiffe der Flussflotte passen nicht zu unserem Image. Wir wollen sie verkaufen und nur die Fünfsterneschiffe behalten. In den Katalogen nennen wir sie »kleine Traumschiffe«. Wenn sie ablegen, erklingt wie auf der großen Schwester die Traumschiff-Melodie. So profitieren wir auch hier von der Popularität der ZDF-Serie.

Die Fun- und Clubschiffe heizen den Kreuzfahrtboom noch einmal mächtig an. Die Aktien von Carnival Cruises und Royal Carribean schnellen in die Höhe. Eine Seereise gilt jetzt als erschwinglich. Auch das Vorurteil »Eine Kreuzfahrt ist doch nur etwas für alte Leute« hören wir viel seltener.

Die Buchungszahlen für unsere Schiffe entwickeln sich erfreulich. 2008 erreichen wir das beste Ergebnis der Firmengeschichte. Wir werden mit Auszeichnungen überhäuft. Der renommierte Schlemmer- und Schlummeratlas kürt die »Deutschland« zum »Schiff des Jahres«. Die »Allgemeine Hotel- und Gastronomie-Zeitung« verleiht uns den Titel »Hoteliers des Jahres« für unser »Engagement in der Fortführung des Lebenswerkes ihres Vaters Peter Deilmann«. Arthur Darboven, dessen Familie oft an Bord ist, hält bei der Preisübergabe die Laudatio.

Eine Jury der »Hotel- und Gaststättenzeitschrift«, die größte Publikation für das Hotel- und Gaststättengewerbe im deutschsprachigen Raum, wählt uns zu »Unternehmerinnen des Jahres«.

Wir glauben über dem Berg zu sein und können sogar eine hohe Sondertilgung leisten, die noch aus der Anfangszeit der »Deutschland« zu Buche steht.

Codename »Rubin«

Der glänzende Verlauf des Geschäftsjahrs 2008 macht uns Mut zu neuen Projekten.

Wie der Fliegende Holländer tauchte seit Jahren immer wieder einmal am Horizont schemenhaft ein Schiff auf. Seit 2001 sprach unser Vater von einem Schwesterschiff für die »Deutschland«. Größer sollte es werden, 600 bis 700 Passagiere. Schöner sollte es selbstverständlich auch werden.

So ganz nach dem Geschmack der Nordamerikaner und der Engländer wollte unser Vater den Neubau gestalten, denn auf diese Kundschaft zielte er hauptsächlich. Aber der pompöse Stil der Oceanliner der 20er-Jahre, der sollte wieder den Charakter der großen Schwester der »Deutschland« bestimmen.

Eine ganze Weile beschäftigte unseren Vater sogar die Idee, die »United States« wieder in Fahrt zu bringen. Der legendäre Oceanliner, bis heute Träger des Blauen Bandes als schnellstes Passagierschiff auf der Route über den Atlantik, war 1952 in Dienst gestellt worden. Die »United States« war im Linienverkehr zwischen New York und Southampton oder Bremerhaven eingesetzt. Sie fuhr bis 1969, dann lohnten die Fahrten nicht mehr. Wer über den Atlantik wollte, stieg in ein Flugzeug.

Unser Vater war nicht der Erste, der den nostalgischen Dampfer wieder flottmachen wollte. Bereits 1992 hatte ein türkischer Werftbesitzer versucht, aus der »United States« ein Kreuzfahrtschiff zu machen, war aber gescheitert. Er ließ den Dampfer in die Ukraine schleppen und vollkommen ausschlachten. Das endgültige Ende schien besiegelt. Damals begann unser Vater sich für den einstigen Stolz des

Ozeans zu interessieren. Der jammervolle Zustand schreckte ihn nicht. Die notwendigen Kontakte zu Partnern in den Vereinigten Staaten hatte er bereits geknüpft.

Sie kamen nicht zum Zuge, und wahrscheinlich war das gut. An der »United States« scheiterten ganz andere Kaliber als die Peter Deilmann Reederei. 2003, als unser Vater noch einmal in New York war, fuhr er in den Hafen, wo die »United States« lag. »Schade, dass es mit uns nicht geklappt hat«, nahm er von seiner Idee Abschied. Die Norwegian Cruise Line hatte das Wrack erworben, um es runderneuert wieder in Dienst zu stellen. Geworden ist auch daraus nichts. 2009 gab Norwegian Cruise Line nach mehreren Anläufen entnervt auf, der Dampfer wurde zum Verschrotten angeboten.

Eine Gruppe amerikanischer Idealisten bewahrte ihn vor diesem Schicksal. Sie kauften 2011 die »United States« für nur drei Millionen Dollar. Das Schiff soll Basis für ein nationales, maritimes Museum werden.

Die Pläne sind fertig

Als klar wurde, dass die Idee mit der »United States« zwar faszinierend, aber nicht zu verwirklichen war, kümmerte sich Peter Deilmann umso intensiver um die Entwicklung eines Neubaus. In der Reederei wurde das Vorhaben unter dem Codenamen »Rubin« geführt. Die Pläne waren fertig bis ins Detail. In den Regalen eines Raums stapelten sich ausschließlich Bauzeichnungen, Entwürfe und technische Berechnungen für das Schiff. Der Auftrag zum Bau der »Rubin« hätte jederzeit erteilt werden können. Das Konzept stand.

Die Verwirklichung dieses Plans gelang unserem Vater nicht mehr. Die Deutsche Bank, die die Finanzierung in Aussicht gestellt hatte, sprang ab.

Als wir die Reederei übernehmen, führen wir auch die Planung eines Schwesterschiffs weiter. Allerdings ändern wir nicht nur den Namen. Die Entwicklung wird jetzt mit der Bezeichnung »Deutschland II« vorangetrieben. Wir halten einen vollkommen neu konzipierten Oceanliner für notwenig. Einer, der den veränderten Wünschen der Kunden angepasst ist. Das bedeutet: mehr Außenkabinen und vor allem Balkons. Und noch mehr Luxus. Sechs Sterne, das ist das Ziel.

Mehr als 600 000 Euro stecken wir in die Pläne. Nahezu jedes Detail ist entwickelt, die Kabinen sind bereits gedanklich eingerichtet. Die teuersten sollen einen Whirlpool im Außenbereich haben. In den großzügigen Restaurants sollen alle Passagiere in einer Sitzung essen können. Mit zwei Schornsteinen soll das Schiff noch nostalgischer als die »Deutschland« aussehen. Wir wissen gut, was zu verbessern ist.

Die Gäste wollen auch wir vorwiegend auf dem internationalen Markt gewinnen, vor allem in den USA und in England. Das wird auch Konsequenzen bei der Wahl des Namens haben. Unser Vater hatte bereits Bedenken, als er sein Schiff »Deutschland« taufen ließ. Er warf sie schließlich über Bord und hat seine Entscheidung niemals bedauert. Aber die Entwicklung bestätigte seine früheren Überlegungen: Amerikaner und Engländer haben Probleme mit dem Namen »Deutschland«. Vor allem, wenn die ältere Generation angesprochen wird.

Die »Deutschland« buchen nahezu ausschließlich Deutsche. Und die sind froh, wenn sie unter sich sind. Die Amerikaner sind ihnen zu laut. Haben sich doch einmal Amerikaner an Bord verirrt, hagelt es in Neustadt Beschwerdebriefe. Zwei Schiffe, zwei Welten, das wäre die Lösung.

Wir führen Gespräche mit den Werften. Die Meyer Werft in Papenburg würde den Auftrag gerne bekommen. Dort freut man sich, nach etlichen Luxuslinern in Serie ein Unikat bauen zu können.

Die Kosten in Höhe von voraussichtlich 300 Millionen Euro scheinen gesichert, zwei Banken haben die Finanzierung zugesagt. Auch die Deutsche Bank zeigte sich sehr interessiert.

Das erste Halbjahr 2008 hat die Reederei auf einer Welle des Erfolgs emporgetragen. Wir sind sicher, jetzt packen wir es. Doch auf den Wellenkamm folgt das Wellental. Im Spätsommer 2008 ziehen am Wirtschaftshimmel schwarze Wolken auf. Die Finanzkrise schickt ihre Vorboten.

Der Zusammenbruch der Lehman Brothers macht einen dicken Strich durch alle Berechnungen. Innerhalb von wenigen Tagen ziehen beide Banken ihre Zusage für einen Kredit zurück. Uns bleibt gar nichts anderes übrig, wir blasen das Projekt ab. Nicht endgültig. Vielleicht, so glauben wir damals noch, könnten wir in ein paar Jahren die Sache noch einmal überprüfen.

Im Herbst haben wir noch die Hoffnung, eine andere Finanzierung auf die Beine stellen zu können, ohne die Banken. Wir denken daran, die »Deutschland« zu verkaufen und sie dann zu mieten. Mit dem Erlös hätte das neue Schiff finanziert werden können.

Noch wollen wir nicht glauben, dass die »Deutschland II« für immer ein fliegender Holländer bleiben wird.

Auf Grund gelaufen

Als die MS »Mozart« im März 2009 nach der Winterpause in Passau ablegt, ist es merkwürdig still an Bord. Und auffallend leer. Das Ehepaar Rosi und Kurt G. aus Hamburg, Repeater auf Deilmanns Flussschiffen, wundert sich. Kein fröhliches »Hello, guys« und »How lovely« klingen über Deck. Die Amerikaner sind nicht da. In allen Jahren waren die »Mozart« und ihre Schwesterschiffe etwa zu 60 Prozent von Amerikanern gebucht. Sie lieben die romantische Fahrt auf Rhein, Mosel und Donau. Die darf bei keinem Europatrip fehlen.

Von unserem Büro in Washington kamen schon Ende 2008 sehr schlechte Nachrichten. Keine neuen Buchungen, nur Stornierungen. So schlimm war es noch nicht einmal nach dem Anschlag auf das World Trade Center 2001, klagt der Büroleiter. Diesmal ist es die Wirtschaftskrise, die sich auf unser Unternehmen auswirkt. Die Immobilienblase ist geplatzt. In Florida, wo Senioren der amerikanischen Mittelschicht ihren Lebensabend verbringen, stehen ganze Wohnquartiere zum Verkauf. Die Besitzer können die gestiegenen Hypothekenzinsen nicht mehr bezahlen, und schon gar nicht eine Europareise.

Große Kontingente unserer Schiffe waren an amerikanische Reiseveranstalter verchartert. Zu Beginn des Jahres ist das wichtig, denn die Deutschen reisen erst ab Mai. Im Frühjahr 2009 hagelt es Absagen, die Amerikaner stornieren in Massen.

Eine Hiobsbotschaft reiht sich an die andere. Lehman Brothers, Immobilienblase, Weltwirtschaftskrise, Finanzkollaps, alles hässliche Worte für ein Unternehmen, das fröhliche Entspannung auf hohem Niveau vermarkten will. Die Passagierzahlen gehen um 50 Prozent zurück. Nicht nur die Amerikaner, auch die Briten bleiben weg, weil die cleveren boys and girls aus dem Investmentbanking ihre Bonuszahlungen in den Wind schreiben können. Innerhalb von nur vier Wochen bricht der Markt der Flussreisen vollkommen zusammen. Durch die Absagen fehlen uns nahezu drei Millionen Euro. Es wird brenzlig. Da bahnt sich eine Katastrophe an. Wir werden uns von Flussschiffen trennen müssen. Entweder von mehreren älteren oder von unserem besten Stück, der »Mozart«. Interessenten gibt es für beide Optionen. Wir sind sicher, wir bekommen unsere Probleme in den Griff.

Etwas läuft aus dem Ruder

Wir setzen große Hoffnungen in den neuen kaufmännischen Leiter der Reederei. Der Prokurist nahm seine Arbeit im Dezember 2008 auf. Noch wussten wir alle nicht, in welche schwere See unser Unternehmen kurz darauf geraten würde.

Der kaufmännische Leiter ist jung, dynamisch und weist ausgezeichnete Referenzen vor. Er hat Erfahrungen sowohl bei Banken als auch in der Schifffahrt. Wir sind überzeugt: Er bringt frischen Wind in das Unternehmen. Unseren hohen Erwartungen entspricht das vereinbarte monatliche Gehalt von 18 333 Euro.

Der Start verläuft nicht so, wie wir das erhofft haben. Der Neue eckt an. Wo er auftaucht, gibt es Ärger. Die Mitarbeiter beschweren sich massiv über ihn. Anfangs vermuten wir, dass sie empfindlich reagieren, weil sie es nicht gewohnt sind, etwas hart angefasst zu werden. Aber die Klagen nehmen zu, auch von Mitarbeitern, die wir als ausgesprochen umgänglich kennen.

Für das Traumschiff hätte es beinahe geheißen: »aus der Traum«. Eigenmächtig hat sich der kaufmännische Leiter mit Verantwortlichen des Zweiten Deutschen Fernsehens und mit Wolfgang Rademann getroffen. Zwischen unserem Vater und Rademann war ein Vertrag ausgehandelt worden, der genau festgelegt, auf wie viele Kabinen die ZDF-Produktion Anspruch hat. Das wurde großzügig ausgelegt. Vater fragte ihn: »Wie viele Kabinen brauchst du, Wolfgang?«, und die bekam er. Wir haben das genauso gemacht. Der kaufmännische Leiter besteht jetzt auf Einhaltung des Vertrags, auf Punkt und Komma. Nicht eine Kabine mehr. Das ist Wolfgang Rademann nicht gewohnt. Er ist wütend. Wir erfahren von dem Ärger erst, als der Vertrag schon halbwegs gekündigt ist. Mit Engelszungen reden wir auf Rademann ein und können das Traumschiff vorerst vor dem Untergang retten.

Es geschehen Dinge, die wir uns nicht erklären können. Ohne uns zu informieren, verhandelt der kaufmännische Leiter mit den potenziellen Investoren unserer Flussschiffe. Plötzlich zeigen die kein Interesse mehr.

Kredite gekündigt

Die Geldinstitute werden unruhig. Seit der Pleite der Lehman Brothers traut keine Bank mehr der anderen. Alle haben Angst um ihr Geld und wittern überall Kreditausfälle. In dieser Situation wird es für uns eng.

Seit Jahren haben wir ein ausgezeichnetes Verhältnis zur Sparkasse Holstein und zur Kieler Volksbank. Sie sind unsere Hausbanken, sie waren es schon, als Vater noch die Geschäfte führte. Immer wieder haben wir die leitenden Banker auf die »Deutschland« eingeladen, sie sind gerne gekommen.

In Gesprächen mit Sparkasse und Volksbank wollen wir die Manager überzeugen, dass wir augenblicklich durch das Ausbleiben der Amerikaner eine Durststrecke zu überwinden haben, aber in der Lage sein werden, das Ruder herumzureißen.

Die Zahlen für dies Treffen hat unser Prokurist vorbereitet. Aus denen lesen die Banker, wir hätten in großem Umfang Privatentnahmen getätigt.

Das stimmt absolut nicht. Wir haben eine Umschichtung von einer Gesellschaft in eine andere vornehmen müssen. Jedes Flusskreuzfahrtschiff ist in einer anderen Kommanditgesellschaft. Gibt es Engpässe in einer Gesellschaft, hilft eine andere aus. So hat es schon unser Vater gemacht.

Wenn ein Schiff verkauft wurde, steckten wir den Gewinn nicht in die eigene Tasche, sondern tilgten damit die Kredite anderer Flussschiffe. Beinahe 100 Millionen Euro wurden an die Banken zurückgezahlt. Hinzu kamen die Zinsen. Bis 2009 ist niemals eine Rate ausgefallen. Bei den angeblichen Entnahmen handelt es sich um unsere Gehälter. Das stellt später der von uns beauftragte Wirtschaftsprüfer klar.

Vorläufig aber nutzen alle Argumente nichts. Die Banker übernehmen das Bild aus der Regenbogenpresse: zwei junge Frauen mit schicken teuren Kleidern und noch teurerem Schmuck. Und dann auch noch als Zwillinge im Doppelpack!

Natürlich haben die Vorstände auch von diesen Gerüchten gehört, die in die Welt gesetzt werden, seit wir die Reederei führen. Das jüngste Gerücht besagt, wir hätten einen Polostall gekauft. Das wäre wirklich eine sehr teure Anschaffung. Es ist schon merkwürdig, was die Leute sich zusammenreimen. Wir reiten beide gerne. Aber niemals Polopferde, Polo ist nicht unsere Welt. Allerdings haben wir bei einem Turnier eine Mannschaft gesponsert. Auf deren Hemden prangte das Logo der »Deutschland«. Bei solchen Gelegenheiten erhalten wir Adressen potenzieller Gäste. Das sind die dürftigen Zutaten zu dem miesen Gerücht.

Die Reaktion der Banken auf die präsentierten Zahlen ist katastrophal. In das Gespräch waren wir gegangen, weil wir im Vertrauen auf bewährte Beziehungen um vorübergehende Hilfe bitten wollten. Doch statt Brücken zu bauen, werden sämtliche Brücken abgerissen. Mit dem Erbe unseres Vaters hatten wir mehrere Bürgschaften übernommen. Die werden umgehend fällig gestellt. Unsere Hausbanken für die Flussschiffe kündigen im Juni die Dispositionskredite per Brief.

Die Volksbank fordert zugleich den für den Bau der »Frédéric Chopin« gewährten Kredit zurück, der noch mit mehr als drei Millionen Euro aussteht.

Bisher waren die Vorstände unsere Ansprechpartner. Jetzt werden wir auf die Ebene der Abteilungsleiter weitergereicht. An den persönlich bekannten Vorstand geschriebene Briefe beantworten nun die »zuständigen Betreuer«.

Hilfe abgelehnt

Der rasche Verkauf von Flussschiffen könnte uns retten. Ein Investor ist jedoch nicht mehr in Sicht. Erst später erfahren wir von einem Anruf beim kaufmännischen Leiter. Ein Unternehmensberater, mit dem wir bereits mehrfach zusammengearbeitet haben, hat von unseren Problemen gehört und fragt, ob er helfen könne. Er hat Verbindungen zur Private-Equity-Gesellschaft Waterland, die verstärkt auf Flusskreuzfahrer setzen möchte. Die Gesellschaft sei erst kurz zuvor bei Arosa Flussschiffe eingestiegen, ein Deal mit Viking River Cruises sei geplatzt. Es könnte also Interesse vorhanden sein. Ob er vermitteln solle? In einer Aktennotiz hält der Unternehmensberater die Antwort des kaufmännischen Leiters fest: *»Er hat jegliche Krise im Unternehmen verneint und darauf verwiesen, dass man alles unternommen hätte, Investoren anzusprechen – die Bedingungen aber für einen Einstieg hätten jeweils nicht gepasst. Meine Hilfe würde man abschließend nicht benötigen, es sei alles getan, und man würde im ›Plan‹ liegen.«*

Im Plan? Uns steht das Wasser bis zum Hals. In unserer Verzweiflung bitten wir den Ministerpräsidenten des Landes Schleswig-Holstein, Peter Harry Carstensen, um Hilfe. Der war immer wieder einmal an Bord der »Deutschland«, wir glauben ein gutes Verhältnis zu ihm zu haben.

Unser missglücktes Gespräch mit den Flussbanken zeigt unerwartete Auswirkungen. Die Verdächtigungen, Unterstellungen und Gerüchte haben blitzschnell ihren Weg ins Kieler Landeshaus gefunden.

Noch am selben Tag sendet uns der kaufmännische Leiter um 22 Uhr eine E-Mail.

»Das Wirtschaftsministerium Kiel fragt über Herrn K. nach einer Aufstellung Ihrer Entnahmen/Einlagen der letzten Jahre.

(Hier haben wohl die Flussbanken in den Telefonaten heute sehr eigene Versionen erzählt.) … Man hat mir zu verstehen gegeben, dass eine solche Auflistung die Voraussetzung für das Land wäre, ein Engagement überhaupt zu prüfen.«

Was veranlasst das Ministerium, nach Entnahmen zu fragen? Wir mailen an Volksbank Kiel und Sparkasse Holstein: Freigabe der Infos für die nächsten drei Tage für Herrn R. K., Wirtschaftsministerium.

Dem Vertreter des Ministeriums genügt das nicht. Er

verlangt am Tag darauf:»...*die Befreiung vom Bankge-heimnis kann sich nicht nur auf meine Person beziehen. Vielmehr muss dieses für die Landesregierung und deren handelnde Mitarbeiter sowie die Bürgschaftsbank ... gelten.*«

Also Einblick für nahezu jeden? Wir scheinen sehr verdächtig zu sein.

Der Ministerpräsident schickt einen Abgesandten, der an den Gesprächen mit unseren Hausbanken teilnimmt. Mehr Hilfe gibt es nicht.

Eine Pleite in Cuxhaven fällt nicht auf

Wir sehen keinen Ausweg. Die potenziellen Investoren der Flusskreuzfahrtschiffe rühren sich nicht. Das Kontokorrentkonto ist gesperrt. Bürgschaften müssen ausgelöst werden. Und wir haben kein Geld.

Der Prokurist holt eine Anwaltsozietät aus Bremen ins Haus, nach Selbstdarstellung »Der Tradition verpflichtet, aber offen für die Herausforderungen von Gegenwart und Zukunft«. Die 1950 gegründete Sozietät ist spezialisiert im Schifffahrtsrecht.

Nach einem Treffen in Travemünde gehen vier Tage später an unsere privaten Wohnungen adressierte vierseitige Briefe ein. Darin schreiben Anwälte:

»Weiter wurde ... deutlich, dass die Deutsche Bank darüber nachdenkt, dass Kreditengagement mit Ihrem Hause wegen eines nachhaltig gestörten Vertrauensverhältnisses zu beenden ...

Über Ihre Insolvenzantragspflichten hatten wir Sie sowohl schriftlich als auch mündlich belehrt. Da die Banken-

gespräche mit zum heutigen Morgen noch nicht zu einer endgültigen Lösung der Krise geführt haben und Ihr Wirtschaftsprüfer (...) die Zahlungsunfähigkeit Ihres Hauses festgestellt hat, besteht die Insolvenzantragspflicht. Um einer Strafbarkeit wegen Insolvenzverschleppung zu entgehen, müssen Sie unverzüglich, spätestens aber 3 Wochen nach Eintritt der Zahlungsunfähigkeit bzw. Überschuldung, einen Insolvenzantrag stellen.

Wir bitten um Verständnis, dass wir Sie über Ihre Verpflichtungen vorstehend sehr eindringlich und deutlich belehrt haben... Wenn die Fortführung Ihrer wirtschaftlichen Betätigung im Rahmen der MS Deutschland KG überhaupt gelingen soll, ist es erforderlich, dass Ihnen keiner der vorstehend aufgezeigten Kardinalfehler unterläuft...«

Wir sind vollkommen verunsichert, weite Teile des Schreibens empfinden wir wie eine Drohung.

Uns wird eine Planinsolvenz empfohlen. Damit werde das Unternehmen nicht zerschlagen, heißt es, sondern könne weitergeführt werden. Der Insolvenzverwalter sei nicht uneingeschränkter Herrscher im Haus. Im Übrigen, versprechen die Anwälte, sei eine stille Insolvenz steuerlich weitaus vorteilhafter als ein Verkauf der Schiffe.

Die Bremer Rechtsanwälte und der kaufmännische Leiter raten uns eindringlich, zuvor den Sitz des Unternehmens von Neustadt nach Cuxhaven zu verlegen. Das sei aus zwei Gründen vorteilhaft. In Cuxhaven bestünden gute Aussichten, dass das Amtsgericht einen den Anwälten wie auch dem Prokuristen bekannten Insolvenzverwalter, sie nennen seinen Namen, aus Bremen einsetze. Zudem falle der Zusammenbruch in Cuxhaven weniger auf. Eine Insolvenz muss am Sitz des Unternehmens veröffentlicht werden, in der Regel in der Tageszeitung. Mit Sicherheit finde die entsprechende Anzeige in den »Cuxhavener Nachrichten« mit einer Auflage von knapp 12 000 Exemplaren weniger Leser.

Ein erzwungener Vertrag

Es brennt an allen Ecken und Enden. Wir hetzen von einem Gespräch mit den Banken zum anderen. Am 18. Juni 2009 sind wir bei der Deutschen Bank einbestellt. Es geht um die »Deutschland«, unsere Cash Cow, von deren Gewinnen die Flussbanken ebenfalls einen Happen ergattern möchten. Ohne die Zustimmung der Deutschen Bank ist das nicht möglich. Lehnt sie ab, scheitert auch unser letzter Rettungsversuch.

Kurz bevor wir aufbrechen wollen, kommt der kaufmännische Leiter in unser gemeinsames Büro. Er legt uns einen Vertrag vor, den wir – bitte – rasch unterschreiben mögen, reine Formsache.

Reine Formsachen gibt es bei Verträgen nicht, und in unserer Situation erst recht nicht. Wir wollen das Schriftstück zuvor lesen, es ist schließlich nur ein Blatt. Der Manager reagiert verärgert auf unser Zögern. Wenn wir nicht unterschrieben, komme er nicht mit nach Hamburg. Das ist vollkommen ausgeschlossen. Sollen wir bei der Deutschen Bank sagen, »tut uns leid, unser kaufmännischer Leiter ist soeben von Bord gegangen«?

So unter Druck, unterschreiben wir während der Fahrt im Auto. Es ist ein Anstellungsvertrag zwischen der Schifffahrtsgesellschaft MS »Deutschland« und dem kaufmännischen Leiter. Er sorgt für die Insolvenz vor. Als Angestellter der in den Konkurs schlidderndern Reederei hätte er allenfalls ein Gehalt von 5500 Euro im Monat zu erwarten, mehr darf nicht gezahlt werden. Die »Deutschland« ist vom Konkurs nicht betroffen, von ihr kann er weiterhin sein volles Gehalt in Höhe von 18 333 Euro monatlich beziehen.

Abgesehen davon, wie dieser Vertrag zustande kommt, enthält er mehrere gravierende Verstöße. Für die »Deutschland« arbeitet kein kaufmännisches Personal. Nach den Verträgen mit der Deutschen Bank dürfen keine Mitarbeiter der Reederei über die »Deutschland« beschäftigt und bezahlt werden. Aber alle, die sonst ganz genau auf Punkt und Komma achten, gehen über diese Ungereimtheiten großzügig hinweg.

Ein letzter Versuch

So wird auf der Fahrt nach Hamburg aus dem Mitarbeiter der Reederei ein Angestellter der Schifffahrtsgesellschaft. Doch trotz dieses überaus problematischen Starts in die Verhandlungen mit den Flussbanken und der Deutschen Bank scheint diesmal ein Wunder zu gelingen. Die Banker wirken freundlicher und verbindlicher – das hatten wir lange vermisst. Wir legen von uns erarbeitete Zahlen vor. »Das könnte klappen«, sagen die Banker. Sie zeigen sich bereit, Beträge zu stunden und auf einen Teil ihrer Forderungen zu verzichten. »Wenn ihr alle mitzieht, dann mache ich das auch«, sagt einer von ihnen.

Der Vertreter der HypoVereinsbank fasst das Ergebnis der Besprechung in einem Schreiben zusammen. Es trägt das Datum Freitag, 19. Juni 2009:

»Die Deutsche Bank signalisierte Bereitschaft, den Wunsch einer nachrangigen Besicherung der Flusskreuzfahrtbanken auf der MS Deutschland ... für eine Fresh-Money-Gewährung i. H. v. EUR 5 Mio. positiv im von ihr geführten Kreis der die MS Deutschland finanzieren-

den Banken vorzutragen. ... Die Leistung eines materiellen Beitrages für den Fresh-Money-Bedarf wurde abgelehnt ...

Wir tendieren ... dazu, die nächste Woche für die Zahlung der Gehälter unseres Wissens nach benötigten EUR 450000 durch Volksbank Kiel, Sparkasse Kiel und HBV zu gleichen Teilen darzustellen und anschließend eine Lösung zu finalisieren.«

Das Schreiben erreicht uns am selben Tag. Wir atmen auf, das sind hoffnungsvolle Ansätze. Doch wir haben den Lichtschein am Horizont zu früh gesehen.

Etwa eineinhalb Stunden später geht eine als »vertraulich« gekennzeichnete E-Mail ein. Absender ist der kaufmännische Leiter:

»... anbei ein zusammenfassendes Schreiben der HypoVB. ... Darin heißt es im letzten Absatz, dass man dazu tendiere, die für die kommende Woche fälligen Löhne der PDR (Peter Deilmann Reederei, d. A.) evtl. über drei Banken darzustellen.

An dieser Stelle muss aus meiner Sicht bitte noch einmal über das Wochenende ... geprüft werden ..., ob denn eine solche kurzfristige Lösung aus Sicht der Geschäftsführung der Gesellschaften und mit Blick auf deren evtl. Insolvenzantragspflicht akzeptiert werden kann.«

Der Steuerberater, der die Planinsolvenz entwickelt hatte, bestätigt den Prokuristen. Er schreibt uns: »Das erreichte Ergebnis ist wirtschaftlich für Sie nicht akzeptabel ... Wir empfehlen Insolvenz der Gesellschaften.«

Die Insolvenz, gegen die wir uns mit aller Kraft gestemmt haben, ist nicht mehr aufzuhalten.

Nur fünf Tage nach dem letzten Versuch einer Rettung, vier Tage nach dem letzten Hilfsangebot, beantragt die Flusskreuzfahrtschiff GmbH & Co KG am 24. Juni 2009 beim Amtsgericht Cuxhaven die Eröffnung des Insolvenz-verfahrens.

»Ausstehende Darlehen für den Betrieb der Flussschiffe werden kurzfristig (fällig) gestellt, und Anträge der Reede-rei auf Liquiditätshilfen vonseiten der Banken und der Poli-tik werden negativ beschieden«, meldet die Presse.

In den Wirtschaftsredaktionen rätselt man darüber, warum der Firmensitz so kurz vor dem Ende nach Cuxha-ven verlegt wurde. Die Journalisten sind sich bald einig: Da kann etwas nicht stimmen. Das färbt auf die Berichterstat-tung ab. Es wird sehr umfassend und sehr negativ berichtet. Dabei bleibt es keineswegs so still, wie die Anwälte ver-sprachen. Und dann steht er auch in den Zeitungen, der Vorwurf der hohen persönlichen Entnahmen.

Der vorläufige Insolvenzverwalter stellt für seine Leis-tungen vom 25. Juli bis zum 31. August 2009, also für zwei Monate und fünf Tage, 641 220,90 Euro in Rechnung. Das Amtsgericht Cuxhaven gestattet, diesen »Betrag nach Rechtskraft des Beschlusses der Insolvenzmasse zu ent-nehmen«.

Kaufmanns Gut hat Ebb' und Flut

An Bord der »Deutschland« ist es wie immer: traumhaft. Kapitänscocktail, heitere Vorstellung der Künstler an Bord, bunter Abend der Mannschaft, aufregende Landausflüge, große Tanzshow, klassischer Konzertabend, Eisbomben unter glitzernden Wunderkerzen. Auf unserem Schiff wird die gleiche Wunderwelt wie immer zelebriert.

Zu Hause kämpfen wir um unser Schiff mit Meetings, Zahlen, Mails, Anweisungen – zwischen vielen Stolperdrähten. Jetzt bestimmen die Herren mit den Nadelstreifen unsere Tage, manchmal flankiert von wenigen Damen im schwarzen Kostüm. Alle tragen sie die Uniform des Geldes. Allenfalls das beliebte, breit blau-weiß gestreifte Hemd mit steifem weißem Kragen und ebensolchen Manschetten, beides rund geschnitten, ist als Ausdruck persönlicher Eitelkeit zulässig. Doch Vorsicht, die Typen mit den runden Kragen sind häufig die eckigsten.

Wir haben Insolvenz für die Flussschiffe angemeldet – und die Peter Deilmann Reederei mit in den Konkurs gezogen. Es gab eine Verflechtung zwischen der Gesellschaft eines Flussschiffs und der Reederei, die war uns nicht bekannt.

Wir können es nicht glauben: Die Insolvenz unserer »kleinen Traumschiffe« zieht auch unser großes »Traumschiff« in den Strudel.

»Das Unternehmen XYZ hat Insolvenz angemeldet« – die wenigsten ahnen, was hinter solch einer lapidaren Zeitungsmeldung steckt: eine Schlacht, bei der nicht klar ist, wer die Verbündeten sind und wer die Widersacher, ein Kampf mit oft unfairen Mitteln, der den Unternehmer immer weiter in die Enge treibt. Mag er noch so strampeln, sein Untergang ist gewiss. So jedenfalls haben wir es erlebt.

Wozu braucht ein Schiff ein Rettungsboot?

Nur zwei Tage nach der Insolvenz der Flussschiffe teilt die Deutsche Bank/Deutsche Shipping als Kreditgeber der »Deutschland« mit:

»Sehr geehrte Damen,
wir nehmen Bezug auf unsere Betriebsmittelzusage vom 08.11.2002 nebst diverser Addenda.
Wir möchten Sie davon in Kenntnis setzen, dass wir den vorgenannten Betriebsmittelkredit hiermit mit sofortiger Wirkung kündigen.«

Keine persönliche Ansprache, das wird jetzt nicht mehr für erforderlich gehalten. Im Originalschreiben besteht dieser Brief aus drei Textzeilen. Drei Zeilen für einen Dispositionskredit von mehr als drei Millionen Euro.

Ein Privatmann hat jetzt mehr finanziellen Spielraum als die Schifffahrtsgesellschaft MS »Deutschland«.

»Macht nichts«, sagt der kaufmännische Leiter, »den Kredit brauchen Sie sowieso nicht.«

Ja, wozu braucht ein Schiff ein Rettungsboot?

Die Auseinandersetzungen mit dem Leiter der kaufmännischen Abteilung nehmen an Schärfe zu. Wir beginnen das Thema eines Buches, das er geschrieben hat, anders zu verstehen. Es behandelt Umformungen in der Seeschifffahrt. Darin wird »die Privatisierung der sozial und ökonomisch bedeutsamen ehemals sozialistischen Reedereikonzerne im Ostseeraum untersucht. ... Der Autor stellt das dramatische Schrumpfen der vormals eigenkapitalorientierten Unternehmen und ihre Entwicklung zu weitgehend fremdfinanzierten mittelständischen Dienstleistern dar«.

Zum »fremdfinanzierten« Mittelstand gehört die Schifffahrtgesellschaft MS »Deutschland« ebenfalls. Bei der

Deutschen Bank ist in Kürze eine Sondertilgung fällig, die wir in unserem Erfolgsjahr 2008 zugesagt hatten. Das werden wir nicht schaffen, weil wir wegen der insolventen Reederei nicht ausreichend werben können. Wir müssen um Aufschub bitten. Der Transformationsexperte weigert sich, die Zahlen der Reederei nach unserer Prognose aufzuarbeiten. Es kommt zum Eklat. Der Manager kündigt schriftlich »zum nächstmöglichen Zeitpunkt, das heißt zum 30.09. 2011«.

Wir möchten die Trennung schneller vollziehen. Allein entscheiden können wir das nicht mehr. Wir benötigen das Einverständnis des Insolvenzverwalters. Das dürfte kein Problem sein, denken wir. Doch wir scheitern. Ganz massiv sogar. Die Einwilligung bekommen wir nicht.

Noch am selben Tag haben wir ein Gespräch bei der Deutschen Bank. Dort weiß man bereits Bescheid. Wir werden deutlich verwarnt, die Streckung des im August fälligen Kredits sei nicht wahrscheinlich, falls wir dem kaufmännischen Leiter kündigten.

Die Wogen gehen hoch. Wir entziehen die Prokura. Der Insolvenzverwalter reagiert prompt mit einer Hausmitteilung: »*Dieser Schritt der Gesellschafterinnen überrascht mich. Ich halte ihn für die weitere konstruktive Zusammenarbeit mit der Insolvenzverwaltung in dieser schweren Zeit für falsch. Unverändert zähle ich auf Herrn ... in seiner Funktion als kaufmännischer Leiter des Unternehmens.*«

Ohne unser Wissen wird ein großer Geldbetrag an den kaufmännischen Leiter überwiesen. Wir schreiben an den Insolvenzverwalter:

»*... wir haben zur Kenntnis genommen, dass Sie handelnd als Insolvenzverwalter der Peter Deilmann Reederei GmbH & Co. KG eine Zahlung in Höhe von Euro 31 306,89 aus dem Vermögen der Schifffahrtsgesellschaft MS*

DEUTSCHLAND GmbH & Co. KG an Herrn ... verfügt haben.
Wir können dieser Entscheidung nicht zustimmen.«
Die Zahlung wird von uns gestoppt. Und dennoch später vorgenommen.

SOS von Bord

Offenbar haben nicht nur wir erhebliche Probleme mit dem Mann. Immer wieder beklagen sich Mitarbeiter der Reederei in Neustadt über den Umgangston. Mehr und mehr gewinnen wir den Eindruck, hier wird nicht im Interesse des Unternehmens gearbeitet. Aber für wen denn sonst? Wäre es vorstellbar, dass die Absichten anderer verfolgt werden?

Offenbar kommen in dieser Zeit nicht nur uns solche Gedanken. Von Bord der »Deutschland« gehen zwei Briefe ein. Das ist ungewöhnlich, denn über förmliche Schreiben korrespondieren wir eigentlich nie. Einer der Briefe ist an uns gerichtet, der andere ist an den Insolvenzverwalter adressiert. Beide Schreiben betreffen den kaufmännischen Leiter, vom Inhalt sind sie ähnlich.

Leitende Mitarbeiter der »Deutschland« funken SOS. Jeder Name der Unterzeichner ist ein Wert an sich. Mit ihnen sind für uns seit vielen Jahren Verlässlichkeit, Umsicht und Loyalität verbunden. Alle sind sie Seeleute, die so leicht nichts erschüttern kann. Es sei denn, der kaufmännische Leiter der Reederei kommt an Bord. Danach gehen die Wogen offenbar hoch wie bei einer besonders stürmischen Umrundung des Kap Hoorn.

Nach Darstellung der Absender hat der Prokurist an Bord der »Deutschland« nicht nur gewütet wie ein Elefant im Porzellanladen, er hat offenbar den ganzen Laden zu

Bruch gehen lassen. Schon bei seinem Antrittsbesuch auf dem Schiff habe er für Irritation gesorgt, *langjährige, erfahrende Mitarbeiter in überheblicher Art und Weise kritisiert,* über Dinge der Technik und Hotellerie geurteilt, *von denen er offensichtlich nichts verstand.*

In seiner eigentlichen Aufgabe als kaufmännischer Leiter der Reederei jedoch, werfen die Verfasser dem Prokuristen vor, habe *er sichtbar versagt. Er sollte – gerade in Zeiten der Krise – das Unternehmen führen, ins ruhige Fahrwasser bringen.* Das Gegenteil davon aber sei geschehen.

Die Unterzeichner der beiden Briefe äußern ihr Entsetzen darüber, *in welchem Tempo dieser Mann ein weltweit anerkanntes Familienunternehmen an den Rand des Ruins bringen konnte.* Uns wird geschrieben, man habe kein Vertrauen mehr in den Mitarbeiter, der nichts geleistet habe außer Trümmer zu hinterlassen. Der an uns gerichtete Brief endet mit dem Rat, wir sollten uns von dem Mann trennen, bevor es zu spät sei. *Unser Unternehmen hat Zukunft,* schließt der Absender, davon sei er überzeugt.

Kein Dienstwagen

Wie gerne würden wir das tun. Auf der Stelle. Wir glauben sogar, einen Trumpf in der Hand zu haben. Unmittelbar nach seiner schriftlichen Kündigung hatte der kaufmännische Leiter gesagt, er könne sich vorstellen, das Unternehmen bereits zum Monatsende zu verlassen. Zwei Tage später wollten wir sein Angebot annehmen, aber nun erklärt er, das sei nicht ernst gemeint gewesen.

Wir aber meinen es ernst und kündigen »aus wichtigem Grund mit sofortiger Wirkung«. Eigentlich sind es mehrere Gründe. Wir werfen dem Manager vor, er habe Dienstreisen nicht abgestimmt, sich nicht an Abmachungen gehalten, ohne die erforderliche Zustimmung über das Budget verfügt.

Zudem sind da noch Absonderlichkeiten, auf die wir bisher wenig geachtet hatten, die aber jetzt in einem vollkommen anderen Licht erscheinen.

Wir wollten den Dienstwagen in den Anstellungsvertrag des kaufmännischen Leiters aufnehmen, aber der winkte ab. Er habe ein Auto, das wolle er weiternutzen, ein Dienstwagen sei nicht notwendig. Damit hatte er bei uns Punkte gemacht, der Dienstwagen ist bei Gehaltsverhandlungen sonst immer ein zentrales Thema.

Erst jetzt ermitteln wir: Der Mann fährt ein Auto, das auf eine Equitygesellschaft der Schifffahrtsbranche zugelassen ist. Die Gesellschaft ist darauf spezialisiert, Kapital für Schiffsbeteiligungen und Schiffsfonds einzusammeln.

Vor dem Arbeitsgericht Lübeck wird unser »wichtiger Grund« durch den Rechtsanwalt des kaufmännischen Leiters erfolgreich bestritten. Die Sache endet mit einem Vergleich. Der Rechtsanwalt, der den kaufmännischen Leiter vertritt, kommt aus der Bremer Sozietät, die die Insolvenz vorbereitete.

Ausgebootet

Jetzt lernen wir die »men in black« von einer anderen Seite kennen. Höflichkeit? Das war einmal vor langer Zeit. Jetzt weht ein anderer Wind. Vorbei ist die Zeit, in der eine Besprechung mit der Bank gelegentlich mit einer Einladung zum Essen endete. Jetzt wird noch nicht einmal ein Glas Wasser angeboten. Die Banker setzen die Daumenschrauben an. Zahlungsaufschub bis zum Jahresende? Daran ist gar nicht zu denken. Vielleicht Aufschub von Woche zu Woche, das hänge von den Berichten ab, die wir jetzt wöchentlich an die Deutsche Bank liefern sollen. In einem Brief wird aufgelistet, was die Bank detailliert zu wissen verlangt:

»– aktuelle Buchungssituation (Anzahl Neubuchungen insgesamt, Stornos)
– Auslastungsvergleich 2009 zum Vorjahr
– Buchungsstatistik pro Reise im Vergleich zum Budget (für Reisen bis einschließlich 2010)
– aktuelle Liquiditätssituation
– Marketingmaßnahmen
– Kosteneinsparungsmaßnahmen
– sonstige wesentliche Maßnahmen/Ereignisse
monatlich:
– aktualisierte Ergebnisvorschau 2009 (2010)
– betriebswirtschaftliche Auswertung«*

Damit wir wissen, dass wir mit der »Deutschland« ab sofort unter Kontrolle stehen, schließt dieser Forderungskatalog mit dem Hinweis:

»Wie Sie wissen, stehen wir in direktem Kontakt mit der Peter Deilmann Reederei GmbH & Co. KG. Um für das Konsortium eine jederzeit aktuelle Information insbesondere über die Bereederung der MS ›Deutschland‹ sicherzustellen, werden wir diesen Kontakt bis und nach Eröffnung des Insolvenzverfahrens aufrechterhalten.«

Wir sind geradezu entmündigt. Informationen holt sich die Bank über den Insolvenzverwalter oder den kaufmännischen Leiter. Unsere Angaben werden überprüft. Jedes Detail muss im Wochenreport enthalten sein. Als ob sich die Buchungszahlen innerhalb von nur sieben Tagen grundlegend änderten. Wir haben fast nur noch mit diesen Reports zu tun, andere wichtige Arbeiten kommen zu kurz. Die Banker quälen uns damit – und das wissen sie.

Zwischen der Peter Deilmann Reederei und der MS »Deutschland« besteht ein so genannter Bereederungsvertrag. Der beinhaltet die Kontovollmacht des Reeders bei der Schifffahrtsgesellschaft MS »Deutschland«. Der Vertrag war auf unseren Vater zugeschnitten. Er hatte sich nicht vorstellen können, dass jemals Fremde in seinem Unternehmen bestimmen. Jetzt ist der Insolvenzverwalter der Reeder. Er sitzt am Geldhahn und belehrt uns:

»Ihrem Schreiben ... muss ich leider entnehmen, dass wir die aktuelle Situation der Fortführung der DEUTSCHLAND ... offenbar nicht ausreichend deutlich besprochen haben. Aus diesem Grunde weise ich nochmals ausdrücklich darauf hin, dass mit Eröffnung des Insolvenzverfahrens ... die Verwaltungs- und Verfügungsbefugnis ... auf mich als Insolvenzverwalter übergegangen ist.

Diese Befugnis umfasst vollumfänglich auch die Fortführung der DEUTSCHLAND. Als Insolvenzverwalter der Reederei bin ich ... berechtigt, alle Geschäfte für die Besitzgesellschaft der DEUTSCHLAND vorzunehmen...

Aktivitäten, die die Fortführung der DEUTSCHLAND betreffen, kann ich Ihnen daher auf Ihren Wunsch rein informatorisch mitteilen ...; für eine generelle vorherige Abstimmung sehe ich dagegen keine rechtliche Grundlage.«

Gefragt werden müssen wir nicht mehr. Zu sagen haben wir nichts mehr. Nichts anderes wird uns mit diesem Brief mitgeteilt. Wenn wir es wünschen, aber auch nur dann, können wir informiert werden. Oder aber auch nicht. Wir sind ausgebootet.

*

Gäste müssen auf das Schiff geholt werden, wir müssen werben. Das kostet Geld. Der Insolvenzreeder sperrt die

Konten. Wenn wir nicht werben, fährt unser Schiff in die Pleite. Und enthält der wöchentlich an die Deutsche Bank zu liefernde Report nicht ausdrücklich die Frage nach Maßnahmen des Marketings?

Wir machen Werbung mit Bordmitteln. Die Familie schwärmt aus, wir platzieren Prospekte in Hotels, mit denen wir zusammenarbeiten. Das ist noch nicht einmal ein Tropfen auf den heißen Stein, scheint aber trotzdem zu wirken. Ein Mitglied der Familie möchte an Bord der immer noch für uns fahrenden Flussschiffe Vorträge über die »Deutschland« halten. Der Insolvenzverwalter erlaubt es nicht.

Razzia

Da der Insolvenzreeder meist nur einmal in der Woche nach Neustadt kommt, setzt er einen Bevollmächtigten ein. Mit dem fängt der Tanz erst richtig an. Es wird von uns verlangt, einem Berater aus Bremen Generalvollmacht für die Geschäfte der »Deutschland« zu geben. Wir sollen uns aus der Geschäftsführung zurückziehen.

Wir hatten reservierte Parkplätze, gleich neben dem Eingang des Verwaltungsgebäudes. Hedda kommt jeden Tag mit dem Baby in die Reederei. Hoch bepackt, denn das Kind muss versorgt werden. Auf unseren Parkplätzen stehen an einem Morgen das Auto des Bevollmächtigten und das des kaufmännischen Leiters. Von da an stehen sie täglich dort. Hedda muss die Sachen für das Kind über den Platz schleppen.

In der oberen Etage der Reederei gibt es ein kleines Zimmer, das nutzt Hedda, wenn sie ihre im November 2008 geborene Tochter stillen will. Eines Tages ist es abgeschlossen, der Schlüssel ist unauffindbar. Das bleibt er auch.

Auf dem Speicher des Hauses haben wir ein paar Möbel, eine eichene Truhe mit Intarsien und Teppiche gelagert. Die gehören uns, haben mit der Reederei nichts zu tun. Sie sind verschwunden – und niemand weiß wohin. Ebenfalls auf dem Dachboden lagerten etliche Gemälde. Die werden ebenso wie die in der Reederei an den Wänden hängenden Bilder requiriert. Sie alle gehören zu unserem Privatbesitz.

Wie in einem schlechten Film steht an einem Sonnabend im Oktober ein Großaufgebot von Polizei und Zoll vor der Reederei in Neustadt. Gleichzeitig werden acht unserer Schiffe in Bayern und Österreich geentert. In Melk an der Donau stürmen 40 Fahnder die »Mozart«. Sie vernehmen Schiffspersonal auch noch während der Fahrt flussaufwärts. Insgesamt sind 200 Beamte im Einsatz, Staatsanwälte, Zöllner von der Finanzkontrolle Schwarzarbeit, Steuerfahnder, Mitarbeiter der Landeskriminalämter.

3000 beschlagnahmte Aktenordner aus den Büros in Neustadt werden mit großen Transportern abgefahren. Es bestehe der Verdacht der Steuerhinterziehung und der »Vorenthaltung von Arbeitsentgelt«, sagt die Staatsanwaltschaft. Durch Vermittlung einer tschechischen Verleihfirma sollen Leute ohne Arbeitserlaubnis beschäftigt worden sein. Für die seien weder Sozialabgaben noch Lohnsteuer gezahlt worden.

Auf bestimmten Streckenabschnitten musste auf der Donau nautisches Personal mit tschechischem Patent eingesetzt werden. Diese Leute stellte uns eine tschechische Reederei. In den 90er-Jahren war das, liegt also lange zurück.

Warum dann gerade jetzt diese Razzia? Jetzt, wo wir kaum noch ein und aus wissen? Kann es sein, dass jemand dem Finanzamt oder der Staatsanwaltschaft einen Wink gegeben hat? Die schon lange nicht mehr genutzten Ordner mit den betreffenden Vorgängen lagern auf dem Speicher. Wir selbst hätten sie wahrscheinlich erst suchen müssen. Die Fahnder suchen nicht. Sie wissen, wo sie die Akten finden. Später erfahren wir, der Tipp sei bei der Steuerfahndung Lübeck eingegangen. Ermittelt wird seit etwa einem Jahr, ohne dass wir etwas davon erfuhren.

Von Geschäftsfreunden bekommen wir in jedem Jahr einen Korb mit Biogemüse für die Kinder geschenkt. Wir hätten in diesen traurigen Tagen mit all ihren Aufregungen gar nicht gemerkt, dass er nicht gekommen ist, wenn die Mitarbeiterin am Empfang nicht gesagt hätte, in diesem Jahr habe der Korb besonders prächtig ausgesehen, da habe wohl jemand sehr nett an uns und unsere Probleme gedacht.

Der Geschenkkorb ist verschwunden, ebenso wie der Adventskalender aus Niederegger-Marzipan vom Schreibtisch einer engen Mitarbeiterin. Auf unsere Nachfrage wird uns gesagt, diese Dinge sollten bei einer Weihnachtsfeier verlost werden.

Vieles sind Kleinigkeiten. Sie stehen in keinem Verhältnis zu unseren wirklichen Sorgen. Doch in unserer Situation schmerzen sie doppelt.

Neuer Anfang

Trotz allem, wir beißen uns durch. Niemals haben wir so häufig an den Leitspruch unseres Vaters denken müssen wie in diesen Tagen:»Kaufmannsgut hat Ebb˙ und Flut«. Unerschütterlich war er überzeugt: Auf schlechte Zeiten folgen gute Zeiten.

Unsere Presseinformation Nr. 1/10 lautet:
Reederei Peter Deilmann neu an den Start gegangen
Am 1. Januar 2010 hat die Reederei Peter Deilmann

GmbH ihre Geschäftstätigkeit – nach ordnungsgemäßem Abschluss des Insolvenzverfahrens der Peter Deilmann Reederei GmbH & Co. KG – neu aufgenommen. Firmensitz der Gesellschaft ist nach wie vor Neustadt in Holstein. Als geschäftsführende Gesellschafterinnen zeichnen Gisa und Hedda Deilmann allein verantwortlich. Ihnen zur Seite steht ein Team von 45 Mitarbeitern, das ebenfalls von der bisherigen Reederei übernommen worden ist. Die Reederei Peter Deilmann GmbH wird ab sofort die Bereederung des Traumschiffes MS »Deutschland« übernehmen.

Dazu Gisa und Hedda Deilmann: »Mit der neuen Gesellschaft unter unserem traditionellen Namen ›Deilmann‹ zeigen wir wieder Flagge ... Zu den ersten Reaktionen auf diese positive Nachricht zählt ein Brief von Alt-Bundespräsident Dr. Richard von Weizsäcker, der am 11. Mai 1998 die ›Deutschland‹ in Kiel getauft hat: ›... ich die Ehre hatte, die ›Deutschland‹ taufen zu dürfen. Gerade in stürmischer See bewährt sich ein Schiff. Deshalb freue ich mich sehr, dass die ›Deutschland‹ auf Kurs bleibt und auch in Zukunft mit ihren wunderbaren Fahrten den guten Namen der Reederei in aller Herren Länder trägt... Ich wünsche Ihnen und Ihrem Flaggschiff auch künftig viel Glück und gutes Geleit.‹«

Wir hatten Richard von Weizsäcker im Dezember in Berlin besucht. Nun ist er einer unserer ersten Gratulanten.

Feuer an Bord oder
Der Anfang vom Ende

Die Tage in den Fjorden Norwegens waren wunderschön. Viel zu rasch ist diese eine Woche vorübergegangen. Wenn das Schiff am Abend die Leinen losmacht, nimmt es wieder Kurs auf Hamburg. Die »Deutschland« liegt an diesem Pfingstsonntag, es ist der 23. Mai 2010, in der kleinen norwegischen Hafenstadt Eidfjord. Obwohl das Schiff keineswegs zu den dicken Pötten unter den Kreuzfahrern zählt, wäre für ein zweites Schiff kein Platz am Kai. Alles hat hier ein wenig Puppenformat, nur die Berge rund um den Fjord, die sind mächtig.

Es ist ein Panorama, wie es die Nordlandreisenden erfreut. Viele sind deshalb zum Mittagessen nicht in das Restaurant »Berlin« gegangen, sondern haben versucht, einen der beliebten Plätze am Lidogrill zu ergattern. Von dort hat man einen herrlichen Überblick, das Städtchen liegt den Besuchern zu Füßen.

Die Rheinländerin Anneliese W. genießt die Aussicht. Zwölfmal ist sie bereits mit der »Deutschland« gefahren. Unter den Repeatern ist sie damit allenfalls im Mittelfeld zu finden, was sie nicht davon abhält, jedes Gespräch mit der Feststellung zu beginnen: »Isch kenn se hier alle. Alle! Misch kenn se hier auch alle. Alle! Bin nämlich schon zwölfmal an Bord. Is aber auch schön!« Dann schwärmt sie von der Bilderbuchlandschaft während der Fahrt durch den Fjord mit seinen tosenden Wasserfällen. »Wer das nicht gesehen hat«, sagt sie, »weiß gar nicht, wie herrlich dat is.« Dann widmet sie sich dem gegrillten Filet von der Rotbarbe.

Es herrscht, wie Seeleute sagen, Ruhe an Deck. Laut Eintrag im Bordbuch legte die »Deutschland« um 11.48 Uhr an der Pier von Eidfjord an. Das gesamte Schiff wird auf den so genannten Hafenbetrieb umgestellt. Mit besonderen Vorkommnissen ist nicht zu rechnen. Auf der Brücke bleiben der Dritte Nautische Offizier und der Staffkapitän, der den Kapitän vertritt.

Die Liegezeit wird zu Wartungsarbeiten genutzt. Zu tun gibt es immer etwas. An Zylinder 6 soll eine neue Buchse überprüft werden. Der Leitende Technische Offizier (LTO) und zwei Ingenieure steigen in den Maschinenraum. Die anderen Mitglieder der Maschinencrew gehen zum Mittagessen unter Deck.

Plötzlich glaubt der Leitende Technische Offizier einen Feuerschein im Maschinenraum zu sehen. »Lauf mal hin, sieh dir das genauer an«, schickt er einen der Ingenieure.

Der Mann meldet das Undenkbare: Feuer im Hilfsdieselraum!

Um 12.26 Uhr ruft der LTO den Staffkapitän auf der Brücke an: Feuer an Bord! Es ist das letzte Gespräch über die Telefonleitung. Gleich darauf fällt sie aus.

Der Staffkapitän schließt von der Brücke die Feuertüren im Bereich des Brands und alarmiert den bordeigenen Brandbekämpfungstrupp: »Alpha, Alpha, Alpha.« Gleichzeitig informiert er den Kapitän. Der löst um 12.29 Uhr Generalalarm aus. Drei Minuten sind seit Entdeckung des Feuers vergangen.

Das ist keine Übung

Der Alarm schrillt durch das ganze Schiff. Das üppige Büfett oben auf dem Lidodeck bleibt dicht umlagert, die Stewards balancieren die geordneten Biere durch die Gänge. Jeder denkt zunächst, dass es sich um eine Übung handelt.

Doch dann ertönen Rufe: Feueralarm! Feuer an Bord! Die Bedienung stellt schnell die Biere ab, der Koch an der Grillstation legt die Gabel beiseite. Nur keine Panik! Jedes Crewmitglied läuft zielstrebig an den Platz, der ihm für den Fall eines Feueralarms zugewiesen ist. Übungen hat es genügend gegeben. Jeder weiß, was er zu tun hat.

Die Gäste sehen sich verwirrt an. »He, Gyuri«, fragt Anneliese W. den ungarischen Ober, »was soll das jetzt? Schon wieder eine Übung, am Ende der Reise?« Gyuri antwortet etwas, was Anneliese W. nicht versteht, und schon ist er weg.

»Das habe ich noch nicht erlebt, und ich bin schon zwölfmal auf der ›Deutschland‹.« Anneliese W. ist empört. Läuft der Gyuri einfach weg. Morgen sollte er sein Trinkgeld bekommen. Sie wird sich das noch einmal überlegen. »Wir hatten doch schon die vorgeschriebene Seenotrettungsübung. Ist doch erst eine Woche her. Aber zum Schluss der Reise noch einmal eine Übung? Und dann zur Mittagszeit? So was gab es doch noch nie.«

»Das ist keine Übung. Das ist ernst.« Die Tischnachbarin von Frau W. deutet aufgeregt auf den Schornstein. Aus der Verkleidung, genau über dem Deilmann-Logo, quillt grauschwarzer Rauch. Der Himmel über dem Eidfjord ist an diesem Pfingsttag von durchsichtigem Porzellanblau. Umso härter wirkt der Kontrast.

Alle Gäste von Bord

Wir sind an diesem schönen Pfingsttag mit unseren Familien zu einem ländlichen Reitturnier gefahren. Kurz nachdem das Feuer entdeckt wurde, ruft der Inspektor der »Deutschland«, Werner Molle, an. Wir sind geschockt, aber er beruhigt uns: Das habe man bald unter Kontrolle. Die Passagiere seien nicht betroffen. Wir bleiben auf dem Turnier.

Während die Feuerlöschtrupps Alpha und Bravo zum Brandherd eilen, bereiten andere Mitglieder der Crew die Evakuierung des Schiffs vor.

Die örtliche Feuerwehr wird alarmiert. Gleichzeitig wird der Maschinenraum mit CO_2 geflutet, das soll den Brand ersticken.

Um 12.51 Uhr ordnet der Kapitän an: Alle Passagiere von Bord. Alle 364 Reisenden.

Vorbildlich machen die das. Stellen sich auf Deck 5 an, auf den Treppen darüber und den Treppen darunter, wie beim Landgang. Und die Crew tut so, als sei das heute auch nichts anderes.

»Mein Gott, jetzt war ich gar nicht mehr auf der Kabine«, klagt Anneliese W. »Es ging alles so schnell. Jetzt habe ich gar nichts bei mir, rein gar nichts. Man nimmt ja nichts mit, wenn man schnell mal zum Essen geht. Zwölf Fahrten und dann dies!«

Aus dem nahen Fahrstuhlschacht ist ein wildes Hämmern zu hören. »Seien Sie doch mal still«, herrscht eine Passagierin Frau W. an, »hören Sie das? Da ruft doch einer!«

Entgegen der Mahnung, im Falle eines Feuers nur die Treppen zu benutzen, sind die beiden Fahrstühle von älteren Gästen geentert worden. Als der Strom ausfällt, stecken sie fest.

Alles geht glimpflich ab. Die vorsorglich aufgefahrenen Rettungswagen werden nicht benötigt. Niemand ist zu Schaden gekommen, auch die inzwischen befreiten Fahrstuhlfahrer nicht.

Die Passagiere werden in das unmittelbar in der Nähe des Kais liegende Hotel Voeringsfoss gebracht. Plötzlich ist Gyuri an der Seite von Frau W. und fragt, ob er ihr helfen könne. Der Mann ist sehr groß und breit gebaut, das hat etwas Beruhigendes. In dieser Situation kann Frau W. das gebrauchen. Sie lächelt ihn tapfer an. »Nee, lassen Sie man, Gyuri, vielen Dank, ich komm schon zurecht. Aber vielleicht helfen Sie dem Mann mit dem Rolli da drüben?« Frau W. beschließt, es morgen doch bei der Summe zu belassen, die sie als Trinkgeld für Gyuri gedacht hat.

Wieder erhalten wir einen Anruf von Inspektor Werner Molle. Jetzt klingt seine Stimme nicht mehr sicher. Die örtliche Feuerwehr sei machtlos, sagt er. Es sollen Spezialisten zur Bekämpfung von Schiffsbränden aus Stavanger und Bergen mit Hubschraubern eingeflogen werden. Zu Sorgen bestehe dennoch kein Anlass. Jetzt hält uns nichts mehr auf dem Reitturnier.

Immer wieder prüft die Besatzung die Temperatur der Wände des hermetisch abgeschotteten Maschinenraums. Sie steigt ständig weiter. Das wird bedenklich. Der Kapitän ordnet an: Alles von Bord.

Ein sehr stiller Abend

Sämtliche Brandschutztüren halten. Die CO_2-Zufuhr wirkt. Um 15.27 Uhr meldet der Sicherheitsoffizier endlich: Feuer gelöscht. Alle atmen auf.
Der Kapitän gibt das Schiff teilweise frei. In kleinen Gruppen dürfen die Passagiere noch einmal an Bord, um persönliche Dinge aus den Kabinen zu holen.
»Ja, was denn? Wie viel denn?«, fragt Frau W.
»Alles, was Sie mitnehmen können«, sagt der Kapitän.
»Alles? Ja, kommen wir denn nicht mehr auf das Schiff zurück? Sie haben doch gesagt, das Feuer ist gelöscht.«
Anneliese W. ist verwirrt.

In Eidfjord räumt die Küchenbrigade die Vorratskammern des Schiffs. Das Hotel Voeringsfoss ist zwar groß, aber auf einen solchen Ansturm war dessen Küche nicht vorbereitet.

Es wird ein ziemlich ruhiger, stiller Abend in dem Hotel. Nur eine alte Dame lässt sich ihre gute Laune nicht verderben. Sie feiert ihren 90. Geburtstag.

★

Etliche Passagiere haben durch einen besorgten Anruf auf ihr Handy aus Deutschland erfahren, was auf dem Schiff passiert ist. Während sie im Hotel warten, werden die Bilder des gefährlich qualmenden Traumschiffs zu Hause längst im Fernsehen gezeigt.

Als Heddas Mann die Bilder aus Eidfjord sieht, beschleicht ihn ein ungutes Gefühl. Schon merkwürdig, sagt er, dass das ausgerechnet im Hafen passiert. Kurz bevor das Schiff zu dieser Reise auslief, war er mit den Kindern an Bord. Er hatte ihnen versprochen, sie dürften in den Maschinenraum. Daraus wurde leider nichts, weil ein Verantwortlicher, der ihnen die Türen hätte öffnen dürfen, nirgendwo aufzufinden war. Die Kinder waren sehr enttäuscht.

Wieder ruft Schiffsinspektor Werner Molle an. Aus eigener Kraft werde die »Deutschland« Eidfjord nicht verlassen können, meldet er. Der Schaden sei zu groß.

Wir haben beide den gleichen Gedanken: Das war es jetzt. Die Schäden der Flusskreuzfahrer wirken nach, die Deutsche Bank setzt uns massiv zu – und jetzt dieser Brand. Wir zweifeln daran, diese Situation meistern zu können. Aber andererseits denken wir: Jetzt muss die Bank uns doch helfen.

Traumschiff mit Plumpsklo

Am nächsten Tag trennen sich die Wege. Die Passagiere werden mit Bussen nach Oslo gebracht. Von dort fliegen sie nach Hause. Viele müssen allerdings noch einmal in Oslo übernachten, es fehlen freie Plätze in den Flugzeugen.

Ein Schlepper bugsiert die »Deutschland« durch den Hardangerfjord nach Bergen. Bevor das Schiff Eidfjord verlässt, hievt ein Kran fünf blaue mobile Toiletten an Bord. Durch den Brand sind beide Dieselmotoren der Generatoren ausgefallen. Damit funktioniert die Hauptstromversorgung nicht mehr. Folglich benötigen die 241 Mitglieder der Besatzung die fünf »Toi Tois«, »damit auf dem Traumschiff keiner über die Reling schiffen muss«, textet die »Bild«-Zeitung zu dem dazugehörigen Bild. Das Traumschiff und das Plumpsklo, das ist ebenso kein schönes Foto wie der qualmende Schornstein.

Die Prüfung in Bergen verläuft negativ. Die Schäden sind zu groß, um die »Deutschland« aus eigener Kraft nach Hamburg zu fahren. Sie muss geschleppt werden.

Schneller als das Schiff im Schlepp sind die Verdächtigungen und Gerüchte. Es könne sich um Sabotage handeln, wird geraunt. Oder war es vielleicht eine »heiße Sanierung«?

Ein Auftrag und kein Geld

Am 1. Juni erreicht die »Deutschland« die Reparaturwerft Blohm & Voss. 30 Tage sind für die Beseitigung der Schäden veranschlagt. Das kostet über zwei Millionen Euro. Die trägt die Versicherung.

Zudem waren turnusmäßig im November der Schiffs-TÜV und etliche Verschönerungen auf einer Werft in

Genua vorgesehen. Dafür sind eineinhalb Millionen Euro veranschlagt. Das Lifting wird gestrichen, den TÜV soll Blohm & Voss vorziehen.

Gleichzeitig muss die Reederei mehrere Reisen absagen. Gäste, die diese Fahrten gebucht haben, verlangen ihr Geld zurück. Die Reederei arbeitet mit dem Geld, es ist also nicht von einem Konto sofort abrufbar. Würde der gesamte Reisepreis sofort zurückgezahlt werden müssen, würde es das sofortige Aus für das Unternehmen bedeuten. Für die Erstattung der Reisekosten fehlen weitere eineinhalb Millionen Euro.

Wir sind in großer Sorge. Die Deutsche Bank, die das Konsortium der Kreditgeber anführt, übermittelt uns zwar viele Fragen wegen des Brandes, aber eine Überbrückung der Ausfälle wird abgelehnt. Auch die an den Ministerpräsidenten des Landes Schleswig-Holstein, Peter Harry Carstensen, gerichtete Bitte um eine Landesbürgschaft ist vergeblich.

Wir sind auf das Entgegenkommen der Werft Blohm & Voss angewiesen. Der Sprecher der Geschäftsführung, Dr. Herbert Aly, glaubt an die Zukunft der »Deutschland«. Er lädt uns nach Hamburg ein. Auf dem Gelände der Werft steht direkt an der Elbe ein altes Lotsenhaus, das zu einem kleinen Restaurant umgebaut wurde. Von jedem Schiff, das die Werft jemals baute, steht dort ein Modell.

Über eine Wendeltreppe führt uns Dr. Aly auf die Dachterrasse des »Lotsenhöft«, dort lässt er Aperitifs reichen. Wir empfinden die Situation als befremdlich. Während uns das Wasser bis zum Halse steht, plaudert unser Gastgeber locker und entspannt. Und er blickt weit in die Zukunft. Wenn wir unser zweites Kreuzfahrtschiff auf Kiel legten, dann doch sicherlich bei Blohm + Voss?! Das versprechen wir in diesem Augenblick gerne.

Zu diesem Zeitpunkt ist noch nicht endgültig klar, ob die Versicherung den vollen Schaden trägt. 500 000 Euro fehlen noch. Dafür müssen wir eine persönliche Bürgschaft abgeben, wenn wir das Schiff rechtzeitig zur nächsten Reise aus der Werft holen wollen. Auch die geben wir, denn wir sind sicher: Für andere ist das Kapitel »Deutschland« bereits abgeschlossen, die Deutsche Bank erwartet nicht, dass wir wieder in Fahrt kommen.

Deutsche Bank Consult drängt darauf, dass wir während der Werftzeit das Schiff für Hapag-Lloyd zur Besichtigung freigeben. Die sind mit den Schiffen MS »Europa« und MS »Hanseatic« unsere Rivalen zur See. In der Vergangenheit wurde keine Gelegenheit ausgelassen, sich aneinander zu reiben. Eine der jüngsten Kampagnen lief bei Hapag-Lloyd unter dem Motto »Auch Traumschiffe brauchen Vorbilder«, das dazugehörige Foto zeigte die MS »Europa«. Aber in unserer Not würden wir sogar an den Konkurrenten vom Ballindamm verkaufen. Wir zeigen mehreren Herren der Geschäftsführung zwei Stunden lang die »Deutschland«. Diese Schiffsführung ist für uns kein leichter Gang. Als anschließend kein Interesse mehr besteht, weil das Innendesign nicht behagt, sind wir nicht traurig.

Wir wissen: Wir bekommen unser Schiff auch allein wieder flott.

★

In dem von der Bundesstelle für Seeunfalluntersuchung in Hamburg veröffentlichten Untersuchungsbericht 216/10 zur Schadensursache des Brands auf der MS »Deutschland« heißt es später: *Danach führte an beiden Motoren das Versagen mindestens einer der beiden Verbindungen in den Rohrleitungen zu einem Austritt von Kraftstoff. Dieser verdampfte auf den heißen Oberflächen der Zylinder-*

blöcke mit der Folge, dass sich ein zündfähiges Gas-
gemisch bilden konnte.«

Das verhängnisvolle Leck, so die Gutachter der Bundesstelle, sei mit hoher Wahrscheinlichkeit entstanden, weil
die Versorgung der Motoren mit Treibstoff häufig und
schnell umgeschaltet worden sei – aus Gründen des
Umweltschutzes.

Eis in den Herzen

Im Juli 2010 leiden die Norddeutschen unter einer Rekordhitze. Das Thermometer steigt auf 37 Grad. Die Passagiere, die in Hamburg an Bord der »Deutschland« kommen, freuen sich auf eine Abkühlung. Die Fahrt geht hinauf ins ewige Eis, nach Grönland. Das Schiff hat gerade die Werft Blohm & Voss verlassen. Nach einer vierwöchigen Zwangspause sind die Brandschäden beseitigt.

Es ist seltsam, dass die letzte große Reise der »Deutschland« unter der Ägide der Familie Deilmann dorthin führt, wo der Aufstieg aus dem Nichts begann: vor die Küste Grönlands. Und ein Eskimo aus dem Clan des Peter Hoegh ist mit an Bord. Der 60-jährige Mann, in eine Art graue Kutte gekleidet und mit einer goldenen Walfluke um den Hals, strahlt eine spirituelle Aura aus. Er ist Schamane, wird den Passagieren gesagt, und eine wichtige Persönlichkeit, wie es der Bürgermeister von Nuuk war. Mit dem hatte Peter Deilmann 40 Jahre zuvor über das Liegerecht der »Nordbrise« in grönländischen Häfen und das Angeln des Schwarzen Heilbutts verhandelt.

Uncle Angaagaq heißt der Mann, der an diesem hochsommerlichen Tag an Bord kommt. Er hat an einer Walschutzkonferenz teilgenommen und reist als Gast der Reederinnen in seine Heimat zurück. Als Gegenleistung – Hand für Koje – will er den Passagieren im »Kaisersaal« über das Leben und die Riten seines Volks berichten. Er ist Träger der »Großen Trommel«. Das sind nur wenige Auserwählte. Was er in die Haut des Tamburins flüstert, das wird zu den Geistern getragen.

Während das Schiff in Richtung Polarmeer fährt, kämpfen wir in Neustadt einen verzweifelten Kampf um die

Existenz des Unternehmens. Durch den Brand im norwegischen Eidfjord hat sich die Lage dramatisch weiter zugespitzt. Gäste, die Reisen im Herbst und Winter gebucht haben, stornieren. Sie haben Angst, an Bord der »Deutschland« zu gehen. Die Brandursache ist zu diesem Zeitpunkt noch nicht geklärt.

Die Grönlandfahrt bleibt für uns Reederinnen ein Trauma, für die Gäste an Bord wird sie zu einem fantastischen Erlebnis. »Wir haben großes Glück, meine Damen und Herren«, verkündet Kapitän Jungblut von der Brücke. »So schön und klar habe ich Grönlands Küste noch nie gesehen.« Und noch nie haben die Eskimos einen so warmen Juni erlebt, 19 Grad.

Es trieft und tropft, als die »Deutschland« in die Diskobucht einläuft. Es scheint, als weinten die Eisberge dicke Tränen. Das Menetekel des Klimawandels wirkt grandios. Der Gletscher der Diskobucht kalbt bedingt durch die steigenden Temperaturen immer heftiger. Einer schneeweißen Armada gleich ziehen die Eisberge von der Abbruchkante durch den 120 Kilometer langen Eisfjord in die Diskobucht. Sie bilden dort eine bizarre Welt. Bis über die Toppen getakelte Viermaster aus Eiskristallen, Burgen mit Zacken und Zinnen, Amphitheater, Fußballstadien, das Opernhaus von Sydney, wie von Unterwasserscheinwerfern türkisfarben illuminiert, dümpeln auf spiegelglattem Wasser dahin.

Viele Passagiere sind so begeistert, dass sie an Bord gleich eine nächste Reise buchen. Die Buchungen treffen bei uns in Neustadt ein. Vielleicht können diese positiven Signale die Banken überzeugen.

Uncle Angaagaq ist in der Siedlung Ilulissat von Bord gegangen. Den Passagieren hinterlässt er eine Mahnung: »Schmelzt das Eis in euren Herzen.«

Diese Botschaft erreicht die Banker nicht.

Versunken im Bermudadreieck

Nach den Sorgen ist vor den Sorgen. Zwar haben wir uns nach dem Brand wieder etwas berappelt, aber Zeit zum Durchatmen lässt man uns nicht. Weder die im August zum Jahresende gestundete Tilgung noch die zum Jahreswechsel 2009 regulär fällige Tilgung konnten wir aufbringen. Zum ersten Mal, seit wir das Ruder übernommen haben, müssen wir um Aussetzung bitten. Die Zinsen können wir wie immer bezahlen, aber die Tilgung, die stemmen wir nicht.

Von den Bankern haben wir durch die Bank nichts mehr zu erwarten. Hilfe kann nur noch ein Investor bringen. Die Deutsche Bank fordert uns auf, nach frischem Geld Ausschau zu halten. Damit sind wir einverstanden. Solvente Investoren findet man allerdings nicht auf dem Wochenmarkt, so etwas kostet Zeit. Die will uns die Deutsche Bank nicht zubilligen.

Bereits im Dezember 2009 wurden wir gedrängt, einen M&A-Vertrag mit der Deutschen Bank Consult abzuschließen. Hinter dem flockig über den Tisch geworfenen Kürzel M&A steht der englische Begriff Mergers & Acquisitions. Banker lieben solche Begriffe, von denen die wenigsten Menschen wissen, was sie bedeuten. Sie verleihen den Anschein von Kompetenz, und die ist besonders notwendig für Leute, die mit nichts anderem wirtschaften als dem Geld, das andere erarbeitet haben. M&A heißt zu gut Deutsch: Fusionen und Übernahmen.

Darum also geht es. Egal, wie das Geschäft ausgeht, einer verdient immer daran: die Investmentbank, die es einfädelt und begleitet. In unserem Fall, überschlagen wir, dürften das mindestens 1,75 Millionen Euro sein. Dafür kann man sich schon mal ins Zeug legen.

Wir wollten lieber selbst nach einem Investor suchen, nach einem, der zu uns passt. Aber die Deutsche Bank bestand darauf, dass wir die Deutsche Bank Consult einschalteten. Uns blieb keine andere Wahl. Falls wir den Auftrag nicht wie gewünscht erteilten, davon waren wir nach unseren bisherigen Erfahrungen überzeugt, würden unsere Kredite sofort fällig. Wir hatten die schlechteren Karten und unterschrieben, ohne eine Alternative zu haben.

Danach herrschte erst einmal Sonnenschein. Die Deutsche Bank war zufrieden, und DB Consult versprach, einen Investor zu finden, der unser Konzept unterstützt.

Ministerpräsident Peter Harry Carstensen, dem wir unsere Lage schilderten, versprach das auch. Er selbst wolle nach einem Investor Ausschau halten. Wenn er den gefunden habe, komme er nach Neustadt, um bei einer Pressekonferenz gute Stimmung für diesen Einstieg zu machen.

Einen Investor hat er niemals vorbeigeschickt. Aber er kommt tatsächlich zu der versprochenen Pressekonferenz. Von guter Stimmung allerdings keine Spur. Statt von Perspektiven redet er über Probleme: »Ich habe leider kein Füllhorn, das ich ausschütten kann…« Man werde uns unterstützen bei den Gesprächen mit den Banken. Deutlicher kann man auf unsere Sorgen nicht hinweisen. Die »Lübecker Nachrichten« notieren: »Den betretenen Gesichtern von Gisa und Hedda Deilmann war … anzusehen, dass sie mit ihrem Unternehmen die Hilfe des Landesvaters benötigen.« Und dann gießt auch noch der Neustädter Bürgermeister Öl ins Feuer mit dem Kommentar, er mache sich Sorgen um den Fortbestand des Unternehmens! Wirklich, die Wirkung dieser Pressekonferenz hatten wir uns anders vorgestellt.

Die Wirtschaftsprüfer von Deloitte & Touche beauftragen wir, ein Sanierungsgutachten auszuarbeiten. Das kostet uns fast 100 000 Euro und jede Menge Zeit. Auch das

Gutachten ist eine Forderung der Deutschen Bank. Deloitte & Touche beurteilt den Fortbestand des Unternehmens positiv. Voraussetzung ist allerdings, dass wir aktuell zehn Millionen Euro auftreiben, um die ausstehenden Raten zu tilgen. Von der Deutschen Bank erhalten wir die nicht.

Wer arbeitet für wen?

Einen Investor, der sich beteiligen will, spürt die DB Consult nicht auf. Sie präsentiert – nachdem sie sich lange Zeit in Schweigen hüllte – lediglich Käufer, die alles in Bausch und Bogen übernehmen wollen. Zu einem Schleuderpreis. Eine Unternehmensbewertung, wie sonst beim Verkauf eines Betriebs üblich, wird nicht vorgenommen.

Das jüngste Gutachten für die »Deutschland« datiert vom 3. Mai 2010. Die Schifffahrtsgesellschaft Andreas J. Zachariassen taxiert den Wert des Schiffs auf 65 bis 75 Millionen Euro. In dem Gutachten heißt es: »Wir gehen davon aus, dass sich das Schiff technisch in einem einwandfreien Zustand befindet. Optisch macht das Schiff einen hervorragenden Eindruck ... Ideelle Werte wie etwa des Begriffs ›Traumschiff‹ oder ›Deutsche Kreuzfahrttradition‹ sowie die Beliebtheit des Schiffs bei den Passagieren wurden zur Ermittlung jedoch nicht herangezogen.«

Ein solches Schmuckstück möchte DB Consult für die Hälfte des wirklichen Werts verscherbeln. Das ist das beste Angebot, das die Manager uns vorlegen können. Wir sind entsetzt.

Der Deutschen Bank würde das freilich ausreichen, unsere Kredite könnten damit vollständig bezahlt werden. Die Banker erhöhen weiter den Druck. Wir sollen uns »zeitnah«, wie sie schreiben, entscheiden. Jetzt ist die kurze Phase des Sonnenscheins beendet. Mit unserer Weigerung, das Schiff weit unter Wert zu verschleudern, ziehen wir endgültig den Zorn der Banker auf uns.

Nahezu jeden dritten Tag erhalten wir und unsere Anwälte jetzt mehrseitige Schreiben der Deutschen Bank/ Deutschen Shipping. Die Tonlage wird zunehmend ruppiger und fordernder. Wir haben den Eindruck, die Bank habe die faktische Geschäftsführung übernommen. Auf eines ist Verlass: auf den Brief, der am Freitagnachmittag kommt. So ist die belastende Lektüre für das Wochenende gesichert.

Die DB Shipping will die »Deutschland« verkaufen, um jeden Preis. In einem Brief an unseren Rechtsberater und uns schreiben die Banker:

»Insbesondere halten wir es ... für unabdingbar, dass Sie uns sehr kurzfristig eine konkrete und nachvollziehbare Kaufpreisvorstellung ... zukommen lassen.

Wie wir Ihnen bereits mitteilten, prüfen die Darlehensgeber derzeit die Finanzierung der Interessenten.«

DB Consult, ein Unternehmen der Deutschen Bank, organisiert den Verkauf; Deutsche Shipping, ein Unternehmen der Deutschen Bank, finanziert den Käufer, das ist praktisch. Währenddessen wird uns beim gleichen Objekt das Geld für eine Überbrückung verweigert.

In einem Schreiben an die Deutsche Bank und DB Consult weisen wir auf eine mögliche Interessenkollision hin. Der Antwortbrief ist verschnupft und inhaltsleer. Nur fünf Tage nach Eingang der nichtssagenden Reaktion teilt die Deutsche Bank dann jedoch mit:

»... mit diesem Schreiben möchten wir Sie davon in Kenntnis setzen, dass mit Wirkung vom 2. Juli 2010 infolge konzerninterner Umstrukturierungen die DB Consult GmbH auf die Deutsche Bank AG verschmolzen wurde. Die Aktivitäten der DB Consult werden in Zukunft in dem neuen Geschäftsbereich DB Consult MidMarket M&A unverändert fortgesetzt.

238

Der mit Ihnen geschlossene Mandatsvertrag vom
5. November 2009 wird somit ebenfalls auf die Deutsche
Bank AG übergehen.
Die »Deutschland« droht im Bermudadreieck der Finanzwelt zu versinken. Wir suchen auf eigene Faust nach einem Investor.

In nahezu jedem Schreiben weisen die Banker »der guten Ordnung halber erneut darauf hin«, dass sie jederzeit die rückständigen Tilgungsraten geltend machen können. Ebenso regelmäßig wiederholen sie, dass sie die »Implementierung eines branchenerfahrenen Managements« erwarten. Zu Deutsch: Es sollen andere Manager an Bord der Reederei.

Die Verstärkung im Management sagen unsere Anwälte bei einer Telefonkonferenz zu. Die bisherigen Geschäftsführerinnen, fügen sie jedoch hinzu, sollen »maßgeblich in verantwortlicher Funktion eingebunden werden«.

Das hatte die Bank allerdings mit »Implementierung eines branchenerfahrenen Managements« nicht gemeint. Sie will uns loswerden und antwortet mit einem Schreiben, in dem es heißt:

Dazu möchten wir Ihnen mitteilen, dass die Darlehensgeber angesichts der in der Unternehmensgruppe Deilmann in den letzten 12 Monaten angemeldeten Insolvenzen sowie der unbefriedigenden Zusammenarbeit und der ungenügenden wirtschaftlichen Entwicklung der Darlehensnehmerin, den Geschäftsführerinnen Gisa und Hedda Deilmann, ein uneingeschränktes Vertrauen nicht mehr entgegenbringen können.«

»Der guten Ordnung halber« sei noch angemerkt, dass diese Sätze in einem Brief stehen, der auch an uns beide gerichtet ist. Die »sehr geehrte Frau Gisa Deilmann, sehr geehrte Frau Hedda Deilmann« erfahren auf diese Weise, wie die Banker über die Geschäftsführerinnen Gisa und Hedda Deilmann denken.

Piratenschlacht

Die Telefonkonferenzen stehen seit einiger Zeit zusätzlich in unserem Pflichtenheft. Die hat sich die Deutsche Bank ebenso einfallen lassen wie die wöchentlichen Reports über 20 bis 30 Seiten. Doch diese Fleißaufgabe, die immer noch viel Zeit frisst, ist harmlos im Vergleich zu den Telefonkonferenzen. »Umfänglich« sollen wir – ebenfalls wöchentlich – »über unternommene Schritte und erreichte Ergebnisse« informieren. An den telefonischen Besprechungen nehmen zum Teil bis zu 25 Manager teil, von jeder Bank vier oder fünf Vertreter. Da sind Leute zugeschaltet, von denen wissen wir nicht, warum sie dabei sind, für wen sie sprechen. Die bombardieren uns mit scharf formulierten Fragen. Eine Antwort wird selten erwartet. Alles redet durcheinander. Wir spüren es förmlich, wie die Banker ihre Freude daran haben, es den »beiden kleinen Mädchen« mal zu zeigen. Wir lassen uns durch die vielen Fragen nicht verunsichern. Positive Nachrichten scheinen die Manager gar nicht hören zu wollen. Wenn wir von anziehenden Buchungen sprechen, werden sie immer muffiger. Nur wenn unser Rechtanwalt an einer solchen Konferenz teilnimmt, geht es etwas gemäßigter zu.

Eigentlich können wir nicht aus Neustadt fort. Jeden Tag sind neue Entscheidungen zu treffen. Aber Hedda hat ein schlechtes Gewissen gegenüber ihren Kindern. Wenigstens eine Woche in den Ferien, betteln sie, eine einzige Woche in Dänemark. Hedda lässt sich erweichen. Es wird auch ihr gut tun, für ein paar Tage aus dem Hexenkessel herauszukommen. Sie mietet ein Haus in Dänemark. Den Wagen voll gestopft mit Kinderkleidern, Strandutensilien, sämtlichen Aktenordnern, anderem Bürokram und Laptop, fährt sie in die Ferien. In Dänemark ist man schließlich nicht aus der Welt.

Ganz und gar ist man das nicht. Und selbstverständlich fällt auch die wöchentliche Telefonkonferenz nicht aus. Leider ist Hedda mit den Kindern gerade im Legoland, als sie angerufen wird. Es ist diesmal nur ein kleiner Kreis, etwa zehn Leute. Und diesmal sind die Banker auch nicht die Lautesten. Es ist ein heißer Tag. Im Legoland herrscht Hochbetrieb. Heddas Mann zieht mit den Kindern los, während sich Hedda an ein Blumenbeet setzt und konferiert. Zwei Stunden lang. Ab und zu fragt einer der Banker irritiert: »Was haben Sie denn da für Hintergrundgeräusche? Können Sie nicht irgendwo hingehen, wo es nicht so laut ist?«

Hedda sagt nicht, dass der Lärm von der fröhlichen Piraten-Wasserschlacht verursacht wird, bei der sich Kinder kräftig nass spritzen dürfen. Die Banker fänden das nicht lustig. Garantiert nicht.

Willkommen im »Good Home«

Die Deutsche Bank erwartet nichts Gutes von uns – warum sollten wir Gutes von der Deutschen Bank erwarten? Die Deutsche Bank misstraut uns – warum sollten wir der Deutschen Bank vertrauen? Je enger es wird, desto deutlicher wird uns bewusst: Wir sind die Töchter Peter Deilmanns. Er hat gekämpft. Wir kämpfen ebenfalls. Er war oft allein. Wir sind es auch.

Wir haben nach dem Brand die »Deutschland« wieder flottgekriegt, gegen alle Widerstände, trotz aller Knüppel, die man uns zwischen die Beine warf.

Wir haben eine positive Beurteilung der Wirtschaftsprüfer Deloitte & Touche, die bescheinigt, dass wir künftig wieder die Raten der Darlehen aufbringen können.

Wir haben Interessenten für eine Beteiligung an der »Deutschland« gewinnen können, zwei Finanzinvestoren und drei Unternehmer, die sich an unserem Schiff beteiligen wollen.

Dagegen ist die Situation bei DB Consult MidMarket Mitte des Jahres 2010 unverändert. Sämtliche Angebote gehen von einem vollständigen Verkauf des Schiffs aus. Das weitere Schicksal der Reederei Peter Deilmann und Schifffahrtsgesellschaft steht in den Sternen. Die Arbeitsplätze in Neustadt sind diesen Bietern gleichgültig. Mit solch einem Angebot könnten wir auch aufwarten. Ein Grieche möchte das Schiff von uns kaufen. Aber auch er ist lediglich an der »Deutschland« interessiert, nicht an dem Unternehmen in Neustadt und den damit verbundenen Arbeitsplätzen.

Das ist nicht der Weg, den wir gehen möchten. Wir sagen dem Griechen ab und laden DB Consult MidMarket nicht mehr zu Besprechungen ein. Dort reagiert man deutlich verschnupft: »*Zu unserer Verwunderung haben wir erfahren dürfen, dass heute Morgen ein Abstimmungsgespräch ... stattgefunden hat, zu welchem wir nicht eingeladen waren. Als Ihre M&A-Berater ist es uns unverständlich, warum wir ... in richtungweisende Gespräche ... nicht eingebunden werden.*«

Ja, das haben die Herren »*erfahren dürfen*«. Wir führen die Gespräche jetzt mit anderen. Interesse angemeldet haben CMP Capital Management-Partners und die Aurelius Transaktionsberatung AG, beides »Finanzinvestoren in Umbruchsituationen«.

Angefragt hat ebenfalls die Hans Wilms Beteiligungsgesellschaft, die bei dem Kabelhersteller Leoni eingestiegen ist. Eine Scheibe von der »Deutschland« abschneiden möchte sich auch die Finanzgruppe Herax Partners, die gemeinsam mit anderen von den Familien Abraham (Abraham Schinken) und Albers (Aldra, Fenster und Türen) getragen wird. Die unternehmerische Erfahrung und die Finanzkraft stehen bei allen Bewerbern für uns außer Frage.

Alle haben sich bereit erklärt, die von uns aufgestellten Bedingungen zu erfüllen. Dazu gehört, dass die »Deutschland« weiter als Fünf-Sterne-Superior-Kreuzfahrtschiff unter deutscher Flagge fährt; dass die Schifffahrtsgesellschaft als auch die Reederei erhalten werden und damit die 300 Arbeitsplätze an Land und an Bord gesichert bleiben.

Alles kein Problem, alles wird zugesagt. Die neuen Partner wollen eine Mehrheit der Gesellschaft übernehmen. Keiner benötigt dazu einen Kredit. Wir atmen auf, alles scheint sich zum Besseren zu wenden.

Drei der Investoren besuchen uns in Neustadt, um über den Einstieg zu sprechen. Aurelius bittet uns nach München zu kommen. Wir haben viel zu tun und möchten nicht fahren, aber die Aufforderung ist so eindringlich, dass wir schließlich fliegen.

Der Investor, der mit dem Slogan »Good Home für Ihr Unternehmen« wirbt, residiert dort, wo das teure München noch teurer ist. Das monumentale Anger Palais ist ein neuklassizistischer Komplex, der im Denkmalbuch der Stadt München eingetragen ist. Inmitten der Altstadt gelegen, ist es zum Viktualienmarkt nicht weit. Mehr München geht nicht.

Die Herren von Aurelius haben ein mächtiges Kuchenbüfett aufbauen lassen. Wir möchten keinen Kuchen essen, wir sind nicht in der Stimmung für ein Kaffeekränzchen. Die Herren nötigen uns an einen langen, schmalen Tisch. Da sitzen wir uns näher gegenüber, als uns lieb ist. Die Herren machen freundliche Gesichter. Das meinen sie vermutlich. Uns kommt es vor, als säßen wir fünf Männern gegenüber, die grinsen. Alle auf die gleiche Weise.

Was man mit uns bespricht, ist belanglos. Wir haben den Eindruck, wir sind zu einem Plauderstündchen nach München einbestellt worden. Danach ist uns aber überhaupt nicht. Bevor wir flogen, hatten wir einem Bekannten von diesem Besuch erzählt. Er brachte uns kurz vor unserem Abflug die Fotokopie eines Artikels. Den lasen wir während des Flugs und wurden immer nachdenklicher.

Es ist die Titelgeschichte der Zeitschrift »Capital«, die etwa ein Jahr zuvor im August 2009 erschienen ist. Unter der Überschrift »Freibeuter« berichten die Autoren Angela Maier und Steffen Klusmann über Sanierungsholdings: »Wenn ein Konzern mit seiner Tochter nicht mehr weiterweiß, wird sie verkauft. Die Super-Nannys sind männlich und machen zumeist kurzen Prozess: Zerlegen, Ausschlachten, Abstoßen. Oft geht es nur um schnelle Geld.«

Über den Mann, dem wir in Kürze gegenübersitzen werden, den Ex-McKinsey-Berater Dr. Dirk Markus, lesen wir im Flugzeug: »*Dirk Markus, 38 Jahre alt, Familienvater, Villa in Feldafing am Starnberger See, schwarzer Porsche-Carrera 4S vor der Tür, ist der Traum jeder Schwiegermutter. Er hat ein gewinnendes Lächeln, und wenn er redet, reden seine Hände und Augenbrauen mit. Dann sagt der Aurelius-Chef Sätze wie: ›Wir sind das Krankenhaus für kranke mittelständische Unternehmen.‹ Oder: ›Wenn Sie sich um die Kinder nicht kümmern, sitzen die den ganzen Tag vor dem Fernseher. So ist das mit den Firmen auch.‹*

Die Kinder, auf die sich Firmendoktor Markus spezialisiert hat, sind sanierungsbedürftige Ableger großer Konzerne, bei denen die Mütter nicht mehr weiterwissen. In solchen Pflegefällen steigt ›DM‹, wie er intern genannt wird, mit seiner Restrukturierungsholding Aurelius ein.

Wer mit Markus näher zu tun hat, der gewinnt allerdings einen ganz anderen Eindruck von dem selbsternannten Firmendoktor. Der bezeichnet ihn als rücksichts-, ja skrupellosen Verhandler und Profitmaximierer. Mitarbeiter seiner Portfoliofirmen, die ihn in Betriebsversammlungen erlebt haben, titulieren ihn ob der Diskrepanz zwischen Schein und Sein als ›Industrieschauspieler‹. ›Markus beherrscht die ganze Bandbreite von charmant bis oberfies‹, sagt einer, der eng mit ihm zusammengearbeitet hat. ›Man braucht eine Weile, um zu verstehen, wohin die Reise geht.‹

Das Geschäftsmodell von Freibeutern wie Aurelius ist so brutal wie banal: Schwer angeschlagene Unternehmen werden gekauft, ausgenommen und anschließend liquidiert oder für insolvent erklärt. Mit dem Gebaren klassischer Finanzinvestoren, Unternehmen zu kaufen, zu sanieren und dann mit Gewinn wieder loszuschlagen, hat das nur wenig zu tun. Wenn Private-Equity-Firmen Heuschrecken sind, dann sind Restrukturierer wie Aurelius Totengräber, die vorher noch mal kräftig zulangen.«

Über mehrere Seiten folgen Beispiele für das Vorgehen solcher Beteiligungsgesellschaften. Das sollen unsere neuen Partner werden? Wir sind erschrocken. Das haben wir nicht gewusst.

Wir legen den Bericht auf den schmalen Tisch zwischen die Kuchenteller. Das Titelbild zeigt einen grinsenden Totenkopf mit Augenbinde und Piratentuch, darunter zwei gekreuzte Knochen. Die Männer uns gegenüber grinsen nicht mehr. Dr. Dirk Markus reagiert ausgesprochen verärgert. Alles sei an den Haaren herbeigezogen, nichts stimme, gegen die Journalistin laufe ein Verfahren. Alles Lüge, alles nicht wahr.

Selbstverständlich ist es nach dieser Einlage keine gute Idee zu fragen, welchen Kaufpreis sich Aurelius denn so für die »Deutschland« vorstelle. Hedda fragt dennoch, irgendein handfestes Ergebnis muss dies Kaffeestündchen doch haben. Als habe diese Frage das Fass zum Überlaufen gebracht, springt der Aurelius-Chef auf: Das gehöre nicht hierher. Kurz darauf ist unser Get together beendet. Als Erfolg werten wir dies Treffen nicht. Wir verlassen München mit erheblichen Zweifeln.

Wunderbare Versprechen

An der Pforte zum »Good Home« steht Donatus Albrecht. Der Sohn des ehemaligen niedersächsischen Ministerpräsidenten Ernst Albrecht und Bruder der Bundesministerin für Arbeit und Soziales, Ursula von der Leyen, ist im Aurelius-Vorstand verantwortlich für Akquisition und Exit. In das »Good Home« sind schon etliche Töchter und Mütter von ehemals gutem, im Laufe der Jahre aber etwas lädiertem Ruf geschlüpft. Der Radio- und Antennenhersteller Blaupunkt findet sich da, der Schnapsbrenner Berentzen, die Sauer-Danfoss-Tochter Schabmüller, die GHOTEL-Gruppe.

Wir sind vorläufig noch zum Bereich Akquisition zu zählen – falls es nach dem Zusammentreffen in München noch dazu kommen sollte. Es kommt dazu, und zwar sehr bald. Donatus Albrecht schreibt uns, als habe es keinerlei Verstimmung bei der Tortenschlacht gegeben:

»Zunächst möchten wir uns nochmals herzlich für die offenen Gespräche sowie das unserem Hause entgegengebrachte Vertrauen bedanken. Wie in unserem Schreiben vom 16. Juni 2010 ... ausgeführt, würden wir es sehr begrüßen, wenn Sie persönlich, gemeinsam mit AURELIUS, die erfolgreiche Zukunft der MS ›Deutschland‹ weiterhin unterstützen würden und sich so die Tradition der Peter Deilmann Reederei fortsetzt.

Wir schlagen daher vor – bis zum Abschluss der Transaktion – mit Ihnen gemeinsam eine Vereinbarung zu erarbeiten, welche Ihre Erwartungen hinsichtlich der Ausgestaltung Ihrer zukünftigen Aufgaben (z. B. als Präsidentinnen des Beirats MS ›Deutschland‹ mit Fokus Repräsentanz und Außendarstellung sowie Marketing und Vertrieb) adäquat erfüllt. Ferner gehen wir davon aus, dass Ihnen dies ein auskömmliches Einkommen gemäß Ihren persönlichen Anforderungen und Lebensumständen ermöglicht.

Gerne sind wir bereit, die Konkretisierung dieser Vereinbarung flexibel entsprechend Ihrer Bedürfnisse auszugestalten und kurzfristig zu diskutieren.«

Netter geht es nicht. Allenfalls die Formulierung »offenes Gespräch« lässt eine Andeutung unserer kritischen Fragen erahnen. Aber dann: ... künftige Aufgaben als Präsidentinnen des Beirats ... auskömmliches Einkommen gemäß unserer persönlichen Anforderungen ... flexibel entsprechend Ihrer Bedürfnisse...! Wer bekommt schon jemals in seinem Leben solch ein Angebot? Endlich wieder einmal ein Brief, der nicht »der guten Ordnung halber« mit einer Drohung endet.

Was Aurelius anbietet, kann sich sehen lassen. Das ist keinesfalls schlechter als die Offerten der anderen Interessenten. Die Münchner sichern uns zu, »Deilmann als eigenständige Einheit fortzuführen«. Das traut Aurelius sich zu, weil der Investor nach eigenen Angaben über Erfahrungen im touristischen Bereich durch die Übernahme der GHotels von der Deutschen Post verfügt (wer hätte gedacht, dass die Post Hotels betreibt?) »Funktionale Experten« aus der »Task Force« von Aurelius sollen das Management unterstützen. Weil ihm »eine langfristig zufrieden stellende Lösung« wichtig ist, stellt Dr. Markus uns noch einmal in einem ergänzenden Angebot eine Aufgabe in der Geschäftsführung oder im Beirat in Aussicht. Wir sollen mit 24,9 Prozent beteiligt bleiben und somit »am Gewinn ... teilhaben«.

Die Fristenfalle

Das alles klingt nicht schlecht. Dennoch tendieren wir stärker zum Angebot von CMP Capital Management Partners, die sich mit einer Beteiligung von 65 Prozent, also weniger als Aurelius, zufrieden geben würden. Erfahrungen mit einem Kreuzfahrtschiff können die zwar auch nicht vorweisen, wohl aber Verbindungen zu Reisebüros.

Noch glauben wir, etwas Zeit zu haben, ehe wir uns entscheiden müssen. Bis zum 26. August 2010, so ist vereinbart worden, haben die Interessenten Gelegenheit, ihre Angebote so auszuarbeiten, dass sie auch von der Deutschen Shipping akzeptiert werden.

Die Tage der Hoffnung sind trügerisch. Sie enden jäh. Am 2. August 2010 fordert die Deutsche Bank die fälligen Beträge ein – unverzüglich, spätestens aber bis zum 12. August. Wo sollen wir binnen zehn Tagen über sieben Millionen Euro auftreiben? Was immer uns jetzt von den zukünftigen Partnern angeboten wird, wir werden es akzeptieren müssen, wenn das Traumschiff »Deutschland« nicht in die Pleite fahren soll.

Am letzten Tag der gesetzten Frist, am 12. August, teilt die Deutsche Bank mit: »*Am 09.08.2010 hat der Investor Aurelius ... ein Angebot vorlegen können, welches alle Forderungen der Darlehensgeber erfüllt ... Für den Darlehensgeber unerwartet ist dieses Angebot bis zum 13.08.2010 (18.00h) befristet. Sollte diese Frist nicht eingehalten werden, besteht die Gefahr, dass Aurelius als Investor nicht mehr oder nur unter veränderten Bedingungen als Investor zur Verfügung steht.*«

Diese Veränderung der Frist von jetzt auf gleich wird der von uns favorisierte Konkurrent CMP nicht schaffen. Im Gegensatz zu Aurelius hat er noch kein vollständiges Angebot abliefern können. »*Die Darlehensgeber bedauern*«, heißt es weiter, »*dass der von der Darlehensnehmerin ins Spiel gebrachte Investor* [Aurelius, d. A.] *nicht bereit ist, sich mit seinem Angebot dem Wettbewerb ... zu stellen.*« *Weil den Banken an einer schnellen Lösung gelegen ist, verkürzen sie ihrerseits die Frist nochmals auf den 13. August, 15 Uhr.*«

Wir sitzen in der Falle. Von unseren Beratern fühlen wir uns im Stich gelassen. 1,5 Millionen Euro haben wir für die aus dem Fenster geworfen. Falls wir uns nicht auf die gesetzte Frist einlassen, kann die Bank den gesamten Kredit sofort kündigen. Dann müssen wir auch für die »Deutschland« Insolvenz anmelden. Dennoch versuchen wir es – und haben Erfolg. Der nutzt uns allerdings nichts. CMP bringt das notwendige Geld nicht rechtzeitig auf. Das von der Deutschen Bank angeführte Konsortium einschließlich der Bürgschaftsbank Schleswig-Holstein entscheidet sich für Aurelius.

Die Bank und Aurelius haben neue Konditionen ausgehandelt. Ohne uns. Von der noch vor wenigen Wochen vorgesehenen Beteiligung von 24,9 Prozent an der »Deutschland« werden uns plötzlich nur noch ganze fünf Prozent zugestanden.

Von den großen Versprechen, die Aurelius uns gegenüber machte, bleibt ein trauriger Rest. Der ursprünglich für fünf Jahre in Aussicht gestellte Arbeitsvertrag gilt nun nur noch für ein Jahr, dann werde man weitersehen.

Sämtliche ausstehende Tilgungen stundet die Deutsche Bank dem Investor Aurelius bis 2013. Uns hatte man nicht erlaubt, zwei auszusetzen.

Wir sind im »Good Home« gelandet. Nach den verbreiteten Statements hätte uns gar nichts Besseres passieren können.

München, 30. August 2010 – Die Münchner Industrieholding AURELIUS hat sich heute mit der Familie Deilmann auf eine Mehrheitsbeteiligung an der Reederei Peter Deilmann und der von ihr bereederten DEUTSCHLAND … geeinigt.

Hedda Deilmann erklärte dazu: »Wir sind sehr froh, dass wir nach diesen stürmischen Monaten einen sicheren Hafen bei einem kapitalstarken und langfristigen Investor gefunden haben.«

Das bekräftigt auch Gisa Deilmann: »Unsere Kunden haben sehr hohe Qualitätsanforderungen. Mit AURELIUS haben wir einen Partner gefunden, der die Bedürfnisse unserer Gäste versteht und uns bei unserer Ausrichtung als Anbieter im absoluten Luxussegment langfristig unterstützt.«

Dr. Dirk Markus, der Vorstandsvorsitzende von AURELIUS, sagt hierzu: »Wir freuen uns, an Bord der

DEUTSCHLAND zu gehen! Die Reederei Peter Deilmann steht mit dem ›Traumschiff‹ für phantastische Reiseerlebnisse in bester Deutscher Kreuzfahrttradition. Wir werden diese Positionierung der Extraklasse weiter ausbauen und das Unternehmen bei seiner weiteren Entwicklung aktiv unterstützen.«

Botschafterinnen ohne Botschaft

Uns wurde von den Herren unserer »neuen Heimat« versichert, die Reederei stehe und falle mit unseren Namen, unseren Persönlichkeiten. Es hörte sich zwar gut an, was uns Dr. Markus für die Zeit nach unserem Ausscheiden aus der Geschäftsführung anbot, doch geglaubt haben wir ihm nicht recht. Wir sollen als Botschafterinnen des Traumschiffs auftreten, als Reederinnen weiterhin das Gesicht der Reederei sein und die Werte der Deutschen Kreuzfahrttradition garantieren. Eine entsprechende Mitteilung geht an die Presse.

Die offizielle Übergabe der Reederei an den neuen Haupteigner Aurelius findet am 26. September 2010 in Hamburg statt. Den Termin haben wir gewählt, weil die »Deutschland« an diesem Tag zum letzten Mal einen deutschen Hafen anläuft, bevor sie sich für acht Monate in südliche Gefilde verabschiedet.

Wir haben Stammgäste und Freunde eingeladen. Die Traumschiff-Crew geht an Bord, um die nächsten Folgen der ZDF-Serie zu drehen. Wir lassen uns nicht anmerken, wie uns zumute ist, und stellen in unserer Rede Aurelius als »kapitalstarken und verlässlichen Investor vor, der gewährleisten soll, dass die Reederei auch künftig ihre über Jahrzehnte erworbene Position auf dem Kreuzfahrtmarkt behält«. Dr. Markus erwähnt uns in seiner Ansprache mit keinem Wort. Unsere engsten Berater wechseln die Seiten.

Wir bewahren auch Haltung, als wir am 1. Oktober unsere neue Aufgabe übernehmen. Unser Büro mit Blick über die Neustädter Bucht können wir behalten. Die Geschäftsführung hat sogar Schilder für unsere Parkplätze anfertigen lassen, auf denen unser Name steht und darunter »Reederin« in großen goldenen Buchstaben. Das finden wir lächerlich.

Eigentlich sind unsere Aufgaben im Arbeitsvertrag festgelegt, aber nun bekommen wir eine »Prioritätenliste«. Ganz oben (»Prio 1«) stehen Glückwünsche an Kunden zu deren Geburtstagen, Kondolenzschreiben (dafür gibt es bei der Altersstruktur der Passagiere einen hohen Bedarf) und die »Beruhigung« von Gästen, die sich beschwert haben. Wir sollen die Fünfsternequalität an Bord der »Deutschland« überwachen und Bälle sowie PR- und Kundenveranstaltungen besuchen.

Die beiden von Aurelius eingesetzten Geschäftsführer haben keine Erfahrung in der Schifffahrtsbranche. Die »funktionalen Experten« aus der »Task Force« können bei unserem täglichen Meeting gar nicht genug Informationen bekommen, wir fühlen uns regelrecht ausgesaugt. Dann erlahmt ihr Interesse an uns. Wir werden nicht mehr zu Sitzungen eingeladen, die Routen- und Prospektgestaltung findet ohne uns statt. Als PR-Aktion wird eine Roadshow geplant, ohne die Teilnahme von uns »Botschafterinnen«.

In einer E-Mail an die Geschäftsführung gibt Dr. Markus folgende Anweisung zum Bordprogramm: »Peter Deilmann ist tot: keine selbstbeweihräuchernde Vorträge über sein tolles Unternehmerleben.« Wir sind wütend und hängen das große Foto unseres Vaters in der Rezeption der Reederei ab. Der Platz bleibt nicht lange leer. Vom Boden wird eine verstaubte Reproduktion des Bildes geholt. Die Erinnerung an Peter Deilmann ist wohl doch gut fürs Geschäft.

Der letzte Tag

Der Ton uns gegenüber wird immer rauer. Vor Mitarbeitern werden wir als unfähig hingestellt: »Machen Sie erst mal einen Computerkurs.« Unsere Einwände gegen die Pläne, schlecht gebuchte Reisen auf der »Deutschland« zu Dumpingpreisen anzubieten, werden vom Tisch gewischt. Dabei wissen wir doch aus Erfahrung, wie viel Ärger unterschiedliche Preise in derselben Kabinenkategorie bei den Passagieren auslösen.

Wir arbeiten noch keine zwei Wochen in unserem neuen Bereich, als zum 15. Oktober die Einsetzung eines dritten Geschäftsführers angekündigt wird. Er soll für Vertrieb, Marketing, Public Relations und Produktmanagement verantwortlich zeichnen. Also genau für die Aufgaben, die uns vertraglich zugesichert wurden. Immerhin ist der Mann vom Fach, er war Geschäftsführer bei der Reederei Sea Cloud, deren Segler unseren Vater zum Bau der »Lili Marleen« angeregt hatte.

Für uns hat der Neuzugang weitreichende Folgen. Die »dreiköpfige Geschäftsführung«, wie sie sich in einem Kundenanschreiben nennt, will unser Büro. Wir rufen Dr. Markus an und beschweren uns. Er zeigt sich verständnisvoll und will nach Neustadt kommen, um die Sache zu klären.

Am 27. Oktober 2010, einem Mittwoch, bricht unser letzter Tag in der Reederei an. Dr. Markus ist aus München eingetroffen. Wir bitten ihn, unsere Aufgaben in der Reederei konkret zu umreißen. Er wird sehr unfreundlich und eiert herum. Gleich nach dem ergebnislosen Gespräch stürmt er in unser Zimmer und kommandiert: »Sie haben 30 Minuten Zeit, um das Büro zu verlassen. Jetzt mal schnell die Sachen packen.«

Hedda fragt: »Warum?« Keine Antwort. Wir bestehen darauf, dass er uns einen Grund nennt. Darauf Dr. Markus:

»Das brauche ich nicht, ich habe jetzt hier das Sagen.« Wir sind fassungslos und rufen unseren Anwalt an. Er rät uns, nach Hause zu gehen. Im Augenblick könne er nichts machen. Während wir telefonieren, erscheint Dr. Markus erneut. »Sie sind ja immer noch da, verschwinden Sie endlich!«

Wir lassen uns nicht einschüchtern und packen ein paar Sachen in einen Pappkarton, Akten, die uns am wichtigsten erscheinen, Fotos unserer Kinder und die Schiffsmodelle der Deilmann-Flotte auf den Fensterbrettern.

Bevor wir das Gelände der Reederei am Holm für immer verlassen, werfen wir einen letzten Blick hinauf zum Reederbüro, in dem wir unseren Vater noch sitzen sehen. Es ist gut, dass wir gehen, wir können uns mit dem Unternehmen nicht mehr identifizieren. Von dem vertraglich zugesicherten Gehalt haben wir übrigens keinen Cent bekommen. Erst wurden wir mit »Liquiditätsproblemen« vertröstet, dann hieß es, die Schifffahrtsgesellschaft hätte noch finanzielle Ansprüche an uns und würde diese mit unseren Gehältern verrechnen. Dabei hatte einer unserer Anwälte geschrieben, er habe ein Gentlemen's Agreement mit Donatus Albrecht vereinbart, wonach keinerlei Altthemen von Aurelius verrechnet werden sollten.

Es ist gut, dass wir gegangen sind. Die »Deutschland« ist nicht mehr unser Schiff. Für das Schiff wurde inzwischen ein neues Emblem entwickelt, ein aufragender Bug in dem Deilmann-D und fünf Sterne auf rotem Fond. Von einem »frischen Geist an Bord«, von der »Menge an Optimierungsmöglichkeiten«, die Aurelius ankündigte, ist allerdings nur wenig zu spüren. In einem Zeitungsartikel kündigt der neue Reedereichef »eine stärkere thematische Ausrichtung der Reisen« an: »Mit Vicky Leandros durch die griechische Inselwelt, ein Klassikmusikprogramm mit Justus Frantz«. Die Offiziere und die Mannschaft sollen sich mehr um die Passagiere kümmern, »sie sollen sich nicht miteinander an der Crewbar unterhalten und trinken, sondern mit dem Gast in Lili Marleen/Alter Fritz«. Das kommt uns alles bekannt vor.

Und der Bordpastor, erst eingespart, hält wieder jeden Morgen seine Andacht. Selbst die Schmalzbrote und Buletten, die in der Bar »Zum Alten Fritz« plötzlich fehlten, sind nach dem Protest der Gäste wieder da.

Dr. Markus und seine leitenden Mitarbeiter gehen gern an Bord. Er schwärmt: »Tolles Schiff mit treuen Gästen, die es lieben«, kritisiert aber das »jahrelange Undermanagement«, das er zum Beispiel an den Rissen in den Sitzauflagen im Restaurant »Berlin« erkennt. Die Rolle des Traumschiff-Reeders gefällt ihm offensichtlich sehr. Über der Schreibtischlampe in seinem Büro, berichten Besucher, hängt jetzt eine Mütze, die Siegfried Rauch trug, im Sideboard steht ein Modell der »Deutschland.« In Neustadt hat der Aurelius-Boss sich eine Schiffermütze bestellt, wie unser Vater sie trug.

★

Die Ära der größten deutschen Privatreederei ist beendet, aber wir sind nicht mutlos, wir haben neue Pläne. Nur wer bereit ist zu Abschied und Aufbruch, der wird gewinnen.

Unser Dank gilt der Crew unserer Schiffe, die hundertprozentig hinter dem Familienunternehmen stand, die die Deilmann-Philosophie intensiv gelebt und sie an die Gäste weitergegeben hat. So entstand eine große Deilmann-Familie an Bord. Wir wünschen unserer Crew allzeit gute Fahrt und immer eine Handbreit Wasser unter dem Kiel.